U0883624

徽州古村落文化研究丛书

HUI ZHOU WEN HUA JIN DAI ZHUAN XING YAN JIU

徽州文化近代转型研究

——以上庄为例

毕民智 著

合肥工业大学出版社

图书在版编目(CIP)数据

徽州文化近代转型研究:以上庄为例/毕民智著．—合肥:合肥工业大学出版社,2017．2

ISBN 978-7-5650-3252-3

Ⅰ．①徽… Ⅱ．①毕… Ⅲ．①地方文化—文化史—研究—徽州地区—近代 Ⅳ．①K295．4

中国版本图书馆 CIP 数据核字(2017)第 025053 号

徽州文化近代转型研究

——以上庄为例

毕民智 著　　　责任编辑 张 慧 王钱超 郭娟娟

出　版	合肥工业大学出版社	**版　次**	2017 年 2 月第 1 版
地　址	合肥市屯溪路 193 号	**印　次**	2017 年 3 月第 1 次印刷
邮　编	230009	**开　本**	710 毫米×1000 毫米 1/16
电　话	总　编　室:0551-62903038	**印　张**	12
	市场营销部:0551-62903198	**字　数**	206 千字
网　址	www.hfutpress.com.cn	**印　刷**	安徽昶颉包装印务有限责任公司
E-mail	hfutpress@163.com	**发　行**	全国新华书店

ISBN 978-7-5650-3252-3　　　定价:29.80 元

如果有影响阅读的印装质量问题,请与出版社市场营销部联系调换。

目　录

徽州

第一章　导论

第一节　值得研究的徽州文化的近代转型

徽州文化什么时候开始了近代转型？现在徽州文化是否已经完成了近代转型？徽州文化近代转型选择了什么路径？整个转型都涵盖了哪些方面的内容？这些比较关键的问题至今都还在困惑着我们，影响大家对徽州文化的认识和传承。之所以说徽州文化的近代转型是个值得研究的问题，是因为这个问题的研究至少有着三个方面的价值，即具有典型价值、学术价值和现实指导价值。

一、典型价值

徽州文化是中国传统文化在宋以后的主要承载文化形式之一。中华民族历史文化的发展，宋代以后进入了一个新的阶段。绵延一千多年的中国封建社会的发展，自此以后，进入晚期。政治上，在中央集权进一步得到加强的同时，科举制度也全面实施，平民化进程加快；思想上，作为儒家思想发展第三阶段的程朱理学被钦定为官方哲学，至明清，启蒙思潮、反理学思潮兴起；文化上，平民毕昇的活字印刷术的发明，日益推动着文化发展的世俗化；经济上，商业的集约化和产业资本的发展，传统模式的自给自足农业经济结构逐渐得到调整，商品经济得到较快的发展，由之而直接带来的是资本主义的萌芽和传统社会向近代社会转变。特别是宋代以前的中原文化中心因为战乱和人员的南移，文化中心也移到南方，加上明清时期的经济中心也出现在南方，徽州商人主宰着明清商业经济的命脉，他们所支撑的徽州文化体现了中国传统文化的核心价值，为全国各地所景仰。徽州文化流派纷呈，独树一帜，在很多领域都处于领先位置。如徽派篆刻是中国文人流派篆刻的主流，对徽派篆刻的研究，其实就是对中国文人篆刻史的研究；徽派版画代表了中国传统版画的最高成就，对徽派版画的研究，也就是对中国传统版画的研究；新安理学、徽派朴学是宋以来学术思想史上的两座高峰，具有典型标本研究价值等。因此，徽州学研究实际上也就是对中国封建社会后期传统文化的研究。窥一斑而见全豹，徽州文化的近代转型直接对接着具有全国意义的中国近代文化的转型。

二、学术价值

徽州文化是一个极具地方特色的区域文化，其内容广博、深邃，有整体系列性等特点，深切透露了东方社会与文化之谜，全息包容了中国后期封建社会民间经济、社会、生活与文化的基本内容，被誉为是后期中国封建社会的典型标本。学术界对其的研究，至少经历了大半个世纪，徽州学被誉为与敦煌学、藏学并列的中国三大走向世界的地方显学。但是，有人以徽商的没落而否认徽州文化的近代转型，也有人认为近代徽州文化已经落后、不合时宜了。从学理上阐明徽州文化的近代转型可以帮助人们客观地认识和评价徽州文化的内涵与社会历史意义。

三、现实指导价值

我国从传统的农业社会如何过渡到现代社会，如何从传统的乡村社会文化转型到社会主义新农村文化，都必须解决这个过渡过程的阶段、规律、体制机制和新旧变更的社会条件等现实问题。具体到徽州文化的近代转型，先要弄清两个东西，一是近代的徽州社会是个什么型的社会，二是什么样的型是近代的型，然后才能探讨这个文化形态该怎样来转。当前的徽州社会有没有完成近代文化转型，这个文化类型与社会主义的上层建筑有怎样的联系，与社会主义新农村建设有怎样的关联，与当下社会主义核心价值观的践行是否协调，与我们正在努力的民族复兴都是紧密相关的。因此，我们无法避开徽州文化的近代转型这样的问题，现实社会、学术研究都亟待回答这样的问题。

第二节　徽州文化发展的四个阶段

要回答徽州文化的近代转型这样的系统性问题，必须弄清楚徽州文化发展的来龙去脉。目前，学术界认为徽州文化的发展主要分为四个大的时期：

一、徽州文化的酝酿期

1. 时间

原始社会时期：从最早的原始新安江流域的智人文化算起，徽州文化应该有几万年的历史。

大约在距今7000年前，这里的先民进入新石器时代。农业、制陶、石器的磨制与钻孔，是新石器时代的三大文明成就。从西周至战国时期的出土文物看，当时这一带的文化已经相当发达。

2. 原始艺术与原始宗教

原始艺术主要有：模仿劳动动作的舞蹈以及陶塑、陶绘和木雕、骨雕。

原始宗教主要有：自然崇拜、祖先崇拜和图腾崇拜。

二、徽州文化的孕育期

1. 时间

秦汉到隋唐时期，具体是公元前216年，秦王政三十一年设置黟、歙二县，隶属鄣郡。汉献帝建安十三年（208），孙权派遣威武中郎将贺齐出兵黟、歙二县，平定山越叛乱，将原置黟、歙二县析为黟、歙、始新、新定、犁阳、休阳六县，建新都郡。这是徽州州郡府一级行政设置的开始。

2. 文化特征

鄣郡、新都郡文化特征：（1）尚武；（2）宗教色彩很浓，可称之为神本文化。

新安文化、歙州文化特征：（1）以神为本的文化逐渐向以人为本的文化过渡；（2）山地农耕文化取向。

三、徽州文化的发生发展期

徽州文化的总特征：制度化、模式化、程序化。

徽州文化又可以划分为三个阶段：

（一）发生发展期

1. 唐宋时期

（1）开拓、进取、创新是唐宋时期歙州文化精神的主旋律。

（2）思想文化统一。最重大的文化活动是府学、县学大兴。

（3）宋宣和三年（1121），方腊起义被镇压。五月，改歙州为徽州，徽州文化正式亮相。

2. 宋元时期

（1）社会虽动荡，但文化多元，生动活泼，是这一时期文化发展的基本特征。

（2）兴起了一股新的文化思潮——理学。理学由朱熹发展而来，着眼点在于把个体的人生意义与价值放在集体中去认识和把握，崇尚纲常。这影响了徽州人的生活情趣。

（3）佛教与道教勃兴，发展到宋朝时期，与儒学形成三足鼎立的局面。

（二）成熟强盛期（明清时期）

1. 主要特点

这一时期是徽州文化发展史上的隆盛时代，气度恢宏，史诗般壮丽，有一种“有容乃大”的气派。作为一种文化类型，徽州文化的主要特点是：儒雅豪气、精巧雅致。

2. 主要成就

徽州文化的主要成就和美名均产生在这个时期。“书院林立，社学遍地”，教育昌盛，状元辈出。“连科三殿撰”“十里四翰林”“同胞翰林”“父子尚书”传为佳话。画派、戏班、医家、刻版、算学、营商、制墨、制茶等均出现大家和显著成就。周晓光更是将之细分为四个阶段：一是明前期，从明初洪武年间开始，约在嘉靖、万历年间告一段落，其间徽州文化整体风貌彰显的主题是求变与创新。二是明后期，大致从万历中期开始，到明末结束，该时期徽州文化在传承与深化中，呈现出丰富多彩的特色。三是清前期，从明季开始，至清康熙、乾隆之交告一段落，此期的徽州文化经历了一段顿挫与复苏的历程。四是清中叶，大致从康、乾之交开始，至道光年间告一段落，该时期徽州文化体现的特征是博大与精致。徽州文化在明清时期出现的阶段性发展，既与历史环境的变迁有着密切的关系，同时与其自身内在的发展逻辑也密切相关。

3. 文化特色

（1）作为一种文化类型，“徽州文化”的特征是内省、封闭、精致、淡雅。

（2）徽州文化最重要的文化思想体系还是围绕理学的哲学思辨。

（3）市民文化（市井文化）勃兴。服务于工商业的文化应运而生，徽州人将生意做到一些大城市，不仅出入一些瓦舍勾栏，“瓦舍”是固定的游艺场所，“勾栏”是瓦舍中划出的专供演出的地方，上演傀儡戏、参军戏等戏剧。有实力的徽商还蓄养自己的戏班。

清初，出现了早期启蒙思潮。戴震是中国近代科学界的先驱者。

（三）衰落期（1831—1840 年前的清朝）

清朝中期，盐法改革、鸦片战争给徽州文化带来了深重的灾难，徽州文化走向衰落，暮气沉沉，又孕育新生。以意大利传教士利玛窦为代表的西方人带来了近代的世界观念与自然科技成就，也由徽州商人带到徽州各个山村。但到雍正年间，传教士被逐出国门，西学东渐几近中断。

四、徽州文化的转型预备期

从 1840 年鸦片战争爆发到 1912 年中华民国成立前，是徽州文化的转型预备期。这一时期文化发展的总特点是新旧杂陈，外来的西方近代文化与徽州文化既冲突又交融，两种文化展开较量，“死的要拖住活的，新的要突破旧的”，但传统文化向近代文化转变是不可阻挡的潮流。

第三节　徽州文化近代转型的特点

严格来说，徽州文化的近代转型在清朝中期就已经开始。促成这样的转型的外部条件有中国内部社会管理体制的调整，也有外部西方坚船利炮和近代工业制度文化、思想观念的广泛传播等因素作用。概而言之，徽州文化近代转型有下面四个特点：

一、外力冲击导致

由于西方列强的军事入侵、中国社会的半殖民地化及长期战乱，近代以后中华民族文化的代表之一徽州文化丧失了独立发展的政治、经济基础，面临着巨大的生存危机，洋务派、维新派、资产阶级革命派等各种政治势力及思想文化界围绕中西文化孰优孰劣问题展开了激烈论战。据梁启超在《西学书目表》中的统计，自 19 世纪中叶到 1895 年，翻译引进的西学图书达 354 种（不包括宗教类），其中大部分是科学技术类图书。1895 年维新变法后，以康有为、梁启超、严复为代表的维新派开始积极宣传西方政治学说，鼓吹君主立宪，提倡民权，批判封建主义，创办报纸和新式学堂，开启了中国近代第一次思想解放的潮流；戊戌政变后，维新改良思潮逐渐被资产阶级革命思潮取代；20 世纪初，卢梭的《法的精神》、穆勒的《自由原理》、斯宾塞的《社会学原理》以及《美国独立宣言》等一批西方著名的社会科学著作被翻译出版；孙中山、邹容、陈天华等发表一系列社会革命言论，为辛亥革命做了思想文化上的准备。辛亥革命后至“五四”新文化运动时期，追求个性解放，倡导民主、科学，成为思想文化的主流。在政治、经济、文化形势错综复杂的相互影响与演进过程中，西方文化广为传播。西方制度文化、人文思想、科学观念的引进和传播，动摇了以儒家思想为核心的中国传统文化的价值取向，促进了中国传统文化向近现代文化的转型。

二、文化反省促成

在文化论战及西方文化的冲击下，到“五四”前后，关于中西文化孰优孰劣问题形成了两种相对的结论。以胡适、陈序经为代表的“全盘西化”论者认为，中国传统文化是建筑在传统的农业社会的物质基础上的，西方现代文明是建筑在工业社会基础上的，因此中国要想在物质文明方面效仿西方，就必须在精神文明方面也全面效仿西方。而以杜亚泉、梁启超、章士钊、张君劢等为代表的东方文化派及梅光迪、吴宓等为代表的学衡派则认为，西方工业文化面临危机，以中国文化为代表的东方文化更具优越性，应以东方文化拯救西方文化危机。20 世纪 30 年代还出现了与东方文化派、学衡派观点相似的中国本位文化派，代表人物有陈立夫、王新命、陶希圣等，主张吸收西方文化必须以中国固有文化为本位。而此后马

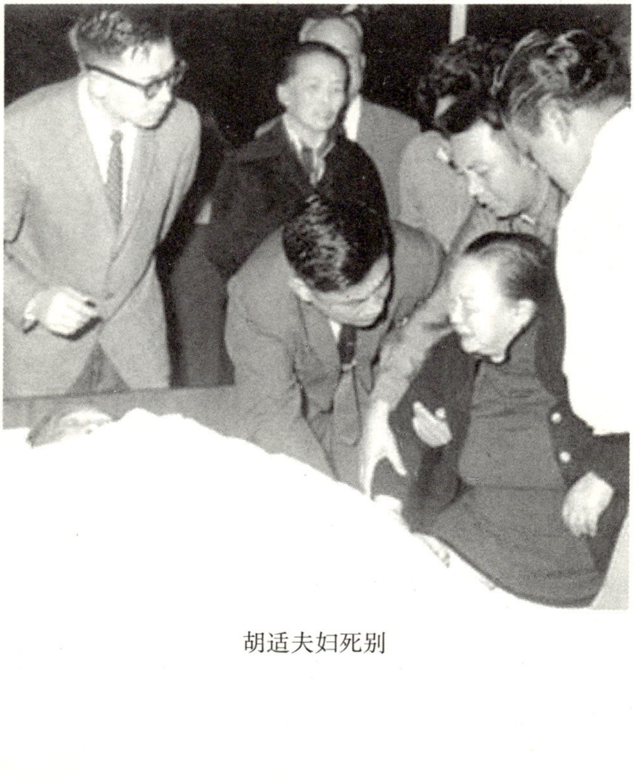

胡适夫妇死别

克思主义在中国的传播及中国共产党领导的新民主主义革命的胜利则表明，以上两种关于中国文化发展前途的方案均存在理论缺陷，无法消除近代以来的文化危机。新中国的成立给中国文化带来的最大变化在于，文化自近代以来重新获得了独立、稳定的政治环境，文化的发展由近代以来的“被选择”进入“自主选择”阶段。因此，徽州文化的近代转型可以看作是鸦片战争以来西方各种文化思潮在中国传播后我们对自己的文化进行反省的结果。可以说，徽州近代文化的转型并没有终止传统，甚至在新中国成立以后，形成马克思主义的文化建设思想只是标志着徽州文化完成了两千多年来最伟大的一次转换，但这种转换不仅没有中断传统，传统仍在不断赋予新质和创意。转型不是固型，徽州文化也是在不断适应新的时代需求中日臻强化和完善自身。

三、核心问题寻获

传统文化向现代文化转型是近代以来徽州文化问题的核心。由近代以来的发展脉络看，徽州文化经历了性质上的重大转型。这次转型大体上从鸦片战争开始，至1949年新中国成立。这次历经一个世纪的文化转型的主要动因是西方殖民主义的武装侵略、社会革命以及西方文化对于中国传统文化的巨大冲击，反省传统文化、引进外来文化并试图选择是这一时期文化发展的主题，被动性是此次文化转型的主要特征。思想文化界的数次文化论战、1905年科举制度的废除、1911年帝制的废除、“五四”新文化运动等，均是其中的重大事件，其结果是社会主义文化观念的确立以及社会主义文化建设实践的开始。但此次文化转型只是方向性转型，社会主义文化建设的诸多理论与实践问题并未就此解决，文化建设既有“十七年”的巨大成就与进步，又出现了“文化大革命”期间的倒退。这说明新文化的问题还没有研究清楚，文化的现代化问题涉及诸多的理论与实践问题，但其中最重要的两个问题是传统文化与现代文化的关系、中国文化与世界文化的关系，前者构建了中国文化发展的纵坐标，后者则构建了横坐标。

传统文化的正面价值被重新肯定是徽州文化发展通过辩证否定以后才得出的认识。毫无疑问，清朝末年、“五四”时期对于传统文化中封建主义特别是专制主义倾向的批评是完全正确的，然而，传统文化是不是只有这一面呢？徽州的社会实践证明，对于传统文化显然不能作如此简单和片面的评价。近现代的文化发展历史已经表明，20世纪50年代以后在港、台出现了以唐君毅、牟宗三、徐复观、钱穆等为代表的新儒家虽然政治立场保守，但其民族文化本位立场对于文化的转型无疑具有积极意义。

四、西学中用合成

对外来文化特别是西方文化的大胆引介构成了徽州文化转型的第四个特征，使徽州文化呈现出民族性与开放性的和谐统一，封建主义文化、农耕文化特征日渐消退，以追求高度的物质文明为核心价值取向的工商文化、市民文化、城镇文化、市场文化方兴未艾，以追求民主、法治和社会公正为核心价值取向的新政治文化初现端倪，文化成为我国经济社会全面走向新时代的巨大精神动力，从而根本改观了近代以来徽州文化在世界文化格局中的弱势地位。近年来，徽州文化在区域文化格局中的地位不断提升，影响日益扩大，也是与徽州文化对传统文化的正面价值被重新肯定以及对外来文化特别是西方文化的大胆引介相结合有直接的关系。

第二章　上庄的地理与风水

第一节　上庄的地理

上庄是粉墙黛瓦马头墙与青山绿水形成的美妙组合，是皖南古村落中的一颗明珠。

位于皖南山区的徽州古村落，每一个都依山傍水，十里苍翠入眼，四周山色连天。但在村落里却大都极少有树，即便有，也是一些供观赏的小灌木或草本花草，古木大树往往在村外较远的路口或山脚，并不影响村中的视线。从远处看，一堵堵翘角的白墙被灰色的小瓦勾勒出一幢幢民居的轮廓，像一幅幅酣畅淋漓的水墨画，又像一幅幅高调处理的艺术照片。人在山中走，如在画中行，随时随地都能领略迷人的画意，随时随地都能感到醉人的诗情。1934 年 3 月，著名作家郁达夫就曾被徽州的村落风光感染，写了《出昱岭关》《屯溪夜泊记》《游白岳齐云山记》三篇游记，盛赞由粉墙黛瓦马头墙与青山绿水形成的美妙组合。徽州民居的外貌是恬淡而清秀的，有着独特的审美趣味。如果你再带着闲淡的心境走进村里，踏着青青的石板小路，静静地穿过几条小巷，再走进几户人家看看，你会有由恬淡进入醇浓的感觉。浓厚的文化气氛紧紧包围着你，时时催促你去不停地观看，还觉得眼睛不够用。只要你抬脚迈进一家大门，就会迎面看到厅堂中间挂着的巨幅中堂，接着便会看到中堂下面佛龛上的自鸣钟及其两边摆放着的各种瓷瓶、瓷筒，终生平静的寓意和四水归堂的祈盼以及种种文化启示和文化提示，明喻、暗含，处处是文化，时时有讲究，抬眼可以看到，随手可以摸着。

在徽州，木、石、砖三雕最为出名，人称“徽州三绝”，这“三绝”几乎在每家每户都可能看到。那些门坊、门罩、漏窗上的雕刻，一户之内少有雷同；窗槛、裙板、窗扇、斜撑等处，雕刻更为精美。在上庄村，我们看到有一户人家天井中的十二个门扇上雕刻着二十四孝图，非常精细，虽然封建伦理观念较为浓厚，却极有文化研究价值。

初到徽州的人看民居，满眼都是高大的马头墙、灰黑的鱼鳞瓦以及露了本色的木窗门板等这些居住的地方的景物。其实，徽州民居远不是单纯住人的房子，它是包括宗祠、家庙、社屋、族田、钟鼓楼、学堂等建筑在内的整体概念。祠堂是村落的核心，没有了祠堂也就没有了民居。徽州从外地迁来的富家大户极多，为了巩固他们自己的地位，维护自己的利益，他们聚族而居，形成了极强的宗法观念和极严密的宗族组织。“社则有屋，宗则有祠”。宗祠是他们的住宅不可或缺的配套工程，通过它来凝聚宗族里的人心。

在明代以前，民间是不准祭祀始祖的，到了明代嘉靖年间，朝廷开始允许民间祭祀自己的始祖，从这时起，徽州宗祠才大量涌现。上庄最有典型意义的是胡氏宗祠。它后枕龙山前伏狮山和象山，一条古道横陈前门，道外的常溪河水环宗祠流过，注入新安江。人们站在小溪南岸往北看，宗祠中轴线上的影壁、平台、门厅、正厅、前后天井、寝厅和特祭祠等建筑物，均衡而对称地排列着。加上东、西、北三堵无一窗口的高墙，十多米的三重檐门楼以及从平台到寝厅逐步上升的地平、门楼、正厅屋脊和寝厅屋脊又在空中形成三个高峰，这种深邃、高大和宽阔的比例关系，造成了宗祠的雄伟气势，使得人们心中渐渐升起一种沉重的肃穆和浩渺的压抑。看徽州宗祠，就会有一种强大的精神包围着你，激动着你，感染着你，使你不由自主地就接受了这种感染，接受了这种思想，哪怕是一种暂时的感觉，这种感觉也会永远地留在你的记忆里。这是古人的文明。与其说是一种文化，不如说是一种精神。

胡适故居

上庄，偏于一隅，即使现在路网纵横，到这里的交通也不是很方便，从芜湖向南、杭州向西、景德镇向东，均有300多公里的车程。到达绩溪境内后，从215省道转到217省道再走乡镇公路到上庄，仍有50分钟车程。或许是交通不便，才能有天然去雕饰之幸运，这一片水墨山乡还能感觉到那古韵古调的徽州山水。

从地理环境上看，上庄位于黄山和天目山之间，应当说是在黄山的东麓余脉上。周边有黄柏山、竹峰山、天马山、凉伞峰等低山和丘陵三面环绕，常溪河从其间穿流而过，其上流的几股溪流在村南的杨林桥汇合后，向东南缓缓流去，汇集沿途的众多溪流，进入临溪河，最后在歙县境内汇入新安江的主要支流练江。就是今天，我们依然能够看到，从金山往下，水源充沛，地形开阔，溪流平缓，形成了一连串狭长的河谷盆地。上庄及其以东的一些村落，都是分布在这些河谷盆地上。上庄的地形呈西高东低之势，整个上庄村有着枕山襟水的天然景象，环境十分优美。胡适曾借用杨万里“万山不许一溪奔，拦得溪声日夜喧；到得前头山脚尽，堂堂溪水出前村”的诗句来形容上庄风光的旖旎和环境的优美。

第二节　上庄的风水

一、古村落的风水

从选址上来看，上庄村负阴抱阳，背山面水，这是徽州风水观念中村落选址的基本原则和格局。传统风水观念中，山之南水之北为阳。负阴抱阳是指基址坐北朝南，背后有主山称来龙山，作为背后的屏障；山势向前面两侧延伸，连接到左辅右弼又称青龙白虎山，使基址的背后以群山环抱。基址的前面有月牙形的水塘或弯曲的水流，河流水道向南突出，称“冠带水”，以免基址被冲刷。再前面有作为对景的案山。理想的家族聚居地要求在主山的背后还有少祖山、祖山，并以山脉相连，称龙脉；青龙白虎山两侧有护山；案山之前还有远处的朝山；水从案山和朝山绕过，在村的出入口两侧有水口山，称为狮山或象山。主山与青龙白虎山、案山、水口山围合成基址的第一道屏障，祖山少祖山与护山、朝山围合成第二道屏障，基址就位于这样一种山环水抱环境的中央，四面重山围合，前面流水穿过，形成背山面水的基本格局。上庄风水中所营造的这样一种藏风聚气的理想模式符合他们的生活习惯和审美要求，体现的是族人理想中对田园生活的向往。这样一种围合向心的空间构成，正是上庄人内敛性格的反映，自古以来都是令人神往的宜居环境。

上庄早年的村落主要是分布在常溪河南岸，今天我们依然可以看到河对岸杨林胡氏始迁祖生活繁衍的遗迹。后来由于山洪及河北岸的开发，尤其是胡适家族的繁荣壮大和对村落营建风水的逐渐自觉，北岸逐渐成了上庄村的核心地带。今天，我们看到七二公墓地所在的“荷叶盖金龟”所处的风水穴位是非常理想的地理所在。同样，站在杨林桥对面由下往上望，首先进入视线的是狮形山和象形山，有狮有象把守东大门，上庄可谓固若金汤。这是上庄村落选址的典型表现。

胡适故居正厅

在行政区划上，上庄长期分属于绩溪县，离县城偏远，和太平县、歙县、旌德县接壤。因为山高路远，这里长期宁静天成，更少兵灾侵扰。四周便于交通的地方是南部与歙县大谷运乡毗邻之处，西部与太平县汤口镇、旌德县潭家桥镇接壤之处，东及东北部与本县的瑞川、择里、宅坦、石家等村落相邻之处。因为这样的地理位置，历代政府都没有把它作为特别需要重视的地方予以突出。我们可以从胡维平先生提供的资料中清楚地看出这一特点。胡维平在《胡雪岩、胡适家世家乡》里写道：

宋太平兴国元年（976），绩溪县定乡里名，上庄属修仁乡常溪里；元代改设十五都，修文乡领七、八两都，上庄属八都；明代全县并为七个乡，清初县境又设三大直辖乡，上庄村均属修文乡。宣统元年（1909）六月裁直辖乡改为11个自治区，上庄划入第四区。1914年1月废自治区，上庄属第三区八都，1931年全县成立了92个乡，上庄称上庄乡；1932年全县撤并乡镇设四个区，一个特别镇，上庄属第三区；1933年编设保甲，上庄设上川、上庄两个保；1934年全县成立52个联保，上庄属第三区杨龙联保；1939年3月撤销联保成立龙井乡，上庄属龙井乡；1940年12月，上庄村改名“适之村”；1948年撤龙井乡，原龙井乡的辖区分为杨林、承平两个乡，上庄属杨林乡，治所设在上庄村，直到1949年5月上庄全境解放。新中国成立后上庄村划归第三区竹峰乡管辖，同年8月撤销竹峰乡，上庄村又改属大会乡。1950年撤销乡镇。上庄由旺川区管辖；1952年成立上庄乡，但仍属旺川区；1956年元月上庄村并入宅坦乡，属镇头区；1958年成立上庄大队，属浩寨公社上庄管理区，辖上庄、张家山、呈华塘、西慕坦、竦岭脚、金坑、竦岭上七个自然村；1961年金坑划出，其余6个自然村分成上庄一队、上庄二队、上庄三队三个大队，均属上庄公社；1962年三个大队分别改称上庄、来龙、上川；1964年又合并为一个上庄大队；1983年农村体制改革，称上庄村民委员会，辖6个自然村，580户，2155人；2003年11月，全县实行村级区域规模调整，上庄与金坑成立上庄村民委员会，治所设在上庄村，现有人口2300人。

显然，历朝历代的行政区划均没有把上庄当回事，它更多的是一种自然的发展状态。

风水理论告诉我们，风水的核心是“生气”。郭璞《葬经》有云：“葬者，乘生气也。夫阴阳之气，噫而为风，升而为云，降而为雨，行乎地中则为生气……夫行乎地中，发而生乎万物：古人聚之使不散，行之使有止，故谓之风水……风水之法，得水为上，藏风次之。”清人范宜宾注《葬经》云：“无水则风到而气散，有水则气止而风无，故风水二字为地学之最重，而其中以得水之地为上等，以藏风之地为次等。”

然而，“生气”何以察之？“曰气之来，有水以导之；气之止，有水以界之；气之聚，无风以散之。故曰要得水，有藏风。又曰气乃水之母，有气斯有水；有曰噫气唯能散生气；又曰外气横形，内气止生；有曰得水为上，藏风次之；皆言风与水所以察生气之来与止聚云尔。总而言之，无风则气聚，得水则气融，此所以有风水之名。循名思义，风水之法无余蕴矣”（《地理人须知》）。

“内气萌生，外气成形，内外相乘，风水自成”。“内气萌生，言穴暖而生万物也；外气成形，山川融结而成像也。生气萌于内，形象成于外，实相乘也”（《青乌先生葬经》）。

“所谓风者，取其山势之藏纳，土色之坚厚，不冲冒四面之风与无所谓地风者也。所谓水者，取其地势之高燥，无使水近夫亲肤而已；若水势曲屈而环向之，又其第二义也”（《风水辨》）。

这些风水理论在上庄是得到了自觉的运用的。比如，乾隆丁丑（1757）年编修的《胡氏宗谱·宅图小引》就说上庄：“竹峰丛其北，清流绕其南，西峙金山，东环狮石，宅上庄者，造物若辟斯士以有待焉。”

上庄古村落在长期的发展过程中逐渐形成了一套不同于市镇的布局形式。村落的布局较为自由，基本上是根据地理环境和生活习惯自发形成的。但这并不是说村落的形成是没有规划的，事实上，村落的形成很大程度上受到宗族、宗教文化以及传统习俗文化等方面的影响，胡氏家族文化等人为因素在其形成过程中起了很大的作用。上庄人在生产实践中不断总结经验，逐渐形成了一套夹杂着迷信观念的村落选址和规划的方法，村民们称之为“风水”。剔除风水中的玄学成分和迷信色彩，我们可以看到它在建筑选址时考虑地质、地貌、水文、日照、风向、气候、景观等方面的合理之处。同时，它还深刻地反映了徽州传统的宇宙观、自然观、审美观，是徽州古代人民智慧和经验的总结。上庄人的风水中重视对“气”的考虑。在村落的建设过程中，要求直观地考察现场情况，协调人居环境与自然环境的关系，以构成山环水抱、藏风聚气的格局。他们尤其重视水的引入，全村除了依常溪河而建以外，还由西向东疏通了三条水圳横贯村落。这样可以调节小气候，以形成“气”，而重山环绕，则可以避风，使“气”留下来，这种风水术对于创造良好的生活环境具有积极意义。同时，它对人居与自然关系的考虑也符合中国“天人合一”的环境观，村落建筑以群山为背景，增强景观的层次感；以水为前景，取得开阔的视野；村落结构因山而气派，因水而生动，呈现出一段段优美的生动的山水画卷。

二、古村落的格局

影响村落形成的因素是多方面的，除了传统观念上的因素外，还包括对社会、经济、防御、生产、地理、环境等方面的考虑。在中国漫长的历史长河中，战乱不断，盗匪猖獗，防御成为十分重要的因素。从院落到里坊，从内城到廓城，城市的住宅形成了层层相套的围合空间。村落的围合感较城市差，但也同样表现出强烈的聚合性。村落内的广场、庙宇、宗祠或井台等具有一定象征意义的精神空间成为村落的中心，建筑由此向外有秩序地自然生长，形成一种渐进的向心结构，从而构成了大多数村落的基本格局。传统农村经济是一种自给自足的半封闭经济，给这种内向围合的聚落模式提供了可能。青山为屏，绿水环绕，古上庄人更愿意在这样的封闭环境中过着男耕女织的田园生活。

这种格局表现为层层相套的形式，最外围是村落的边界，常以一些建筑标志或丛林溪流为划分，称为水口。经过一段平缓的过渡空间，到达村口。村口空间较为开阔，通常布置一些高大明显的建筑物，如祠堂、庙宇、书院、牌坊等，作为入村的提示。进入村庄，建筑鳞次栉比地排列在街道两旁，通向村落的中央。在一些商业发达、规模较大的村镇，主要街道两旁有店铺，成为商业街。村落的中心一般为较为宽阔的广场，是居民的公共空间。居民的住宅由此中心展开，以狭窄的街巷相连。整个村落向内聚合，有强烈的向心性。

上庄村总体布局为坐北朝南，背靠竹（竿）峰，面朝竦岭，枕黄蘗（山）而傍常溪（河）。村之龙脉始自竹峰（1056 米），沿 753 高地、三亩形，由北向南直扑来龙山，气势磅礴（高差 700 余米）、雄伟、险峻。至来龙山后，脉势突然变缓（来龙山至杨林桥高差只十余米），改为东西向，虽保留西高东低之势，但其势平广阔而不险。上庄之来水，源于黄蘗山脉，纳众流揽入己怀，以聚人、财、地之灵气。来龙与来水会于杨林水口，龙乘水势东飞而去。整个上庄村如一艘停泊在常溪河旁的帆船，胡氏宗祠像船上的桅杆，高竖村东（按旧祠规，村内建筑其高度不得超过祠堂的屋脊），蓄势待发。村南、村东水口山上，林木茂密，郁郁葱葱，远远望去，只见树林不见村落。走进上庄，人们仿佛走进桃花源中。参天古木掩映着慈善庵、皈善庵、东平殿，古庙钟声、林涛低啸，令人心旷神怡。南团社旁千杆修竹，杨林坝首虬杨曲柳，伴着杨林桥下叮咚流水，望着水中一轮月影，不由得使人迷于景中。上庄村周围，竦岭脚、西慕坦、呈华塘、张家山等自然村如众星伴月，更给上庄古村增添几分灵气。

按阳宅风水理论，自然环境乃上天所赐；古树参天，林木茂密乃地气所结；村落布局是村人所为。择天所赐，纳地所结，天、地、人合而为一，和谐处之，是阳宅风水理论的最好诠释。上庄古村落依自然环境而建，先贤们在村西常溪河上筑坝引水，使常溪之水沿人工开凿的水圳，弯弯曲曲流过前半村；又利用水的落差，修建上碓、门口碓等古水碓为村人加工粮食。在水圳上修拦水闸，使圳水局部平缓，方便村民挑饮、浆洗。后半村则利用“三眼塘”“脚背涝”之泉水，沿修建道路、房屋时所建的后坑，由西向东顺村而下，便利后半村人浆洗。村中，先人利用出露地面的泉水，建暗沟连通，时隐时现，分别在上水沟、下水沟、水曲沟、下汶等出露地修筑水坎，方便村民浆洗。前圳、后坑、中水沟，贯通上庄东西，且局部相互连通，成为上庄村的血脉，涵养上庄村人、财、地之气。村中始建于400余年前的仓屋塘为上庄之胆，其塘、井之水从不干涸（1934年大旱，常溪河水断流，仅仓屋塘之水未干，为村人提供饮用水）。上庄村溪水环绕，泉水遍布，像一座水上村庄，使上庄村人、财、地之气聚于村内不至于流失。流淌村庄之水，最后在杨林桥水口与常溪河汇合。

上庄村的村中道路布局也颇为讲究，前村和后村各有一条几乎与前圳、后坑平行的道路，从杨林水口直通西村口横田螳。村中道路弯弯曲曲、错落有致、宽窄不一，条条路均可通至前后村大路。村内道路像迷宫，不熟悉道路的人，一旦进村，想出村是需经过一番周折的。

村中道路路心均为石板铺砌，路肩两边均建有明、暗水沟相通，将泉水、生活用水、雨水排向前圳、后坑。村中心有一方坦，坦中心用河卵石砌成铜钱形，四周为条石围成。坦南原为一议事厅，取名“柏枝亭”。“柏枝”，意取松柏常青，枝繁叶茂，喻上庄胡氏族衍百支，兴旺发达。“柏枝亭”，过去是总祠召集各分、各支祠议事的场所，为与周围二份、六份、大份等各分、各支祠（各分、支祠俗称为厅）的称呼相区别，故以厅、亭之谐音取名“柏枝亭”。现议事厅虽已改为胡云辉户住房，但人们仍习惯称厅前方坦为“柏枝亭”。方坦上河卵石铺成的铜钱，意喻“柏枝亭”不但是上庄的政治中心，也是上庄村锱铢必较之地。20世纪80年代前，上庄公社、政府、茶站、食品站、供销社、商店、粮站、药店、邮电局、信用社、手工业社等，均聚集在这百米之地，这里不但是上庄村的中心，也是整个上庄地区的中心。上庄村中之道路，如脉络、神经，集中于上庄之心脏“柏枝亭”。

上庄村房屋朝向基本以坐北朝南为主体。民间有句俗语：“子孙有福，朝南做屋。”这种房屋朝向，冬能避北风之寒而纳南来之阳光，夏能乘南风之凉而躲酷日之照，冬暖夏凉。同时应了前有长流水，后有靠背山，后实前空，承接常溪之水带来的人、财之气的阳宅风水理论。但上庄村祠堂以东（下水圳和阶级下部分）的房屋朝向却全部坐西朝东。从阳宅理论上看，房屋朝向须遵循“青龙向高，白虎向低”的布局（左青龙，右白虎）。祠堂为全村之最高点，祠堂以东房屋如坐北朝南，势必是白虎位上高，此乃住房之大忌。而坐西朝东就不一样了，西向为祠堂，靠背实，而东向为杨林水口，常溪环绕，应了“前有长流水、后有靠背山”之说，同时承杨林水口双狮夺球的兴旺之象和水口聚拢钱财之势，使家族兴旺发达。这是阳宅理论的变通，但下水圳、阶级下，确实是一代徽墨大师“胡开文”及其子孙的祖居之地。

三、上庄风水的人工营建

天成的山川地貌及经过历代村人精心布局和营建的上庄古村是天人合一、人与自然和谐共处的杰作。在这种环境的影响下，不但造就了一代代勤劳勇敢、勇于开拓创新的上庄人，而且还造就了胡传、胡天注等名人、徽商，造就了胡适这样的著名学者。无论从阳宅风水角度看，还是从现代人居理论上看，上庄村都是一个非常适合人居的宝地。其实，风水的营造一直是上庄人的期盼。

上庄的杨林水口是徽州的三大水口之一。在徽州，几乎所有古老的村庄入口处，或树林，或尖塔，或亭台，或庙宇，这就是徽州村落整体建筑格局中有“门户”和“灵魂”之誉的水口。“水口者，一方众水所总出处也。”水口具备以下功能：防卫、界定、实用、聚会、导向，总之，水口虽小，但从中可窥视出徽州居民对自然与人类社会和谐、统一的生存环境的不懈追求。据村中老人说，杨林水口历经几十代胡家先人的修缮，综合了徽州水口的全部功能，是上庄村的灵魂之地。

杨林桥水口有狮象把守。常溪之南有霞枕山如狮，笔庄岗如象。常溪之北有慈山（亦称上庵、才子墩）如象，东村口常溪旁有巨石形似狮球（现胡景默屋大门处），为使水口更加完美紧密，族人在狮球北侧，人工垒集一狮形土丘，称狮子石。霞枕山、笔庄岗、慈山、狮子石，便形成杨林桥水口上庄水口双狮、双象共守大门之势。而霞枕山、狮球、狮子石，则形成双狮夺球的景观。狮子石以东的下碓与杨林桥南头的杨林古水碓，像两班日夜长鸣的锣鼓，激励双狮狂舞，欢庆上庄村四季平安。常溪河像彩带飘过村前，至杨林水口，水势骤陡，势如飞龙，破门东流而去。始建成于明万历间的杨林古桥，虽历尽沧桑，却仍像一把拦河巨锁，留着上庄村的地气、人气、财气。

1958 年以前，从大尉殿、笔庄岗、霞枕山至狮子石、慈山一带水口山，长满了坚硬挺拔、四季常青的青冈栎和枫香、枫杨等落叶乔木，将一座粉墙黛瓦的上庄古村，掩于青山绿水之中。沿杨林桥进村的石板路两旁，高大的枫杨树成群。1958 年大炼钢铁烧木炭，水口山上的树被砍伐殆尽，一时间花园般的水口林变成了光秃秃的荒山。改革开放后，水口山土地承包给村民，经过近十年的栽培管理，现在水口已是翠竹环山，茶桑满园。

杨林桥是杨林水口的标志性建筑，始建于明万历年间，经清康熙、道光、同治及 1969 年、1991 年几次水毁、重修，形成了现在所见的“南拱（桥）北平（桥）”、一桥两式的独特样式。桥南头古有水碓，后因水源中断而毁，现为上庄油坊。桥北古有南团社、皈善庵、太子庙（东平殿）、贞节牌坊、下碓等人文景观和建筑，慈山顶上原有慈善庵，民国初期因香火稀少而荒芜。

20世纪80年代以后，上庄经济、行政、金融、交通中心逐渐向杨林桥一带转移，以杨林桥为中心的上庄新村逐步形成，杨林水口已成为上庄村村中的一个旅游景点和休闲场所，供村人、游客散步、观光、歇息。只有杨林古渡的石阶、杨林古桥和路旁数根百年古枫杨树仍立于原处，向人们叙述着上庄古村的沧桑变化。

四、上庄的八景文化

我国历来有地方八景文化的优良传统。最早为北宋初期的“潇湘八景”。沈括的《梦溪笔谈》有云：“度支员外郎宋迪工画，尤善为平远山水，其得意者，有平沙落雁、远浦归航、山市晴岚、江天暮雪、洞庭秋月、潇湘夜雨、烟寺晓钟、渔村夕照，谓之八景，好事者多传之。”宋元明清时期，徽州各地古村落和全国一些景点一样，也有自己的八景和八景诗词。

地方八景是特定地域和特定景物的完美统一。一个地方的八景，就是这个地方特色景致的重要标志，或一段历史，或一个神话、一个传说，体现着这个地方特有的历史文化底蕴。上庄八景是指：“曲水澄澜”“竹峰插云”“金山茗雾”“井阜松风”“杨林月夜”“西岩瀑布”“竦岭积雪”“慈山晚钟”。它是自然景观和人文景观的相互融合。景名的遣词造句，也非常重视语音的协调，使之有一种字词华美、音韵和谐之感。它是时代精神和历史遗存的心灵呼应。地方八景的选点和命名，不仅体现了它的标志性、景观性，也体现着它的历史性、时代性。这些景点选择和命名的变化，充分体现了人们审美观念的进步，也是时代精神与历史遗存在人们心灵深处的一种精神文化呼应。上庄八景还是无声史诗和有声画卷的绝妙搭配。八景对应的就是村落的八幅诗画，表达了该地的“地灵人杰”，从而增强百姓对乡土的认同，在客观上推动了村落人们在自然环境和审美情趣上的认识统一。一个地方景观，本来是静态的、无声的，但通过对景观的命名，诗词吟唱，画作渲染，可使其从静态变为动态，从无声变为有声。诗画是景观的灵魂、声喉和翅膀，可使之飞越时空，传之久远。八景文化的传承具有重要的文化传承意义。第一，对共同生活的家乡产生情感；第二，统一大家对故土自然美的认同；第三，凝聚村民保护建设家乡的力量；第四，保护古村落的优美生态。实际上，一个地方的八景和八景诗画就是这个地方的名片和品牌，对于提高本地山水风物的审美价值，促进精神文明建设和文化繁荣，进一步推动生态文明、环境保护和旅游开发等，都将发挥积极而独特的作用。根据《绩溪上川明经胡氏宗谱》和章廷炯先生写的《上川八景》，我们知道上庄先人对自己的理想家园充满热爱的情感。具体而言，上庄八景所对应的八首古诗是：

曲水澄澜

溪净雨初晴，带围宽匹帛。
和云出空山，影蘸芳草碧。
不觉海蟾升，溶溶筛碎月。

【释义】　雨过天晴，溪洁水净；常溪河像一匹宽阔的玉带，绕村而过。祥和的瑞云飘出空寂的山峰；倒映水中的芳草倩影，蘸着雨水显得更加翠绿。陶醉在这黄昏的暮色之中，不觉月亮已经升起；微波荡漾，揉碎水中月影。

竹峰插云

何为峰是竹，如此起崔嵬。
朝朝被絮帽，真面使人迷。
个里笼三鹤，肯使云脚低。

【释义】　什么是山峰为竹林，竟有如此壮观的磅礴气势。天天早上被云遮雾障，使人看不清竹峰的真实景色。原来竹峰林间笼罩着三层石鹤峭壁；从天而降的白泉瀑布，竟使得云彩也显得低沉。

金山茗雾

异草毓地灵，香雾蒙崖野。
村女摘春归，社火焙檐下。
三沸入芳兹，缕丝犹篆写。

【释义】　珍奇之茶育于地灵之土，清香的雾霭弥漫着山野坡地。山村少女采茶归来，茶节的社火焙烤着屋檐下的嫩叶。经过杀青、揉捻、烘干三道工序之后，散发着新茶芳香的气息；家家户户烘烤制茶的炊烟缕缕上升，犹如大毛笔在书写着篆体古字。

井阜松风

安得陶通明，结茆与同住。
酌酒问于喁，而谁使其怒。
伊人不可见，笙竽度林树。

【释义】若有幸邀到陶通明（456—536），我一定与其结为异姓兄弟同住，深夜探讨《风入松》。酌酒对饮轻声相问：是谁使松林中的风如此怒吼呢？其人不可见，只听见风过松林像是簧笙之音。

杨林月夜

树梢斜挂月，镜面新揩露。
桥影入云深，绿杨涵野渡。
寻思了无语，悠然此中趣。

【释义】一轮明月斜挂树梢，平静的水面恰如露水揩洗了一遍。杨林桥倒映水中的影子插入云端深处，垂杨绿枝掩罩着村郊渡口。我默默地沉浸在这寂静的月夜，欣赏着杨林桥畔月夜的仙境美景。

西岩瀑布

珍珠溅客忙，胡所来之水。
银河下九天，闻自谪仙李。
我姑望悬泉，未暇穷原起。

【释义】珍珠般的水滴，频繁地溅落在游客身上；这是何处来的水，是天上的银河下九州吗？曾听酒仙李白如是说。我被这高山悬泉壮观景色吸引，再也无心顾及深究水的源头了。

竦岭积雪

寒空布玉尘，有兽栖崇岭。
何处鹤归来，踏碎梅花影。
薄暮望山村，倍增丝发冷。

【释义】寒冷的天空笼罩在雪霭之中，出没的野兽栖息在南山竦岭深处。不知何处归来的松鹤，踏碎了山坡上梅花雪片的倩影。傍晚遥望山村，更觉得浑身寒气袭人。

慈山晚钟

兰若漏真机，月影散林竹。
堂鞀吐鲸音，风传浮世局。
劳劳不解闲，袯襫几宵宿。

【释义】慈善庵隐泄玄机，明月倩影洒落竹林。庙堂之内飘出钟鼓的悠扬福音，给人传递着超脱世俗的信息。辛劳的寺人永不懈怠，简陋的衣被能睡几个安稳觉。

第三章　上庄村落发展简史

第一节　祖先

一、“李改胡”

上庄村以胡姓为主姓氏，这个胡姓来自明经胡，是所谓的“假胡”——“李改胡”。这个由于特定历史环境铸成的已有1000多年的姓氏纠葛，从明经胡氏宗谱中一直传承着那个铭心刻骨的故事。

唐昭宗天复四年（904），也是唐王朝覆没前夜，节度使、原黄巢起义军叛将朱全忠（温）以“歧兵逼畿甸”为由，逼迫昭宗李晔由长安迁都洛阳。李晔不想东迁，奈何他左右都是朱温的心腹，他们都紧促启驾，无奈只好于正月下旬，携后妃及诸子离开长安。李晔一行迤逦东行，行至郏县，已是三月，传来京城长安宫阙乃至官廨俱被拆毁的消息，木料沿渭河、黄河而下，朱温发动两河诸镇壮丁数万，在东都大兴土木，建造宫室。何皇后对昭宗说：“自今大家夫妇，委身贼手矣！”他们自知，此去东都必死无疑，并将遭灭族之灾。两人商量，将何后所新生尚在襁褓中的第十子“效绔中儿，护以御衣，侑以瑶玩，匿讳民间”，托付给近侍婺源人胡三（清），速速逃匿。果然，同年仲秋（已由天复改元天祐），朱温在洛阳指使属下追杀了38岁的昭宗李晔，立傀儡太子李柷为昭宣帝（没有改元）。宫廷政变的悲剧持续下去，朱温于天祐二年（905），在九曲池畔一一缢死昭宗的九个儿子，抛尸池中，接着又在积善宫弑杀何太后。天祐四年（907），朱温用毒酒处死唐昭宣帝，上位称帝，结束了289年的李唐王朝天下，建立朱氏后梁，为五代之首朝。

身负李唐王朝托孤重任的胡清逃得快，潜回他的故乡徽州婺源，在考川（现江西婺源县紫阳镇西考水古村）住了下来。胡清作为义父，精心抚养李氏皇家最后一丝血脉，也为安全计，将“皇子”弃李姓归姓胡，并取名“昌翼”，意为“大得覆翼”。昌翼在这个“龟蛇”把谷口、四面青山环抱、三条小溪纵贯的山村宣地潜心读书，到21岁时，已是后唐同光三年（925年），赴科举，以《易》登明经科进士第。这时他的义父胡三“授以御衣瑶玩，以示太子实”，让他明白自己的真实出身。昌翼劫后余生，心灰意冷，“遂不仕，隐居考川”。胡昌翼在考川生活怡然自得，活到96岁，旁观战乱纷争的五代十国历史结束，又过了宋朝太祖、太宗两代，直到真宗咸平二年（999）十月三日才归天。他在学术上很有建树，一生倡导明经学，尤精通《易经》，著有《周易传注》三卷、《周易解微》三卷、《易传摘疑》一卷。后世子孙尊称这位世祖为“明经翁”“为世儒翁”。南宋理学大师朱熹曾拜题考川为“明经学校，诗礼人家”。胡昌翼还给考川留下了三首七绝，颇有唐诗遗风。

家住乡庄深僻处，就中幽景胜他人；
林园满月犹堪玩，丘亩当门渐觉新。
醉乡往往眠芳草，归路时时送夕阳；
倘若异时咸得志，林泉唯愿莫相忘。
绎思斋中寻古义，畅情池上钓金鳞；
人生但得长如此，任是湖边属汉秦。

明经胡氏是无比显赫的李唐皇家的后裔，近千年来已为世人所允认，然而却无见于正史记载，诚如其41世裔孙胡祥蛟（铁花）所说：“吾家旧谱所记，始祖本是唐昭宗太子，避朱温乱改从胡姓；二世祚仕宋，卒封王

爵，事迹不见于史册，与曾氏始祖关内侯据略同故。”（文正公曾国藩的湘籍宗谱载，曾氏十五世孙避王莽乱南迁，为南州诸曾之始，也未入正史。）

胡昌翼有三子。长子胡延进，又名延政，在宋太祖开宝末年（975）年任绩溪县令，明经胡开始与皖南大山中的绩溪结缘了；不过他于1002年又赴浙江任建德知军，卒于任上。延进的儿子胡忠于宋真宗景德四年（1007）年迁往绩溪龙井村（现上庄镇宅坦村）定居。

查阅明经胡氏宗谱及参照有关专家考证，自胡忠之后，经历了胡昉、胡文谅两代，上庄胡与宅坦胡是同宗共祖同村的。之后因居住不同，而同宗分支了。明经胡氏的第七世孙胡德真迁入与宅坦仅一公里之距的上庄村杨林桥一带定居，第八世孙胡七二成为上庄胡氏裔孙的始祖。自此，明经胡氏遂分龙井（宅坦）、杨林（上庄）两分支，但他们的共同始祖就是胡昌翼，而且一至五世，都同宗共祖。明经胡氏传至胡适（1891—1962），已是第42世了。

二、复杂的胡氏

如前所述，上庄的胡氏本来姓李，他们的祖先出自帝王之家。

胡门一族从婺源迁到了绩溪湖里，然后转到上庄，并在这里生根发芽，然后枝繁叶茂。

追慕堂是建在上庄的胡家祠堂，上庄的胡家，在这里举行祭祀活动，有时，也在这里召开会议，从头说来或者从长计议，宗族的管事侃侃而谈掷地有声。

关于胡适的先世与家族，中国社会科学院研究员、上庄人胡明先生是这样阐述的：胡适的先世移“上川明经胡氏”。“上川”即徽州绩溪县之上庄，“明经胡氏”则别于绩溪县其他胡氏宗族——所谓“绩溪诸胡”。“绩溪诸胡”中最有名气的便是世居绩溪县城华阳镇的“金紫胡”，也即是胡匡衷、胡培翚、胡秉虔等先贤为代表人物的经学或礼学的书香望族，其上世可追溯到11世纪《苕溪渔隐丛话》的作者胡仔。胡适成名后便有人将他与这个大有名气的汉学书香望族在血缘上联缀了起来，如北京大学校长蔡元培在为胡适《中国哲学史大纲》（上）写的序中称“适之先生生于世传汉学的绩溪胡氏，具有汉学的遗传性”；在《答林琴南君函》中又说“胡君（适之）家世汉学”。胡适在他的《口述自传》中曾特地指出更正：“前北京大学校长蔡元培先生为拙著《中国哲学史大纲》第一卷所写的序言中，曾误把我家说成是世居绩溪城内胡氏的同宗。蔡先生指出绩溪胡氏是有家学渊源的，尤其是十八、十九世纪之间清乾嘉之际，学者如胡培翚

(1782—1849）及其先人们都是知名的学者……但是这个世居绩溪城内的胡家与我家并非同宗。”他又老实承认：“我家世代乡居……历代都是靠小本经营为生的。”另一位弄错胡适家世的著名人物是梁启超，他在1924年2月写的《清代学风之地理的分布》“安徽”一节中称胡匡衷、胡培翚、胡承珙为“绩溪三胡”，又说：“绩溪诸胡多才，最近更有胡适之（运）云。”又《清代学术概论》中称：“绩溪诸胡之后有胡适者，亦用清儒方法治学，有正统派遗风。”——他也将胡适与“绩溪诸胡”挂起钩来，且言之凿凿：“绩溪诸胡之后有胡适。”胡适不是“绩溪三胡”之后，他家祖上压根儿与汉学没有一丝联系。他家祖上是农民，近世乃小本经商，识字的也不多，更说不上“多才”了。胡适父亲胡传是服膺宋学的一个秀才，后来虽也做了州县级的地方官，但声名不出乡里本族，在绩溪一县的名人录里是微不足道的，尽管其学问识见、行为胆略大可称道。也许由于蔡元培、梁启超等人的影响，后面跟着错的人似不少，如杨家骆《新世纪高中国文选》称：“适之为绩溪汉学家胡培翚之后，故云家世汉学。”传到日本，竟径直变为“胡培翚的儿子”了，如日本诸桥辙次编的《大汉和辞典》中“胡适”条目下明白写着“安徽绩溪人，胡培翚之子”。而胡适的父亲称胡培翚则为“吾邑胡竹邨先生”！二十多年来，胡适与“绩溪诸胡”的纠葛已被澄清，上庄“明经胡氏”则不同于绩溪县其他胡氏宗族，是所谓“李改胡”的“假胡”。

有人说范仲淹曾自朱还范，明经何不自胡还李？为此，胡次焱作了如下的解释：明经公养于胡三公，当时正值朱温篡唐，到处追杀宗室，明经公作为帝王子孙自幼养于胡氏，不可能复李姓面目，以免引来不测之祸。这种情况与范仲淹随母改嫁朱氏，长大后自朱复范不同。又有人说为什么现在不复本姓呢？胡次焱认为明经公不克自改，其子孙怎么能擅自改变呢？

胡次焱何许人也？胡次焱（1229—1306）字济鼎，号梅岩，“明经胡”第十四世孙，南宋咸淳进士，历任湖州县主簿、贵池县尉，德祐元年（1275）元兵下江南，遂辞官回籍。他著有《梅岩文集》。他在《论姓氏》中解读了“明经胡”的来由：“焱谨按：明经为大唐裔，安定三公载之以归，遂冒胡姓。五代时中明经科，世因以明经表其族。”他在《明经书堂记》中也说：“先生（祖）本大唐昭宗子，天祐年间，朱温构祸，逃难齐民，依安定三公卜宅于婺源之考水，因用胡姓。”

2003年，历史学家李世愉说：“由李姓改的胡氏和后来的胡氏是不一样的。明经胡氏有一个家谱，正史里头没有这个记载，但整个胡姓家族都这么讲，包括胡适先生也这么讲。”据婺源考川明经胡氏宗谱记载，“明经胡氏是江南一支旺族”。现在搞姓氏学的人基本上已认定，这个家谱说的是可信的。至今，上庄依然有个不成文的规则，即“李胡不通婚”。

三、上庄明经胡氏50字排行

上川明经胡氏在宗祠的统一领导下，早年便有“满普道玄永，元文志兆应”的排行。自三十七世始，增加“天德锡贞祥，洪恩毓善良；作求绵世泽，亦异仰余芳”。这一五律诗，进一步明确正式排行。宣统三年(1911)，胡祥木主编《上川明经胡氏宗谱》时，将后两句修改成：“明经承肇祖，世泽振同光。”并又增添四句为：“秉国思名彦，为邦有宪章；家庭敦孝友，继起衍宗长。”

上庄明经胡氏50字排行诗便于族人正名分，明世数，辨亲疏，别同异。因此，在村中辈分明晰，无论出现何种情况都不可能乱亲。

第二节　姓氏沿革

一、大姓与小姓

相传，早年上庄有章、邓、柯、朱、杨、胡等姓氏数族递嬗居此。从上庄历史发展情况看，村中姓氏上出现了“一章二柯三朱四杨五胡”的发展过程。

宋崇宁年间（1102—1106），从事郎章运由昌化览村迁家瀛川（今瀛洲）。后裔繁衍成为绩溪大姓，部分章姓曾经居住在上庄，后多数聚居到华阳、瀛洲、湖村、鸭子庄、和阳坞、东干等地。上庄的章姓遗迹有“章家巷”。

这个距绩溪县城39公里的黄山东麓山村，因姓氏变更的缘故，村名有各种说法。现在知道的，除上庄之外，还有叫后岸的。据《绩溪县志·姓氏源流》，北宋至道年间（995—997），池州柯海任绩溪教谕，爱绩溪山光水色。任满，他徙居修仁乡后岸（今属上庄村），传10世，后裔（第十代孙）柯昭迁瑞川（板树坑）；另一支迁大谷运，居守的一支，于元至正庚寅年（1350），因柯大统起义兵败，被政府株连九族，后岸被夷为平地，废墟中野草萋萋。

元末，朱大同从歙县篁墩迁居八都王陵头（今上庄杨林桥）。明初，其裔迁朱家。现存“朱家学堂”遗址在狮屁股处。

北宋开宝年间（968—976），胡延政知绩溪县事，赐居通镇，改名胡里（今湖里）。延政之父胡昌翼，系唐昭宗李晔幼子，襁褓中遇朱温之祸，父托孤婺源考川胡三，携归抚养，遂从胡姓。唐时取士，以诗赋取者谓之进士，以经义取者谓之明经。昌翼于后唐同光三年（925）登明经，后世称“明经胡”，俗称“李改胡”。据《绩溪上川明经胡氏宗谱》载，十二世祖德真公由胡里迁杨林，二十世祖七二公迁上川。胡邓二姓于明万历年间，在常溪河之上合建杨林桥。可见，明代上庄的邓姓依然存在。

因此，后岸、杨林、上川均为上庄的旧称。

在胡姓反客为主之后，其他各姓便成为小姓。在上庄无论这些姓氏当中的人年纪多大，胡姓人均称呼其为“哥”而不称“公”。除此以外，胡姓家族的祭祀、越主及婚丧时所需的“祝活”都由小姓担任。在宴席上，“祝活”只能坐在“厢堂”，不能坐在“正堂”。这表明大姓与小姓之间的等级关系，也可以看出小姓在上庄的社会生活中的地位比较低。

二、风乎亭

上庄到宅坦的路上有座风乎亭。建于乾隆年间的风乎亭，其谐音为“分胡亭”，有暗指亭南的上庄胡姓为假明经胡的意思。这段有关乡村宗族生活的公案是由历史上宅坦、上庄这两大村争夺七月会的首办权和五朋中的头朋引起的。据查《宅坦龙井谱》：乾隆二十一年（1756），绩溪宅坦龙井派明经谱局的胡学礼、胡履泰、胡秉熙等人，曾联呈请改龙井“派不符史实的家乘记载不果”，便“告退”谱局。《龙井谱》能如实记下此事，实属史料学中的可贵记载。看来，正是这一整理、鉴定家乘资料的意见分歧，最后导致胡里的后裔，撇开宅坦的后裔且联合近在宅坦咫尺的上庄后裔续修《（绩溪胡里）胡氏宗谱》。其意见分歧是严重的，最严重的表现就修筑记录这一事件的标志风乎亭，外人目睹亭中三个苍劲有力的汉字都以为取自《论语·先进》的“风乎舞雩”，是文人表现他们的闲情逸致。其实这是谐音，暗示“分胡”。风乎亭的故事令人深思！据村中老人告知：宅坦的胡是一夜之间偷来的。说的是，宅坦胡姓要认明经胡氏，就要到江西婺源考川去买谱续修。首次去的人，因为没有带足银两（传说是五十两白银）只得返回。二次再去时，遇到同村的一个小偷，小偷得知后，便先行赶到考川。就这样，一夜之间便把族谱偷来了。如前所述，乾隆年间，两支后裔为家乘资料的鉴别已发生意见分歧，相持不下。而宅坦龙井派谱局的胡履泰等人，也曾“躬诣考川，助成谱事”。

其实，考诸考川统宗谱、宅坦和上庄的宗谱都有一致的记载：龙井

（宅坦）和杨林（上庄）一至五世同祖，均为昌翼、延进、忠、昉、文谅。有关始祖、远祖的生卒年、墓葬地、名号的记载基本一样。上庄在乾隆修谱的序言中记载："七世端五公子忠公迁北龙井，十二世德真公迁杨林，二十世七二公始迁上川。"所不同的是宅坦认为胡忠是胡延进的儿子，而上庄的世系认为胡忠是胡延进的第七世孙。根据胡维平的考证，明经胡的第十四代胡允昌从龙井迁杨林，即今上庄杨林桥一带；允昌次子胡七二是上庄胡姓始迁祖。因此，胡适除了是明经杨林派（上庄）的后裔外，同时也是明经龙井派（宅坦）的后裔。这个历史陈年老账似乎已经翻过去了。1999 年 11 月，始祖昌翼公逝世一千周年，宅坦和上庄的胡氏后裔一起赴考水导根祭祖，并合影留念。

三、十里杨林镇，五里后岸街

说起上庄的村史，村人总津津乐道曾有过的"千灶万丁"和"十里杨林镇，五里后岸街"的鼎盛时期，虽然至今人们还道不清个中的子丑寅卯、来龙去脉，但每翻到这些陈年旧账时，心中总引以为自豪。

有史料记载：元末至元间（1335—1341），后岸人柯大统不满异族的残酷统治。他关心民众疾苦，结纳乡里豪士，揭竿而起，组成义军，攻占绩溪、旌德二城，声势浩大。元朝统治者大为震惊，派徽州路总管马斯忽勒领兵进剿，大战徽岭南北，元军屡败。后元军调重兵四面围攻，终因寡不敌众，义军受挫，全军覆没。柯大统只身遁去，不知所终。事后，元军实施残酷的报复，大肆烧杀抢掠，祸及全村，使村人四散逃亡，后岸村变成废墟，近处的杨林镇也遭其殃。

杨林镇一角

杨林是十二世祖德真公的迁居地。那时，由于生活安定，生产蒸蒸日上，经过几代人的建设，杨林发展成远近闻名的乡镇。“镇”者“市”也，即有商铺贸易之地。随着历史的变迁，今天的上庄人对杨林、上川、后岸、来龙这些地名的原始界址已经模糊，虽然至今沿用，但具体分界就难以确定了。在柯大统起事前，就有胡、柯、朱、邓、杨、章等多姓人居住，团结一心，和睦相处，共同开发耕耘这片土地，四个村落几近连成一体，形成一个人口稠密、商贾云集、物资丰足的富庶集镇。可以推断，这支义军能够攻城略地，队伍的数量至少有几百人之众，而打仗所需的粮食、物资、兵员补给没有相当的积聚做后盾是不可能的，这也反证了当时的经济发达程度。所以时人用“千灶万丁”和“十里杨林镇，五里后岸街”来形容当时的繁华景象。

胡氏二十世祖七二公始迁上川，应在宋朝后期。那时各姓居民风雨同舟，和衷共济，共存共荣。一百年后，因受元军的大肆洗劫，灾后毗邻村落的人死的死，逃的逃，幸活者，疫病频发，几乎十室九空，到处田园荒芜，败瓦颓墙，满目凄凉，从此元气大伤，一蹶不振。而其他姓氏的人，先后离散，罪魁就是元朝统治者。此后上川就独存胡姓一家，而“大统起义”“千灶万丁”“十里杨林镇，五里后岸街”这些故事渐渐成为人们的历史记忆。

【附录1】 婺源考川“明经胡氏”的来由

“明经胡”是历史上有名的一支胡氏家族。因其特殊的经历——李唐王室的后裔，而有别于其他胡氏。唐昭宗末年，唐王朝风雨飘摇，昭宗为了保留一线血脉，将襁褓中的婴儿交给宫廷近侍婺源人胡三。胡三带着婴儿秘密出逃，在婺源偏僻山坞里隐居下来。胡三改皇子李姓为胡姓，取名昌翼，以期飞黄腾达。胡三在婺源俗名扁担山西北麓的小溪旁建立家园，初名胡村。后昌翼公取《诗经》国风·卫·考槃文章中“考槃在涧”（赞贤者隐居自乐也）为据，把原名胡村改为考川，亦曰槃川，俗称考水。在同光乙酉年（公元925年）胡昌翼廿二岁，以易经中后唐明经科第二名进士。正当他踌躇满志地实现自己兼济天下的理想时，胡三告知他真实的身世。

自此，他便绝意仕途，隐居于婺源考水，倡明经学，人称“明经公”。其后裔被称为“明经胡”，又因昌翼本系李唐皇室，而冒胡姓，故又称“李改胡”或“假胡”。“明经胡”后裔尊昌翼为始祖，胡三为义祖。由于“明经胡”是一支来自于李唐后裔的特殊胡氏，皇子藏匿于民间正史没有记载，有人就对“明经胡”提出了质疑。对于这些质疑，“明经胡”的后裔给予了必要的解释和反驳，有的甚至于通过诉讼来解决。

婺源县境内有两个不同胡姓始祖：一个是清华常侍胡，一个是考水明经胡。义祖胡三公是正宗胡属安定郡；考水始祖李改胡，改姓未改郡，根子仍属李姓陇西郡。在历史上曾有清华胡伪造谱牒，以惑人视听。与考水胡争历史名人双湖、梅岩、云峰三先生。详见考川明经胡氏宗谱卷首《非宗冒犯判断详文》奉批勒石在儒学乡贤祠门首（一至四页，康熙五十五年春立）。

总而言之，明经胡氏皆以考水为宗。明经胡是李改胡，可称为胡李是一家，与清华常侍胡不同始祖，历来考水明经胡与清华常侍胡两下不搭架。

【附录2】　上庄宗谱新撰的《延政公传》

公讳延政，字克修，原名延进，号节庵。父昌翼，本唐昭宗子，以朱温乱，避地来婺源之考水，冒姓胡，称明经胡氏。故公承其氏，遂为徽之婺源人。公兄弟三，延宾、延臻皆少于公。公幼即倜傥有大志，喜诵春秋，诚知复仇大义。自家难颠末，恒以仇耻未雪，引以为恨。是十国骚扰，四海毒痡，公辄北望太息曰：使君得志，当迅扫腥秽，以还正统。乃留季弟奉养于家，而与仲弟出图功业。保大间，周兵掠淮南地，淮贼走新城化，啸聚劫掠，歙、绩受祸，而绩（溪）尤惨。当事者，募壮士以御，公遂首与焉。曾率众分屯耿家新田山，日则操练，夜则分番设伏以迫贼。贼遁宁国，又扼之大石门，囚获以千计，于是威声大振，歙绩之上，咸之有公矣。时南唐宵小枋政图日蹙，公殊郁郁不得意。乾德甲子，入宋从刘廷让伐蜀，由归卅进规峡，破巫山、松木三会等寨。复佐骑将张廷翰击败蜀监军武守谦略，取夔州城，其明年蜀平。廷政以公上于朝，优诏擢用，寻敕授绩溪县令。咸平壬寅，改知严州。公以国耻为念，每击楫横戈，闻鸡起舞，辄有不可一世之慨。及陈桥禅后，衔璧走傅接踵。知天下已定，乃稍自放于山水间，独爱绩溪峰峦明秀，因自婺源迁于绩（溪）。初居隐张山之麓，未几，徙通镇，易其镇名曰胡里。四望之，川塘岭坎，咸以胡号焉。以学古为传家计，建屋数楹，榜曰懋学。傍筑两斋，曰明体，曰适用，为子孙讲读之所。又于隐张山下，构远观亭，阅览名胜，有月岩秀松、石龙喷玉、胡川练水、古溪钓月诸景，晚尤爱夹溪山水，建行乐亭于其间。适自冠公准遇之。有“灵源发九岑，锦云生东屏，中有箕山翁，逍遥物外身”之句，其趣出尘类如此。公于后唐天成己丑生，宋太宗祥符己酉卒，春秋八十有一。娶浮溪汪氏，继娶詹氏、秦氏，合葬黄嵩塘。公以唐室宗支，且有征蜀之功，授三格例，敕封唐中王，至今明经胡氏，谓公之苗裔为中王派云。

原注：宣统辛亥纂修，祥木（即胡近仁）曰旧谱无克修公传，第有孔氏墓志铭，且序记中则多记载公事。然后封王、历官、题墓、赐居等，所叙间与志（指县府志——笔者注）不合。岂年湮代久传闻异词耶？兹以梅岩公六甲图为主，辅以志序，县府省志，传记之。可谓公之事实，尽具于此。吾宗别派（指会修乾隆版统宗谱编入《延进公知建德军考》的考川和龙井派）有削公之封爵，且谓公与詹氏殁于严州官邸，合葬桐江，是说也，吾族先进铁花公《溯本录序》已详言之矣，予故不赘①。

（此传引自宣统版《上川明经胡氏宗谱》）

【附录3】　胡适父亲胡铁花的《溯本录序》

昔宋南丰曾氏，以曾子十五世孙关内侯据为始祖，欧阳文忠疑之，作书引史例以讽曾子固，而今世（湖南）湘乡曾文正公家谱仍祖关内侯。据云：据以关内侯避王莽之乱，南迁为南州诸曾之始祖，夫据之事迹不见于史册。欧阳公谱牒之学，号为精审。而曾氏宋有曾子固，今有文正（曾国藩）公，皆硕学通儒，卒不从其说而仍家谱之旧，岂二公之学出欧阳公下哉！盖以历代之史二十有四，不过三千二百五十余卷，而自秦汉以至元明二千余年之中，散佚于兵火，笔削于史臣缺略者多矣，且其书非尽本诸史臣之所记。史之所藏乃后世参考私家著录兼采稗官野史补缀成编，然则史之所无，安知非修史者纲罗散失尚有遗漏？谱之所记，安知非其子孙世守旧牒，历久而尚存？昔裴松之注《三国志》，引据博洽，为后人考证之资；而华歆传多引华峤所作之家谱，欧阳公修新唐书，事增于前文省于旧，而李泌传亦采李繁所作家传。是国史之缺略，正赖私家之谱有记之者，可据以增修也。而因史册之所无，遂疑谱牒之所记者概不足信，岂通论哉！吾家旧谱所记始祖本唐昭宗太子，避朱温乱改从胡姓；二世祖仕宋卒封王爵，事迹不见于史册，与曾氏始祖关内侯据略同故，予作《溯本录序》悉从旧谱，亦援曾氏祖据之例焉。吾宗别派有重修家谱，削去二世封爵，且

① 这是绩溪明经胡各派在乾隆年间续谱为鉴定家乘所发生分歧论争的继续和深化的具体表现，是直接针对《延进公知建德军考》而写的。胡近仁的原注称吾宗别派就是指将这篇考文编入《考川统宗谱》的考川、龙井等明经胡各派，并极力为胡里、上川合编的乾隆版《中王宗谱》对始祖、始迁祖行状的记载与正史不符这一点进行的解释。

逞其胸臆谓必无封爵之事，著论辨驳旧谱者，彼其学识未必有过于宋之曾子固，今之曾文正公，亦只见其不知量耶！

（引自宣统版《上川明经胡氏宗谱》文苑）

附　胡维平注：

胡适父亲铁花公对始祖、始迁祖均系李唐宗室的家谱记载是坚信不疑的，对明经胡其他支裔所作的否定始祖封王的考辨是坚决否定、不能容忍的。他所持的理由和根据是：正史记载的不少内容是采之私家著录和稗官野史的，即所谓的正史之缺略正赖私家之谱之有记。他进而以曾国藩家谱和裴松之所注的《三国志》作为论据，并以此嘲讽撰写《延政公知建德军考》的明经胡考川派和龙井派以及在清同治甲戌重修明经胡龙井派宗谱的胡宝铎兄弟，在对待始祖的问题上，铁花公也不顾及“皆于钝夫友善”（《铁花年谱》）的胡宝铎兄弟的情谊了。

由于有父亲看待先世的在先成说——《湖本录序》，胡适虽然并不赞同父亲论述先世的观点，而且又在为《旺川曹显承堂族谱》写序时阐明了“都去认黄帝、尧、舜等等不相干的人作远祖”的族谱没有什么史料价值的观点，间接地表明了其对待先世所持的立场。但却不愿指出他自己一族的宗谱对于始祖来历的记载，也是“无参验”和“不可深信的”，并从此以后，对自己所谓“李改胡”的先世记载采取三缄其口，不作考证直接予以查实的态度，究其原因，还是以孝顺著称的胡适不愿意用考证《水经注》的方法来否定铁花公的《湖本录序》。

【附录4】 有关明经胡始祖来历的四篇观点相左的序考

（1）南宋嘉定龙井胡氏始修族谱序

吾闻事有托则有传，有见则有知。吕祖谦谓汤铭于大学，后世观之，始知汤德日新之勤也。曾谓祖宗之根源，族属之派衍，无其谱则无可托；无可托则泯其传；泯其传则无可稽。噫！祖宗不识孝享之意，衰族属之。不识协睦之义，绝不与兽类之同也。几希矣，吾族侄子春有患是焉，所以惓惓而弗怠。胡姓著姓出自满公封爵之后，因谥以为姓也。自此而至显者，安定郡王名播一时者，广公中庸也。至四十七世曰瞳公，官寓宣徽两府。黄墩瞳公生珍，珍生清，清迁婺邑考川，乃生昌翼公，其长孙文忠公迁于绩北之龙井，是龙井之派即考川之裔也。龙井之祖盖忠公为始也。谱之不作，固莫知其受姓之源，也莫知其派衍之详，抑孰知其敦宗协族昭伦叙于不乱哉？此谱之所以必作也，如或采荣盛以矜高，失之滥；遗寒微以自耀，失之骄；皆无益之作也，何以示人而信后？切为修者戒云。

维嘉定甲申仲春朔日十二世孙俊卿拜书

(2) 宋庆元《考川明经胡氏宗谱》旧序

我考川胡氏自唐季世居（婺源）县之西北三十里，本曰胡村，始祖十七府君者讳宏远，实唐宗室……也，朱温构乱，徙都洛阳，义祖安定胡三公（名）清，宦游长安，携之以归，后府君读书以易经中后唐同光乙酉进士。自以皇子，隐居不仕，赐谥明经，故乡人遂称为明经胡氏。八世孙朝散大夫（胡）侃亲撰墓志铭，远有端绪可考也。明经遇唐扰攘，避地于此。凿池而逍遥其上，得诗人考槃之意，又曰考水。予曾闻人，古有百世不迁之宗，近代亦有累世同居者。今谱系虽非先王之制，而先王之遗意存焉。盖宗法而人知所自出，由吾身而考而祖而曾祖，以溯于始祖，可知也。又由吾身而旁及吾兄吾弟及同祖之世系及同高曾祖之兄弟与始祖之兄弟可知也，则其源流岂可诬哉。吾族支系始为图轴，后学欧阳小宗之法而始为谱焉，然是谱屡证于名贤之手，兹仅录之，以示一族之英贤者，他日有擢巍科跻肮仕，功业光于时，声名昭于后，而青史所收咸与有赖焉，人皆将起本源于思，而爱敬之心油然而生，雍睦之泽殆无穷矣。不然宗法坏而事无统纪，灭伦伤化之患莫之能止，岂今日所望于孝子慈孙之微意哉，庸书此以告我后之人。

宋庆元三年（1197）丁巳正月良日序，十世孙胡存忠（献之）

(3)《清华胡氏统谱》宅公支世系源流考

我胡氏自周武王封王帝舜之后胡公满于陈而姓氏也。至二十一世有曰计订以武略进身封安定王，其子光善亦袭爵封安定郡王，故胡姓称安定郡者，又从此而始也。自是以来，散居天下，虽其间迁徙不常。然世系相传有自来矣。至四十三世有讳福者，任姑孰守，因家古歙之黄墩。生子裕，裕生伸，伸生五子：曰焰、曰烂、曰煜、曰焕、曰炼。其后焰居黟县黄山；烂居休宁还珠；煜居休宁渭桥；焕居黟县横冈；炼讳曈，居（歙县）黄墩。唐僖宗朝为宣歙府尹，封太常卿，卒赠金紫光禄大夫，以王礼葬之，墓在祁门土坑。（曈公）有七子：曰康、曰宁、曰仁、曰宅、曰惠、曰珍、曰学。后经黄巢之乱，诸子多迁河南、河北，唯珍公迁婺源考水，学公迁婺源之清华，其第四子讳宅公迁祁门之贵溪，即本宗是也。吾贵溪遂又以宅公为始祖焉。宅公而下复传至六世杲公有子四：曰御、曰汉、曰应、曰恭。厥后族蕃地逼，各卜其居……（引自同治版《清华胡氏统谱》）

（附注：阅此考得知婺源考川胡氏、清华胡氏、祁门贵溪胡氏以及曈公迁河南、河北的各支均同出胡曈一宗，只不过各取氏号罢了。）

(4)《清华胡氏统谱》告修胡氏谱引

新安之胡出唐金紫光禄大夫曈公（即胡曈），公子，常侍公（胡学）以勋贤显；孙三公（即胡曈之孙胡三）子明经公（即胡昌翼）以经述显。自是祖勋贤则为勋贤胡氏，祖明经则为明经胡氏，若出于二祖。然夫勋贤有父，明经胡有祖，不思推而本之。是使勋贤不父，明经不祖矣。二祖之灵如在，其自处宜何如。邓童子时，即阅参政藻潭翁、沆陵尹堂阴翁恒啧匕言之。暨游邑庠盘谷大，每谓予曰：祖一也，而两视谱目也，而不知统焉缺如也，予应之曰：此念同之，顾吾侪所志若何耳。（明万历）己酉，予叨乡科，戊辰始幸一第，今归子舍中，盘谷抵曰：初志盖克赏乎？予曰：真心也。其曷惠负。窃唯重大之典，非籍才贤毕力胥与董……（引自同治版《清华胡氏统谱》）

【附录5】　方志和谱牒对明经胡始祖的记载

（一）宋淳熙版《新安志》

宋淳熙二年（1175）祁门人罗愿编纂的《新安志》是目前徽州所发现最早的方志。胡适称："宋罗愿的《新安志》为吾徽最早的志书，体例精严，论赋税诸卷尤有经济史料的价值。"（详见《胡适的日记》全编第三册245页）该志编入了被后世称为明经胡两大名贤，兄弟进士的胡伸、胡伋两人，但均未提及他们是李唐后裔或明经胡氏。

（二）《新安大族志》

由元人陈定宇所辑。该志概略地叙述了徽州各县的名姓大族。胡姓也占相当篇幅。

(1) 婺源大族胡氏

清华：邑北六十五里，永定郡王永昌公后。梅田、城东、东溪、登瀛坊等均源出于清华胡学一派。

考川：邑北三十里，其先出陇西李唐宗室。之后，朱温篡位，诸王迁，曰昌翼者逃于婺源，就考水胡氏以居，遂从其姓。

(2) 绩溪大族胡氏

市东：邑东隅，出青州，曰宓为新安守，因家焉。

遵义坊：邑东街，其先乌程人，曰清者，十一世孙曰日岩迁此。

东门：邑东，曰松者镇江东，览山水之胜，因家焉。

胡里镇：在邑南十一里，出婺源县考水派，传至曰延政，平蜀爱镇山水钟秀，遂居焉。

西街：邑东隅，其先自唐由齐迁郡中，转迁市东。

这是最早述及“李改胡”来历的一部志书。最早介绍绩溪“李改胡”源于婺源考水，且是胡昌翼的长房。

虽然《新安大族志》在介述“李改胡”的来历时与后来刊行的方志稍有不同，但在确认“李改胡”是李唐后裔这一点上则是完全一致的。

（三）明弘治版《徽州府志》

刻本，1502年刊。该志在“寓贤”一节中介绍了胡昌翼及明经胡氏的来历。这是最早记载明经胡氏号的方志之一。兹辑录如下：“胡昌翼，本唐昭宗子，朱温构祸，王子播迁。时婺源人胡三公者，宦游长安，庇匿之以归，遂从胡姓。寻以明经登后唐同光乙酉进士第，义不仕，隐居考川，人号明经翁。曾构绎思斋，凿畅情池，赋诗二章，以见意。又建桥于朱源，人号之曰‘太子桥’。其后子孙世以经学传家，乡人称为明经胡氏。”细阅这段文字，对胡昌翼“李改胡”的经过以及明经胡氏号的来历都记载得有条有理如明经胡谱牒所述。此外该志还编入了明经胡的大儒胡云峰、胡仲及胡双湖三人的行状或祭文，称有“江南二宝”之一的胡仲、胡云峰均为考川人。

（四）明嘉靖版《新安名族志》

刻本，明嘉靖三十年（1551）刊行，有多种版本。该志对明经胡的来历叙述沿袭《新安大族志》，同时又用很大篇幅介绍了明经胡的名仕和硕儒：“考水：在邑北三十里。其先出陇西李唐宗室之后。朱温篡位，诸王播迁，曰昌翼者逃于婺源就考水胡氏以居，遂从其姓。（后唐）同光乙酉（925年）以明经登第。义不仕，子孙世以经学传，乡人习称为明经胡氏。”

胡里镇：在邑南十里，出婺源考川派。赵宋时曰昌翼子延政，平蜀授绩溪令，恩敕中王，爱通镇山水，改名胡里镇。匾曰“懋学堂”遂家焉。

（五）明嘉靖版《徽州府志》

明嘉靖四十五年（1566）刊本。郡人汪尚宁撰序，共22卷。该志第20卷“寓贤”介绍了胡昌翼的生平，与弘治版相同。

在第五卷“职官”一节中，载有宋县令胡延政一篇：“宋县令，胡延政，绩溪人，（宋）开宝初以平蜀功授任，侯师申，太宗时任，表前令胡延政墓……”

（附注：比较《新安名族志》与弘治版《徽州府志》，嘉靖版《徽州府志》首次提到了胡延政任绩溪县令的时间为宋开宝初年，即公元970年前后。）

（六）万历版《绩溪县志》

明万历九年（1581）刊本，绩溪县儒学教谕何棠主修并撰首序，该志秩官卷载："唐县令，胡延政以平蜀功授任，侯师申：太宗时任，表前令墓。宋知县：庐远，兴国五年。"该志"丘墓"载："唐中王，延政墓，在胡里镇。延政本唐宗室，以父昌翼避地考川冒胡姓。延政以击寇来绩，卒葬古溪野。郡守李度，县令侯师申题其墓为中王墓。吕溱有过墓诗。"该志共编入绩溪胡姓宗祠八座，胡里宗祠名列其中，桥梁一篇记有胡里桥，由胡彦、胡恺倡建，未见载中王桥，估计这就是"中王桥"的旧称。胡里人胡献芹参与了该版县志的编辑。

（七）乾隆以后各种版本的《绩溪县志》

乾隆二十一年（1756）付梓的《绩溪县志》，在介绍胡延政的职官、封爵和宦业时，照旧县府志编入，在《官职表》中将胡延政移入《宋职官》内并附注："原名延进，后知严州军。"在《丘墓志》又添"赐居胡里"四字。嘉庆十三年（1808）续修的《绩溪县志》有关胡延政的内容照乾隆版录入，还采入乾隆《中王宗谱》的内容，在介绍胡氏宗祠时，称胡里宗祠"祀宋封中王延政公"，又在上川胡氏宗祠一条下注明："本婺邑考水延政公，迁居本邑胡里，至七二公复迁上川。"嘉庆县志称胡适故里上川（即上庄）胡姓始祖胡七二迁于胡里，乃依据乾隆版《中王宗谱》这一上庄与胡里等村唯一一次合修的宗谱，胡雪岩与胡适同出一宗之说据此广为流传，渐为成说。而实际情况是上庄胡姓是胡里迁龙井一支的分脉，是龙井杨林派（古杨林镇范围）的后裔，这是龙井和上庄族谱都一致认定的。

（八）新版《绩溪县志》

1983 年春始纂，至 1998 年付梓，176 万字，葛天顺主编。邵之惠副主编，本志在"姓氏""县府机构""书画""古桥"等章节中记载了胡雪岩故里的胡姓始祖胡延政一支及其分脉的有关内容，分述如下：

（1）姓氏源流·胡姓：4 支 4 次迁入。东晋大兴元年（318），散骑常侍胡焱镇守新安；咸康三年（337）从濮阳迁家龙川（大坑口），世称"龙川胡"；唐大中五年（851），散骑常侍胡宓（胡焱十五世孙）持节歙州从濮阳迁家（歙县）乌聊山，宓子诏，居家华阳镇。宋时，胡舜陟官猷阁待制，封金紫光禄大夫，后称"金紫胡"；北宋开宝年间，胡延政知绩溪县事，赐居胡里（今湖里）。延政之父胡昌翼，系唐昭宗李晔幼子，襁褓中遇朱温之祸，父托孤婺源考川胡三，携归抚养，遂从胡姓。（唐时取士，以诗赋取者谓之进士，以经义取者谓之明经）昌翼于后唐同光三年（925）登明经，后世称"明经胡"，俗称"李改胡"；明正德年间，胡松任工部尚书，其裔又称"尚书胡"。胡氏为绩溪最大姓氏，分布县内 20 多处村镇。

上庄、宅坦、湖里、上胡家是明经胡聚居大村；大坑口、株树下是龙川胡聚居村；金紫胡、遵义胡主要居城内及岭南乡村（135 页）。

（2）唐至清代县署：县令，胡延政，江西婺源，宋开宝年间，胡延政的前任和继任分别为葛晋和侯师申（577 页）。

（3）书院选介：桂枝书院，（创建人）胡忠（957—1026），字良臣，号桂崖，北宋开宝八年（975）其父延政任绩溪县令，随来就读于龙井村（今上庄乡宅坦村），后定居，景德四年（1007）胡忠于村南龙井旁之山阜建桂枝书院。聚县西学子，名贤以个人钻研，相互答问、集体探讨、轮流讲学等方式，研究儒学经典和经济之术（693 页）。

（4）书画：邑内历代学子皆重书画。……宋朝《胡延政报功图》与明《石守信报功图》均为巨幅徽派版画，是中国艺术史中罕见的珍品，新中国成立初期分别为上海博物馆，安徽省博物馆收藏（765 页）。

（5）古桥：中王桥，又名湖里桥，在临溪乡湖里与中王村之间，跨登源河，花岗石结构，5 孔 4 墩，拱形。桥长 14 米，宽 6 米，高 8 米，孔高 8 米，为县境现存最长古石桥。始建成于宋。相传唐末，昭宗幼子昌翼，随胡清（三公）匿避婺源考川，改姓胡，其子胡延政，宋初任绩溪县令，后封为中王，赐居胡里，故名中王桥（此桥于 2001 年 6 月因河水冲击倒塌，2003 年修复）。

【附录 6】 谱牒如何表述明经胡？

（一）明万历《胡里宗枝图》

明万历六年（1578）抄本，现存于绩溪胡里村胡天本处。从纸质的陈老程度来看，属明代抄本无疑。该宗枝图由歙人许国作序，世系编排从胡百廿开始。胡里总祭墓文载：“自百廿公传及于庆公，继祀有人，自关童公以迄于今未曾有缺。”该宗枝图是这样介绍胡里胡百廿的：“胡百廿，即名禄公，职十路教公，任本府乳溪教谕，居本里置创基址，曰‘胡里市’，生八子，墓在胡立坎。”从以上内容看，胡延政的十二代孙胡百廿无疑是胡雪岩故里——胡里胡姓建村之祖。

（二）康熙版《胡氏族谱》

木刻本，由绩溪胡里、龙塘与胡里外迁浙江归安、堞溪等派合修于清康熙庚子年（1720），胡适晚年在谈到先世时，曾说绩溪迁浙江湖州（古称归安）的胡世泽兄弟那一支，与上庄、胡里的谱系是相通的，很可能就是指绩溪迁归安的这一支，此谱现绩溪无存。

（根据道光版《考川明经胡氏宗谱》卷一“按语整理”）

（三）乾隆版《中王宗谱》

这是一部由胡里、龙塘和上庄三村胡姓合修的宗谱，上庄人负修谱主责。此谱于清乾隆二十年（1755）冬始修于胡里上祠惇叙堂，二十一年（1756）夏，编谱班子移到上庄宗祠叙伦堂，至此，修谱之事就完全上庄人负责，乾隆二十二年（1557）秋《中王宗谱》修竣。此谱除编世系外，另写入像赞、诰敕、列传、宅墓这几大项内容。此谱的序跋这样写道："吾族派本婺之考川，昌翼公系李唐昭宗子，避朱温乱，依胡常侍公，后遂胡姓。登后唐同光乙酉进士，赐居教授，号明经，公三生子。"乾隆谱还编入不同年代修谱时所写的谱序，其中由胡昌翼第十代孙胡献之写于宋庆元三年（1043）的序也述及了明经胡氏的来历："始祖十七府君讳宏远，实唐昭宗幼子也。朱温构乱，迁都洛阳。义祖安定胡三公清，宦游长安，携之以归。后府君读书以易经中后唐同光乙酉进士。自以皇子，隐居不仕，赐谥明经，故乡人遂称为明经胡氏。"同时此谱还规定胡里、龙塘和上庄胡姓自三十七世起统一按"天德锡祯祥，洪恩毓善良"等二十字排行取名。此谱卷首有新旧序共五篇，新序分别由徽州知府何达善及曹天佑、赵青黎三人所作，其余的内容为：凡例共15条、家规12条、敕命19条、像赞10篇、考辨各一篇，另有墓志铭两篇、自咏诗二十四首。上庄和胡里外迁各支大半未予续修，而且对上庄胡姓始迁祖七二公以下各高祖均循旧谱未注生殁。从此谱的冠名来看，是与乾隆版龙井派宗谱和当时正在编的考川统宗谱壁垒分明各执一说的，不但谱名"中王"，而且还在此谱中编入许多证明胡昌翼封唐王、胡延政封中王的诰敕，考辨以及赵宋王朝对胡昌翼的题赞等，世系的排列也在胡延进和胡忠之间多出五代。《中王宗谱》上庄现已无存，仅胡里胡筱元收藏了一本谱头，宣统末年上庄续修宗谱时所编入的题赞、诰敕及列传、考证等完全照抄中王谱。

（四）道光版考川统宗谱

木刻本，依二十八星宿和十二生肖共编为40册，胡陆秀等纂修，清道光九年（1829）付梓。（注：现黄山学院存李字号和乃字号两套宗谱，其中李字号宗谱编有胡里世系，乃字号谱仅编入胡延政一至五世的世系，未载有胡里世系，卷首其他内容两谱相同）

李字号道光谱在第1册，第38、39及40册载入了胡里胡姓1至35世的世系，胡里的外迁分支吴村派的世系则编到第40册。道光版宗谱编入的胡里世系载至道光七年出生的男婴为止。

道光谱按胡里下祠天叙派和上祠的里门、外门、门前及吴村的分支编辑世系，胡里的领谱字号分别为"师"字号和"鸟"字号。该谱的序言，

徽州

凡例及世系也一致认为胡昌翼是李唐后裔。

综上所述胡雪岩在为祖庙与王姓打官司的控词中称始祖、始迁祖是唐宗室，胡雪岩的后裔说他们一支是“李改胡”，这都是以方志和宗谱的记载为根据的，正史有关朱温反唐经过的记载似也佐证了方志与宗谱的帝胄之说。以平蜀功授任绩溪后又定居通镇（即胡里的前身）的胡昌翼的长房——胡延政，就是胡雪岩和胡适的二世祖。

（作者　胡维平）

第四章　上庄人的精神世界

上庄人朴素、早熟而又自满自得，封闭狭隘。他们理性务实，有一种理学思想指导下的积极入世精神，追求仕途，追求财富，为人精明，工于算计，人生的负重较多；还有便是深埋在进取心之下的与山水共融的愿望。他们没有鹰的沉静，却有着青山绿水中蝴蝶般的安详。

尽管上庄人从普遍意义上缺少“敢为天下先”的性格，但却暗藏着执拗而固执的性格，表面平和内心坚定地走自己的路。

第一节　神会

胡适在《四十自述》和晚年谈话中曾多次深情地提到故乡的神会。他说：“太子会是我们家乡秋天最热闹的神会。”他还说：“绩溪的‘太子会’之外，六月七月也都有一个赛会，叫做‘大王会’、‘小王会’，相传是南霁云和许远的故事。”（分别见《胡适传记》作品集全编第一卷上册第4页和《胡适之先生晚年谈话承》第63页）为整理胡适所说的这些内容，上庄镇宅坦村人胡维平先生做了比较系统的梳理。按照胡维平先生所提供的资料，上庄神会主要有以下内容。

一、上庄的太子会

太子会因在农历七月办会，故又称七月会。它是八都一带规模最大的神会，由八都宅坦、上庄、瑞川和余川和择里五村（旧称五朋）轮流主办。胡适在《四十自述》里曾说到了八都的太子会。他说：“有一次我们村里当‘当朋’（八都凡五村，称为‘五朋’，每年一村轮着做太子会，名为‘当朋’），筹备‘太子会’，有人提议要派我加入前村的昆腔队里学习吹笙或吹笛。族里长辈反对，说我年纪太小，不能跟着‘太子会’走遍五朋。于是我失掉了这学习音乐的唯一机会。”（《胡适传记作品全篇》第一卷第26页）

办太子会是为了纪念越国公汪华的。太子会每年农历七月十八日开始举办，至七月二十六日结束，一共九天，其中十八日至二十三日这五天太子菩萨在每个村“坐朋”一天，这五天为太子会的正式会期。

八都的太子庙又称杨林祖殿，它坐落在上庄的杨林桥后，建筑面积约200平方米。庙内供奉太子菩萨三尊及其他大小菩萨十几尊。太子菩萨朱漆描金，闪光发亮，头戴盔帽，身穿绣金长袍，模样十分威严。轮到上庄办会，在七月十八日一大早，村人就撑着用锡制成的方天戟、大刀等全套銮驾，去杨林祖殿抬太子菩萨。三尊菩萨共由十二人抬行，另有四人抬一只大香炉。菩萨抬到村里后，供奉于胡氏宗祠或具体承办太子会的支祠，让人敬香祭拜。菩萨前面放置鱼肉等贡品以及用染色米粒做成的花亭和花朵。菩萨在上庄“坐朋”一天，次日就由余川人用轿子抬到村里“坐朋”，上庄则派人敲锣打鼓护送出村。最后由宅坦人将太子菩萨送回上庄。“坐朋”结束后，于七月二十三日晚开始演戏。第一天演一场，以后三天日夜连演两场。邻近各村的村民纷纷前来观戏。演出的剧目有《打金枝》《郭子仪拜寿》《武家坡》以及胡适所述的“长坂坡”等，场面十分热闹。

七月二十五日是太子会的高潮。除演戏外，还要抬菩萨游“五朋”。游行队伍由三门铳、锣鼓在前引导，中间是扮演旧戏角色、穿着各色戏衣的小孩。小孩们装扮成一个个传统剧目中的角色，惟妙惟肖。排在小孩游行队伍最后的是坐在轿子里的太子菩萨。游行队伍浩浩荡荡，锣鼓喧天，铳炮齐响。游行结束后，太子菩萨由来年“当朋”村余川人用轿抬回太子庙。上庄举办太子会，菩萨要比邻村多三尊，太子菩萨外表各不同，王公老爷涂成金面，张巡、许远是绛红色的，与五朋共用的菩萨不同。

二、上庄的六月会

“六月会”即胡适称为“大王会、小王会”的神会。旧时八都“五朋八舍”中，唯独上庄村举办“六月会”。就办会内容和时间而言，“六月会”才是名副其实的最热闹的神会。上庄的“六月会”，又称“保安善会”“火把观音会”“吃素会”。上庄的“六月会”与旺川、坦头等村同，它不是逢闰年办会，而是逢癸年也即每十年举办一次。关于“六月会”的来历，上庄普遍流传这样一种说法：昔时上庄十字街有一户人家，去旺川看“六月会”，看完会后见天色已晚，就借火把照明回家。归途中遇见菩萨，菩萨问他：“你拿火把干什么？”上庄人回答说：“举火把照明。”菩萨又问：“火把何时归还？”上庄人说：“过十年再去旺川归还。”结果十年过去了这个上庄人还没有将火把还给旺川人，于是菩萨就显圣了，“作法”使这个上庄人的独子生病，并借患者口说：“十年前借的火把应该还。”为了减轻儿子的病痛，借火把的上庄人就萌发办“六月会”的念头，他的想法得到全村人的普遍支持，于是十年一次的火把会就在上庄流传开来了。

每逢癸年三月，全村管事的就要在宗祠商议办会事宜。首先成立火把会的理事班子，推选总管。理事人员由各门派世袭。理事班子主要负责办会资金的筹集、菩萨的定制、善会日程的安排以及排演节目等等，办会所需资金主要靠特别捐、商铺捐及赌博抽头解决。

精美徽州木雕一对

六月会的主要内容有：

（一）会前准备

（1）选择办会吉日　办会日子不是由本村人自定，而是派人专程去歙县观音山由星相大师择定，选一个吉日付给星相大师一定的报酬，那时观音山田间一带有许多从事这一行业的职业星相师。

（2）选购神羊　办会的吉日选好后，总管就派人选购山羊。买来的山羊祭过菩萨后，即成为神羊，俗称善会羊。神羊脖子上挂着一块小牌，上书“上川保安善会”六个字。神羊所到之处，人们都主动给它喂食，还在羊脖羊角上系上金银纸，大家敬羊如神。

（3）轮班值事　从癸年三月初一起至六月七日这三个多月里，总管派人轮流值班理事，每天两人。值事人员负责监制龙舟，雇人扎制大王、小王及菩萨，并组织人员操练耍舞大王、小王。善会前三天，全村男女老少进行大扫除，将村中每个角落都打扫干净，俗称净街。善会期间，每天早晚善会执事人员还要进行净街，以保持会场的清洁。会前三天，总管去下庵请和尚来做法事，由和尚安排十天的善会日程。村人则在门上贴红纸条，上书“平安吉庆”四个字。办会期间，村人均要戒荤吃素。

（二）六月会的各项活动

（1）安圣　由两三个壮年男子，轮换驮着坐在木椅上的太子菩萨，手敲铜锣，从靠近会场的一户开始，快速地逐家逐户在正屋桌上放下菩萨，放上木制的东平王神牌位拜一拜，接着又去另一家，如此直至每家都有圣灵保护为止。

（2）扎火把　上庄的善会因火把而来，所以每逢六月会村人都要扎火把，规定火把的长度最短不能短于 1 丈 2 尺。为了争第一名，一些制作火把的高手都拼命做最长的火把来拔头筹。木匠胡九奎扎了一个高 6.8 丈的火把认为能独占鳌头，结果胡合奎扎了个高 7.6 丈的火把暂占了上风，于是胡九奎又悄悄地去歙县东乡选料，制成一个高达 7.8 丈的大火把，又争回第一名。游龙舟时，高高低低的火把火光闪烁，照得龙舟通体泛光，煞是好看。

善会期间，每家还备一个厌盆和茶桶，让行人淡厌和喝茶。

（3）接观音　在正式接观音的前两天，总管就派人去歙县潜口观音山接观音，接观音者手持雨伞，伞内挂一张观音像，肩挑铜锣和葫芦，葫芦内插荷花一枝，接观音者走到竦岭上就止步等候接观音的大队伍了。

这天上午，家家都在门口燃起柏枝和檀香木块，香气四溢，除秽迎接观音菩萨。村人由总管安排，以宗祠为起点，依次列队。火把、纸帆、神旗、三门铳、和尚和全副銮驾等，内置香炉的六角花亭由四人抬行。二十二副锣鼓有节奏地敲击，每副锣鼓后面都有化装过的小孩扮地戏中的各种角色，地戏一共有二十多出。由于酷暑难耐，大人们有不少跟在孩子后面摇扇。接观音的队伍有六七百人，一路浩浩荡荡。在接观音的队伍中，最引人注目的莫过于神轿后面的拜香人，胡适对此有十分生动细致的描述："有的穿着夏布长衫，捧着炷香；有的穿着短衣，拿着香炉挂，炉里烧着檀香。还有一些许愿更重的，今天来'吊香'，还愿；他们上身穿着白布褂，扎着朱青布裙，远望去不容易分别男女。他们把香炉吊在铜钩上，把钩子钩到手腕肉里，涂上香灰，便可不流血。"（《胡适传记作品全编》第一卷上第 5 页）吊两只小香炉者，为防止双手下垂，还用木架撑平双臂，他们都是虔诚的还愿者，人们同吊香者相遇都主动为他们让路。途中，爆竹声、三门铳声此起彼伏、震耳欲聋。抵达石门里，接观音的队伍止行，等候观音像的到来。观音像接到后就立即放入荷花轿中，抬回宗祠后安座于一丈多高的观音阁上。随即和尚开始念经做佛事，香客们纷纷前来敬香。这天晚上开始演戏，连演八夜。戏曲由和尚和本村少年戏班合演，演出的剧目有《四郎探母》《孔明借箭》《长坂坡》等。戏曲在宗祠前戏台演出。每晚戏演完后，还要抬出龙舟由和尚牵着在戏台前的场坦上环游。游龙舟约一小时，游毕，将龙舟放回宗祠五屏风。

（4）登舟　龙舟由竹制纸糊而成，长约二丈，用长木梯做垫底，前龙

大红花轿

头，后龙尾。舟中设船舱，舱中端坐唐代东平王张巡、乾胜王许远的神像，船舱外有五尊瘟神像以及一个青面獠牙红发赤眉的恶鬼；舟头挺立雷万春将军像，蓝面赤须，狮鼻环眼，身穿金甲，足登云头履，手持金色长架，雷万春像又称大王；舟尾竖立南霁云将军像，红面黑须，竖眉怒目，冠戴银盔，身穿银甲，足蹬战靴，手执银色长戟，南霁云像也称小王。龙舟两旁有划桨水手六对，龙舟上旌旗招展，雄伟壮观。观音菩萨接来的当天下午，即举行大小王的登舟仪式。登舟前有一场“抢大王”的激烈争夺活动。青壮年自然分成前村和后村两拨，个个摩拳擦掌，都想先抢到大王。大小王神像内用硬木做支架，用竹篾制成躯体，外糊彩纸，重约六七十公斤，见到大小王从宗祠中抬出，大家一拥而上，拼命争抢。抢到大小王后，高举着先游离家近的街道，然后周游全村。所到之处，每家都燃炮相迎，祈求神灵保佑。经过一番抢夺，大小王往往被扯得支离破碎，抢大王过后，便迎来了大小王登舟这一善会高潮。工匠们先在被扯破的大小王神像戴上头盔和面具，披上外袍，再由和尚提朱笔蘸鸡冠血为大小王像开光，霎时爆竹声骤起，硝烟弥漫。开光后的大小王便登上龙舟，好不威武。

（5）送观音　由接观音的原班人马和全副銮驾抬观音菩萨周游全村，然后送到村南竦岭脚河边，将观音阁烧掉，这表示观音菩萨又回观音山了。

（6）祭旗　祭旗仪式在送走观音的当天下午进行，祭旗前先要跳旗，由壮汉举着红纸旗牵着神猪神羊在村内连跑带跳三大圈。三圈后，在预定送圣的地方——杨林桥埸下插五面纸旗，然后宰杀猪羊，用猪羊生血淋旗祭奠，祭旗结束后村人可以吃荤。

（7）送圣　送圣就是送全船菩萨归位。这是上庄保安善会最后的一项活动。时间安排在凌晨三四点。这一天，将龙舟移至祠坦上，先由和尚装扮成郭子仪为全船菩萨设宴饯行。宴毕，用大三六表纸将船盖起来，菩萨身捆火纸，然后由众壮汉抬着朝村东行进，低声轻步，一直抬到杨林桥埸下，将龙舟放在事先筑好的泥凳上，以极快的速度将早已准备好的干柴草放上龙舟，引火焚烧，直至烧尽。至此，丰富多彩的上川保安善会全部结束。

三、上庄的渡孤会

每逢一年的三元节（正月半、七月半、十月半）上庄人都要照例举行渡孤活动，以祭奠那些死于荒郊野外的“孤魂野鬼”。宗祠专门有会田，用田租收入来支付渡孤活动的开支。每隔五年，村人要举办一次仪式相当隆重的渡孤会；过了十年，上庄人还要到黄柏山的高圳亭举行更为可观的忏孤会。

一年三次的渡孤活动，上庄人分三路进行：上路西行上高圳、中路南行登竦岭、下路东去择里村后的和尚岭。每路有三人：一人插香、烧金银纸；一人撒饭；一人抛豆腐。撒完即回。少数生活窘迫者乐意参与此事，饭象征性撒掉一部分后，便寻找一个干净的地方将饭倒入自己的布包里，拿回家白吃。五年一次的忏孤会内容比例行的渡孤会要丰富有趣得多。这项活动俗称“放蒙山”。所谓“放蒙山”就是用三根饭杆，饭杆下放一个饭罩，饭罩下插入一面幡旗，一连用三根。还有稻草做成的草鞋以及一把大伞。“放蒙山”共需五人配合进行：一个在前面插幡，一个抛草鞋，两人抬饭，一个撑火把、撒饭。“放蒙山”也分三路，路线与渡孤一样，完事后有丰盛的晚餐招待。

十年一次的忏孤会场面更加热闹，办会时要请和尚做法事，一共做五天五夜。同时在高圳亭（也称高圳观音庙）搭台演戏，戏班从歙县大谷运请来，演出的剧目有《八仙渡海》《群英会》《白门楼》等。见有路人经过，执事人都给路人一碗饭。忏渡会是由上庄后门最兴旺的一支——六分独办的。

四、上庄的五猖庙会

上庄一带乃至歙县、旌德等毗邻各县都普遍存在五猖庙。以菩萨多、许愿灵而闻名遐迩的五猖庙，常年香客络绎不绝。八都的五猖庙位于上庄村北约两公里的长岭下，由上庄的同宗——宅妇人建于清初。“五猖”原是五个强盗，后改邪归正，仗义行善，乡人凶而建庙祀之。

五猖庙的建筑面积有60多平方米，庙的两边正门题有“新庙怡怡，行人傈傈”8个大字。庙内供有五尊木制菩萨：有射箭的，有舞刀的，也有左手托鸟右手持棍的，形态各异，栩栩如生。菩萨后面的墙上画有麒麟、山鹿等祥兽，菩萨左右分别是土地公、土地婆。菩萨正前面摆有一张石桌，专门用于放置供品，石桌还设有安插蜡烛的木架和大香炉。为方便匆匆而过的行人敬香，朝南的庙门上又摆有一只香炉，石桌下备存长木凳，便于善男信女跪拜。庙的上方挂着许多感谢和称颂菩萨灵验的匾额，匾上写有“灵”“有求必应”等内容。

每年农历十月初九是举行五猖庙会的日子。这一天一大早，上庄、瑞川、旺川等七八两都的乡民纷纷拿着鸡，抬着猪来五猖庙宰杀，以图吉利。是日上午先做礼生祭，祭由庙祝和十四名礼生主持。庙内早已打扫一新，张灯结彩。下午一点开始演戏。戏台搭在庙前稻田里。戏台朝北，上庄一带的乡民都像赶集一样来五猖庙看戏。演戏期间，做各种生意的人都蜂拥而来，卖小吃的，搭一个布棚，摆一两张桌子，自有食客来吃；摆鸦片烟摊的，在庙西牌楼下铺一张桌，放两盏烟灯，烟君子闻烟而来，吸得有滋有味。临时赌场则设在村内靠石井的一幢空房里。里面打牌九的、押宝的和搓麻将的一应俱全，庙祝从中抽头用于庙会开支。还有变戏法卖狗皮膏药的也来赶场。

庙会举办前，若见菩萨积存灰尘太多，还要进行“开光”。“开光”时，由10个壮汉将五尊菩萨在半夜里从庙中抬出，放入前门支祠中。然后由和尚主持开光，首先要散掉菩萨的灵气，然后掏出菩萨的“五脏”仔细清洗。洗后再对菩萨抹彩描金，使菩萨流光溢彩，最后对菩萨进行“点光”。“点光”也由和尚在半夜里进行。

所谓点光就是用朱笔点菩萨的眼睛和嘴唇，经朱笔一点菩萨又重现神灵，威风凛凛。点光完毕，即鸣锣开道将菩萨送回庙内安座，五猖庙会的开支由庙田收租解决大半。

五、安苗节

安苗节是流行于绩溪、歙县一带的农事习俗。以祭祀神灵汪公为中心，开展一系列汉族民俗及民间宗教文化活动。祈求神灵庇佑，五谷丰登，家人平安。

汪公是隋末农民起义的首领。他顾全大局，为保一方平安，将占据的歙、杭、宣等六州上表归唐，受到唐高祖表彰，被封为越国公，后奉命进京受封为忠武将军。贞观二十三年（649），汪华不幸病故长安，享年64岁。汪华从民到官，为官清正，造福一方，深得百姓爱戴，受到唐太宗及历代皇帝追封，被誉为“生为忠臣，死为明神”。六州各地均立庙祭祀，尊其为汪公菩萨，汪公大帝或花朝老爷。

因汪华出生在歙州绩溪登源河畔汪村，经皇上诏准建了比其他地方更加雄伟的忠烈庙并塑像予以纪念。皇上赐御香旨封离神庙不远的登源河东以汪村为中心的忠周、庙头、南观、周村及河西梧村、碣头、河东的半茶与高丘合并为一村（当时称东八社）即八个村负责修庙貌添祭器。各社（村）轮流举行花朝会，祈祥免灾，盼望丰收。后高丘迁居云龙坞，因户数增加，每年单独举行花朝会。

作为一种汉族民俗文化，花朝会即安苗节，由东八社决定接神村庄，八社可以优先，一般用三天时间。第一天是村民抬着老爷龙椅，挑着锣鼓，卷着龙凤彩旗背上爆竹，出动三四十人即可。到大庙敬香后将穿着龙袍，戴着帝帽，可以移动的汪公大帝抬上龙椅，一阵双响炮后锣鼓喧天，彩旗招展，将大帝接走。途中有断断续续锣鼓声，一般情况下有一件乐器敲响即可。次日上午是祭旗，下午是游田街。上午八时左右，村人把事先准备好的三角小纸旗铺在老爷面前的地面上，各色纸旗上写着“风调雨顺”“国泰民安”“五谷丰登”等，一旗写四字。十余人把大肥猪和羊沿弯曲山路赶上老屋对面的桥头山顶，时间一到，爆竹锣鼓声响，四人扯着猪、羊耳朵从山顶笔直倒拖下山，双响鞭炮声、锣鼓声、猪羊的嚎叫声及人们的呼喊声混成一片，称“呼龙”，其意是将龙神唤醒。第三天上午是送老爷。每户在前一两天接来外村的亲戚朋友，有的花钱请工。接汪公老爷时一般就近走小路，送行就不同了，必须从大村沿街而下，一到村头和出村尾，作为开路先锋的几十门朝天炮两阵轰响，地动山摇，几十里外能听到。街两旁看热闹者成千上万，当汪公大帝经过时，不少老人点香跪拜，更有大娘抱着小孩拜老爷祈求平安。

第二节　祠会

一、胡氏宗祠会

祠堂是汉族人祭祀祖先或先贤的场所。胡氏宗祠有多种用途，主要用于祭祀祖先，此外作为各房子孙办理婚、丧、寿、喜等大事的场所。族亲们有时为了商议族内的重要事务，也在祠堂里进行。“祠堂”这个名称最早出现于汉代，当时祠堂均建于墓所，曰墓祠；南宋朱熹《家礼》立祠堂之制，从此称家庙为祠堂。当时修建祠堂有等级之限，汉族民间不得立祠。直到明代嘉靖“许民间皆联宗立庙”，民间各姓祠堂才广为建造。祠堂也是族长行使族权的地方，凡族人违反族规，则在这里被教育和受到处理，直至驱逐出宗祠，所以它也可以说是封建道德的法庭；祠堂也可以作为家族的社交场所；胡氏宗祠附设学校，族人子弟就在这里上学。正因为这样，胡氏宗祠建筑宏伟，高大的厅堂、精致的雕饰、上等的用材，是上庄明经胡家族光宗耀祖的一种象征。祠堂还是上庄明经胡家族文化的教育基地。除了名人题额外，里边还挂有姓氏渊源、族人荣耀、妇女贞洁等匾额、联对。祠堂广场前置有旗杆石，表明族人得过功名。胡氏宗祠会族规甚严，别说是外姓，就是族内妇女或未成年儿童，平时也不许擅自入内，否则要受重罚。

二、五姓祠会

上庄发达的山区贸易区位优势，吸引了很多人前来交易，有的慢慢就停留下来了。到明经胡氏为主的村落格局形成之时，村内居民也按姓氏相对集中地有自己的居住地。他们历来聚族而居，世代繁衍相传。短的有300余年，长的达千年以上，以胡、汪、程、柯、王五姓居多。由于不同的姓氏共处一地，有一些社会关系需要协调。于是，大家共同出工出资，建造了一处协商事务的场所。这是村中一处公共的祠堂，俗称“五姓祠”，为村里五个姓氏共有，当然各个姓氏又有自己的宗祠，祭祀是用不着公共祠堂的。五姓联谊置属地，修“五姓祠堂”一座，塑神佛五尊。合议动员全村各姓共办私塾，济民生，供僧道，同舟共济。中国人的传统最讲究追根溯源、寻根问祖，建立姓氏祠堂……多姓共祠，保一方平安事，建和谐共处祠，是上庄人理性、平和、共处、团结的优良传统。

三、十月半做包会

包，即“绩溪水馅包”，是徽州绩溪一带的特色风味小吃，是上庄下元节独特的节令食品。“水馅”，是水与馅的融合，水就是灌满包内的汤液。水馅的馅料制作十分讲究，以瘦肉糜为主料，拌以香菇米、开洋米、茶笋米、豆腐或蛋清及香菜等佐料，再加一种必不可少的重要作料——兑入肉冻汤，淋以适量麻油。有的甚至以整只蹄髈文火煮烂后，剔去骨头，将肉剁碎，连同肉冻一起调入馅料之中。水馅加入肉冻汤后，像勾了芡的糊状馅心，即可包好经旺火蒸熟。肉冻化开，与馅内各种作料相混合，形成的汤液，味道极其鲜美、清口、独特。如果水馅制作不得法，有馅无水，即没有汤液灌注包内，就名不副实，成了豆腐肉包，干爽无味了。因此，是否会做包也就成了上庄人对女人是不是“手巧”的一个评判方式。

做包会安排在每年的十月半。这一天是下元节，为中国民间传统节日，乃食寒食，纪念贤人。下元节的来历与道教有关。道家有三官，即天官、地官、水官，谓天官赐福，地官赦罪，水官解厄。三官的诞生日分别为农历的正月十五、七月十五、十月十五，这三天分别被称为“上元节”“中元节”“下元节”。下元节是“水官大帝”禹的生日，相传禹会在这天下凡为民解厄。在下元节这天，人们准备会祭水官大帝，因此，下元节也叫“消灾日”。

《中华风俗志》也有记载：“十月望为下元节，俗传水宫解厄之辰，亦有持斋诵经者。”这一天，道观做道场，民间则祭祀亡灵，并祈求下元水官排忧解难。古代又有朝廷在这一天禁屠及延缓死刑执行日期的规定。宋吴自牧《梦粱录》：“（十月）十五日，水官解厄之日，宫观士庶，设斋建醮，或解厄，或荐亡。”下元节也是一年中最后一个月亮节，在这个月圆的时候，人们要进行最重大的祭祖活动。清明节是以家族为单位来祭祖，中元节是以家庭为单位来祭祖，而下元节往往是以大众为单位来祭祖。这一天的主要活动有以下三类：

（一）修斋设醮

下元日也是道教斋法中规定的修斋日期之一。道教认为凡是要仰仗神力的事，如祈福、禳灾、拔苦、谢罪、求仙、延寿、超度亡人等，皆要修斋。修斋的方法大致分两类：一是供斋。即设坛供斋醮神，借以求福免灾。古代结坛方法有九种：上三坛为国家设之，中三坛为臣僚设之，下三坛为士庶设之。后世设坛渐弛。供斋可“积德解愈”。二是节食斋。古人于祭祀之前，应沐浴更衣，不饮酒，不吃荤，以求外者不染尘垢，内则五脏清虚，洁身清心，以示诚敬，称为斋戒。斋戒可“和神保寿”。三是心斋。心斋可“夷心静然”。另一类大略有九：一粗食、二蔬食、三节食、四服精、五服牙、六服光、七服气、八服元气、九胎食。除此之外，如持诵、忏法、祭炼等一切法事，也都包括在修斋范围之内。

（二）享祭祖先

随着日月的流逝，加上秋收的物质基础，下元节在上庄逐步演化为多备丰盛菜肴、享祭祖先亡灵、祈求福禄祯祥的传统祭祀节日。享祭祖先是对祖先信仰的反映，人类对祖先的信仰就是人类对自身的崇拜。信仰祖先、祭祀祖先，向祖先的灵魂表示虔敬，目的是祈求祖先庇佑于后代。祖先崇拜的产生与古老的灵魂信仰观念有关。原始人认为万物均有灵魂，人的灵魂是独立于肉体的存在。由于人类在原始信仰中把自己看作双重构造，即肉体构造和灵魂构造，因此认为肉体可以死亡，灵魂永远活着，这就是“灵魂不死”的观念。正是这种人的灵魂观导致享祭祖先习俗的盛行。为了祈求先辈的灵魂在冥冥之中保佑其子孙后代，使他们免于灾难和不幸，人们为祖先亡灵举行祭祀活动。一般来讲，对祖先的祭祀方法是在宗祠、家庙中通过祭祀，祈求福禄祯祥。

（三）祈愿神灵

从祭祀内容与对象的演变来看，下元节又融进了许多农业生产中的祭祀风俗，使其又成为一个祭祀神灵、祈禳灾邪、祈求丰收的农祀节日。上庄一带，下元节这天傍晚，各家各户都要在田头、灶头和案头祭祀神灵，祈求在接下来的冬季庄稼平安过冬，灶头红火、平安，全家得神保佑。

第五章　面对变革的时代

第一节　徽州文化的经济基础出现动摇

一、内部原因：徽商的人生价值观在儒不在商

栾成显说：徽商经济上的成功铸就了徽州文化的辉煌，经济对文化发展的作用不言自明。徽商的产生、发展、鼎盛与衰落，既是经济现象，同时也是一个重要的文化现象。必须从文化方面来分析徽商衰落的内在原因。

由传统商业向近代工商业的转变，并非经营方式上的简单改良，而是体制上的根本变革。这种体制上的变革，本是一个复杂的系统工程，既要有客观的环境基础，也要有合格的人力资本；既要有资金等物质条件，又要有文化观念上的准备。而文化观念上的转变往往是首要的。文化本是体制之母。正是在这一点上，徽商存在着致命的弱点。

就徽商的身份而言，一些大徽商并不是纯粹的商人。他们或是商人兼地主，或是商人兼官僚，或是商人、地主、官僚三位一体。徽商这个群体，其与封建势力非但不存在根本性矛盾，反而需要紧紧依附于封建肌体之上。他们一方面是当时大商业资本的一个代表，另一方面又是一个封建性很浓的商帮，这就是徽商所扮演历史角色的两重性。

从汪道昆的论述看徽人从商的根本理念。

徽商以“儒商”著称。“贾而好儒”，“亦贾亦儒”。这里的所谓儒，主要是指儒业，即通过科举考试，发迹于官场，光宗耀祖，走儒家读书做官之路。徽商在处理贾和儒的关系上又是怎样做的呢？对此，汪道昆有精辟的论述：“夫贾为厚利，儒为名高。夫人毕事儒不效，则弛儒而张贾；既则身飨其利矣，及为子孙计，宁弛贾而张儒。”这里非常清楚地道出了徽商的本质：

第一，徽人首先选择的是儒业，走读书做官之路，其多是在“毕事儒

不效”之后才从商的。即徽商是把儒放在第一位的，“崒左贾右儒”。

第二，从根本上说，徽人从商不过是作为一时性的举措而已。从商不是目的，而是一种手段。

民俗表演——抬阁

这是大多数徽州人在处理儒贾关系时普遍坚持的理念和实际所走之路。这种观念对徽商经营与事业发展所起的作用，无疑是带有战略性的。

徽商的头脑中的这种观念，当然是与徽州人长期以来深受朱子思想的影响有密切关系，同时也是由于具有千百年历史的儒家思想文化之传统力量十分强大所致。尽管当时已经有人主张“四民异业而同道”，提出了“工商皆本”的思想，但尚不足以动摇四民之中仕居首位、商属末流这种等级划分，儒家思想文化传统观念的影响根深蒂固。习举子业，走读书做官之路，为当时社会上大多数人的第一选择，而商人社会地位低下，受到轻视仍是一个普遍性的问题。即使一些思想进步的人也未能完全摆脱这种影响。所以，在徽商的头脑里总是不忘“弛贾张儒”就不足为奇了。

如上所述，儒家思想文化在徽商兴起的过程中起了重要的作用。但亦应看到，在儒家思想文化中，又存在十分保守的一面。其世界观是向后看，而不是向前看。儒家认为，人类最理想的社会是唐尧禹舜，言必称三代。一切进步的东西都是古已有之。就连 18 世纪走在中国前列的大思想家徽人戴震，也没能完全摆脱这种局限，他最后也是主张“西学东源”说的。至于一般的徽商就更不用说了。儒家的这种保守思想严重地阻碍人们接受新事物，是体制转变的首要障碍。在中国和世界形势都发生巨变的时代，在由传统向近现代转型的这样一个时代，满脑子儒家教条的徽商怎能看清当时的形势，又怎能认清自己的前进方向呢？

二、外部原因：盐法改革是徽商衰落的直接外部原因

客观上，徽商的衰落原因可以概括为以下几个方面：

首先，封建政权政策的改变给徽商尤其是其支柱盐商带来的打击。商业作为传统的“末”业，在历朝历代都是被盘剥的重点对象之一，清朝也不例外。开朝时以示贤德而免各省之补赋，然而当时因战争造成社会的千疮百孔是很难愈合的，这部分补赋除了贤明的统治者廉洁执政外，剩下的应该就是取自其他税收。

徽州商帮的衰落是由盐商的失势开始的。而徽州盐商的失势原因主要是受政府政策的直接影响。其具体表现之一就是由陶澍进行的盐法变革取消了徽商对于食盐销售的垄断权。据《清史稿》载，“时两淮私枭日众，盐务亦日坏”，道光帝任命陶澍进行盐法改革。道光十二年（1832），陶澍先拟推行票盐法于淮北，后推及其他地区。票盐法虽然在一定时期内达到了既定目的，即减少了私盐的销售，却并非长久之策，结果很快得到了印证，不久之后私盐贩运有增无减。这不仅使徽州盐商从此失去了其世袭的行盐专利权，导致原来官商一体的包销制被打破，而且由于该法的推行并没有能因地制宜，淮南盐商更是陷入困境。因此，同治三年（1864），曾国藩上疏，“淮南盐务，运道难通，筹办有两难，一在邻盐侵灌太久。西岸食浙私、粤私而兼闽私，楚岸食川私而兼潞私，引地被占十年，民借以济食，官亦借以抽厘，势不能骤绝……”① 不仅仅是盐商，其他行业商人也因清廷为了摆脱统治危机而进行各方面的政策变革造成了大小不等的损失。

其次，清政府迫于财政困难，开始无休止地对商人进行残酷的剥削。自康乾盛世起，清廷开销日增，此后，政府增设税收名目，巧取豪夺，对商人进行压榨。康熙年间，淮商有三项大笔浮费：一是程仪。现任或候补官员进京路过淮扬时，不论该官与淮商有无交往，都要索取一笔程仪。二是规礼。本地的文武大小衙门，无论与盐务是否有关，都要向商人收取规礼。三是别敬。先是每年于御史任满时，照例要向商人收别敬钱。后来发

---

① 清史稿·食货四［Z］，北京：中华书局，卷一三，志九十八，3627.

展到无论地之远近或与商人是否有交情，只要是达官显贵，在任满时都要向商人索取别敬。这三项浮费，每年盈千上万。

作为国家岁入大宗，盐商首当其冲。这也是曾国藩所疏盐务弊端之一，即厘卡设立太多。“淮盐出江，自仪征以达楚西，层层设卡报税，诸军仰食，性命相依，不能概撤。”虽有曾国藩等人保护徽商，相继变盐法，成效却不显著。此后，盐纲日坏，盐价日增。“盖两淮正课，初合织造、河工、铜斤等款，只百八十余万，每引征银一两余。织造、河工、铜斤者，因盐政运司养廉厚，陋规亦多，每年解送织造银二十二万，捐助河工五万。三藩之变，滇铜阻隔，派各盐差采买捐办，水脚又五万。及雍正中，裁减养廉规费以为正款，嗣复及他项。于是正杂内外支款随巨，每引增至六七两，自改票后始轻。同治中，引地未复，而以厘补课实过之，正无庸增引也。”由此，盐商负担可见一斑。鉴于此，虽有曾国藩与李鸿章相继变盐法，掺纲法于票法之中，旨在以旧商为主而不易新商，却无法解决财政的根本问题，盐商逐渐没落。

仅次于盐商的税收大项茶商也是清廷盘剥的重点对象之一。徽州一直是中国的重要茶叶产地之一。据《清史稿》所载，“茶之于盐，办法略相似。唯盐为岁入大宗，故掌国计者第附于盐而总核之。其始但有课税，除江、浙额引由各关征收无定额外，他省每岁多者千余两，少只数百两或数十两。……咸丰以来，各省次第行厘，光绪十二年，福建策报至十九万余两，他省款亦渐多，未几收数复绌。宣统三年预算表所载，茶税特百三十余万而已”。寥寥数语，却展示了清代茶税的大致演变历程。随着统治危机的加重，各省厘金亦渐涨，这也是导致徽州茶商竞争力低于洋商进而衰落的重要原因之一。

第二节　咸同兵燹加快了徽商的衰落

太平天国时期的徽州和徽商在起义军和朝廷军队的拉锯战中惨遭兵燹。咸丰三年（1853）二月太平军首次进入安徽，从此以后，直至同治三年（1864）太平天国运动失败，安徽一直是太平军与清军激战的一个主战场。在当时整个战局中，安徽在政治、经济和军事上都是最为重要的地区之一，其中安庆在军事上不仅是天京的门户和屏障，还与江北的庐州、江南的芜湖成鼎立之势，是太平天国粮源和兵源的保障。因此，安徽的战略地位对太平军和清军来说都极其重要，由此成为双方攻守最为激烈的一个地区。在整个安徽战局中，徽州地区的战略地位尤为关键，太平军与清军在此频繁激战了十余年。

徽州地处安徽南部山区，与浙赣两省毗邻，境内山脉纵横，峰峦密布，是出入皖赣接济芜湖和安庆之要道通衢，占领了徽州就可策应安庆和天京两个地方，对安徽乃至整个战局极为关键。徽州地区的得失，影响深远，可谓牵一发而动全身。咸丰四年（1854），太平军正式兵入徽州，在此后的十余年里，徽州一府六县处于频繁战火之中。据《太平军兵争期内皖省府州县经过兵事年月表》统计，徽州下辖六个县被太平军攻占的情况为：黟县和绩溪县各15次，祁门县和婺源县各11次，休宁县10次，歙县4次。其中有5个县在10次以上，6个县总共66次，平均每县11次，远远高出安徽其他任何地区。要注意的是，这些数字仅仅是对各县被太平军攻占的统计，若加上太平军过境而引发的战火，那将远远超过以上统计数字。因此从区域来看，徽州六县遭兵最为频繁，成为安徽境内太平军与清军交战最为激烈的地区。

在太平军频繁而猛烈的冲击下，徽州原守军难以抵御和自保。咸丰三年（1853）二月，太平军进逼绩溪县，知县方殿谟欲将平日搜刮的银两满装几担私运出境，乡民闻讯后围困县衙，喊杀贪官。方殿谟无法脱身，托士绅出面解围，将企图中饱尚未解库的粮款拨出一千元籴米存公，救济地方，并将亏欠公款的污吏收监追缴，乡民始退；咸丰四年（1854），太平军正式入徽，祁门知县唐治和巡检司钟普塘在与太平军交战时战死；咸丰五年（1855），太平军兵犯徽州府城，兵备道徐荣战死，府城陷，歙县知县廉骥自杀。这些事件说明，徽州地方官吏腐败严重，守军作战能力很弱，不能保护地方安全，徽州社会深处水火之中。

鉴于徽州地区战略地位的重要性，在原守军不能自保的情况下，清廷不断组织加强军务防备，逐渐在徽州形成了两支主要武装防备力量：一是清军（或称官军）。主要包括张芾督办皖南军务时的徽防军以及后来入徽作战的曾国藩的湘军、左宗棠的老湘营、浙江巡抚的浙江军和台勇等。二是徽州各地组织的以武装自保的地方团练。以上各支武装在徽州与太平军总共激战了十余年，其活动经费主要依赖就地筹集，给徽州各个社会阶层带来了沉重负担。

总之，太平天国时期的徽州，战略地位极为重要，在一府六县之地既有太平军，又有编制复杂的清军，还有地方团练。这期间徽州地区的军事、政治、经济等多方面的斗争，犬牙交错，激烈而复杂。几支武装在十余年时间里频繁交战，六个县大都是反复得而复失，形成拉锯战局面。复杂的斗争和长年不断的战火，给徽州社会造成了严重的破坏和深远的影响，使得清廷疲于应付，只得不停地增加赋税；徽州因战乱也损失惨重，这对于以徽州为根基的徽商而言亦是打击之一。从清中期开始，帝国主义势力相继渗入中国，极大地改变了中国原有的政治经济格局。此外，中国国内动乱频仍，内外交困。尤其是咸丰、同治年间清廷为了镇压太平天国和捻军的起义，发动了一场历时17年、波及18省的国内战争，徽商的主要活动区域都被卷入战争之中，连徽州本土都成为主战场，这对徽商的打击是毁灭性的。战乱直接造成了徽商人员的伤亡和财产的损失。此外，“咸同兵燹”使得长江一线交通受阻，中断了徽商所经营的吴楚贸易，也使徽商在苏浙地区的商业活动陷入停滞。这一切都使得徽商元气大伤，最终一蹶不振。

第三节　徽州文化的社会根基受到冲击

明中叶到清中叶，是徽州宗族对乡村的统治不断加强的时期。宗族通过修谱、建祠、祭祀、团拜活动，从思想上、组织上加强了统治，又通过制定族规家法，把族人的言行限制在宗族规定的范围内。族产的设置和迅速扩展，发展到后来，在乡村经济中占绝对优势地位，形成“穷村乡，富祠堂”的局面，使族人从经济利害关系上与宗族紧密联系在一起，不得不俯首帖耳地听命于宗族的权威，而这种“听命”，在很多情况下是心甘情愿的。

宗族不仅控制了本族社会经济生活的方方面面，还插手如社仓之类的地方政府赈济机构的管理，深刻地反映了徽州宗族在清代对乡村统治的有力有效。

一、宗族的统治渗透到乡村生活的各个方面

徽州的宗族提倡“骨肉亲情，同族为一家”，宗祠往往置有义仓义宅，使贫乏的族人不致饿死沟壑，也使族众能安然度过灾荒。体现了宗族社会中族谊的温暖。这种族谊，增强了宗族内部的凝聚力，使族人自觉自愿地拥护宗族，这恐怕也是宗族能长期存在的魅力之所在。这种传统，使中国的下层社会充满了浓郁的人情味。然而，当族人之间的互助成为一种必须履行的责任和义务时，也不能不看到其不利的一面。

宗族对传宗接代、继承宗祀十分重视，为保证宗族源流清白，决不允许非本宗族之人承继族人为后。

徽人生活中的娶妇、嫁女、诞子、做寿、盖房、乔迁、丧葬等大事，

可以说都离不开宗族。宗族要求族人婚配看门第、辨良贱。宗族通过插手族人娶妇、嫁女、诞子、盖房、乔迁、丧葬等事务，来增强族人的宗族观念，贯彻亲疏有别、尊卑有序的封建礼教清规。

徽州的山村是以一家一户小农经济为基础的，在乡村修桥、修路、修筑水利设施等项工程上，依靠一家一户的力量是不可能完成的，必须组织动员全村甚至数村人的力量。明清徽州地区的宗族，正是承担起了这种组织者的责任。在解决水利设施的纠纷等事务中，宗族的权威和作用实际上要大于保甲。水利设施的修筑和养护，也主要由宗族来负责组织协调等工作。

二、家法大于国法

明中叶时，牵涉乡村司法事务，主要由官府主持审判仲裁。

明中叶以后，随着宗族权势的日益增强，某些宗族组织逐渐控制了乡村的司法仲裁权，形成“家法大于国法”的局面。徽州宗族大都规定，当族内发生纠纷争执等事时，由宗族族长、房长等主持的审判，是解决争执的首要必经程序。族人不许不经宗族径自向官府投诉，也不许自行解决，要听宗族裁判。

一个姓氏可以建立乡约，虽属宗族性的乡约，但具有地方管理的法力，因而乡约条规与族规家法合二为一了。如果宗族内有人发生纠纷争执，先要向本户所属门、房系统建立的乡约负责人——约正、约付报告，由他们仲裁处理；如果解决不了问题，再投诉到全族系统建立的乡约负责人——众约正、众约付那里，由他们作出仲裁。可见牵涉到乡里族人间的纠纷争执，主要由宗族加以处理解决。此外，也有宗族权势扩大后，力图控制垄断乡间诉讼的意图。凡涉及宗法伦理、尊卑名分和破坏宗族内部秩序的“不法行为”，族规之罚往往超出国法之罚。不仅动员全族人捉拿违法族人，而且还要株连他们的家属，将他们赶逐出村。宗族的惩罚确实远超过国法的惩治。

封建时代的乡村，普通农民离官府很远，而宗族则时时刻刻都在眼前，因此农民只知有族规家法，不知有国法。此外，在族人的心目中，族长除了是宗族领袖外，也是祖宗的代言人，在族人看来，遵守祖宗遗规、服从族长的管教，听命于家法的惩处，乃天经地义之事，从情理上就不容违抗。因此，不管官府怎样追究，在徽州的乡村依然是家法大于国法。

这种情况因太平天国革命而出现变化。太平天国运动是清朝咸丰元年到同治三年（1851—1864）之间，由洪秀全、杨秀清、萧朝贵、冯云山、韦昌辉、石达开组成的领导集团从广西金田村率先发起的反对清朝封建统治和外国资本主义侵略的农民起义战争，是19世纪中叶中国的一场大规模反清运动。太平天国运动发生在中国进入近代社会的初期，它既是单纯的农民战争，又带有旧资产阶级民主革命的性质，可以说是中国近代史上旧民主主义革命的序幕。它颁布的《天朝田亩制度》，把农民平均主义思想发展到了顶峰。从形式上看，清王朝的统治还延续了近半个世纪，但在这半个世纪中，中国人民受到了太平天国运动的影响和鼓舞，一直没有停止过对封建王朝的斗争，半个世纪后终于爆发了辛亥革命。

太平天国运动是中国历史上规模最大的农民革命，从1851年起共坚持了14年，势力扩展到17省，有力地打击了清王朝的封建统治和外国的侵略，促进了封建社会的崩溃，阻止了中国殖民化的进程，在中国历史上留下了极其重要的一页。太平天国运动之后，徽州宗族虽然余威仍不可忽视，但宗族的统治明显有所削弱，随着新的独立阶层和自由职业的出现，原来以血缘、地缘为纽带的社会结构向业缘、情缘为纽带转变，新的领导和管理机构——政党、协会应运而生。

第四节　西方强权和西方思想文化的渗透

从鸦片战争开始，帝国主义国家相继入侵中国，并对中国进行经济侵略，以茶商为首的徽商损失惨重。帝国主义国家在华倾销商品，掠夺原材料，对任何一个商帮的打击都是巨大的。徽商作为封建性商帮，相较而

砖雕精品——吉祥如意图

言，其落后的生产方式使得其在竞争中渐趋劣势。尽管徽州茶商能统观市场经济的客观规律，而洋商利用清廷制定的对中国商帮不利的政策，如压低收购茶价；依靠子口半税，“利用自往产茶之地采办的优势，入侵的外国资本主义势力独操利柄，予包括徽州茶商在内的华商以致命的打击”①。再加上进口洋茶的冲击，徽州茶商举步维艰。而徽州茶商的衰落则标志着整个徽商的衰落。正如张海鹏先生所说的那样，“清代徽州茶商的兴衰历程，正是传统的中国封建商人在近代社会中的缩影”。在外国帝国主义和本国封建主义的双重压迫下，徽州商帮不可避免地走向衰落。

① 周晓光，清代徽商与茶叶贸易［J］，安徽师范大学学报（人文社会科学版），2000.

第六章　习俗的演进

习俗，是一个地方赖以生存、延续、凝聚、发展的文化传统。上庄的习俗是上庄人长期以来处理生老病死、婚嫁寿庆、敬天祭祖、衣食住行等事宜的规范，约定俗成，代代相传，并随着社会的发展而缓慢演进。按照《上庄村志》的记载，这里选择部分内容做一介绍。

第一节　新生儿习俗

一、烧天狗

小孩在娘胎时，为保母子平安，家中要举行“烧天狗”。其做法是：用糯米粉做成小狗，还要用米粉做三条白色的垫底，两条红色的放在上面，叫作“长寿馃”；还要用一张箬叶裹成长形的糯米粽，称“长寿粽”；另用印馃模做一些有图案的馃。这些做成后，作为“供献”拿到杨林桥社屋去祭“社公”。到社屋祭拜后，再将“天狗”等送到外婆家。外婆家人将这些又分给亲朋好友共尝，与其同喜。时间大多安排在二月二或十月半进行。

二、筛喜酒与送窝脸

小孩出生后，其父亲首先要向外祖父母及本家报喜。方法是：用事先准备好的米酒，装入锡茶壶内。若是生男孩，必须在茶壶嘴上做一个红色的塞子塞住；若是女孩，就无塞，旁人一看便知。父亲提着喜酒、拿着红蛋，分别到岳父母及各亲朋好友家“筛喜酒”。吃到喜酒后，外婆要选一个好日子，送给外孙（或外孙女）连袜裤、棉袄、小包被、鞋、帽及鸡蛋等，称为“送窝脸”。亲戚吃到喜酒后，便选个吉日，送鸡蛋、红糖、麻油等作为祝贺礼品。

三、取名

为孩子取名是一件很慎重的事，旧时非常讲究，要请有文化的人或算命先生。请人取名时，还要给取名人吃4个红蛋。上庄村男孩一般要取两个名字，一个是常用名（乳名），是根据孩子出生的时辰（八字），结合金、木、水、火、土五行，看看缺什么，而后在名字里嵌入所缺的五行字，或偏旁含五行的字，以示五行不缺；另一个是排行名，按上庄胡氏的排行用字，如“天、德、锡、贞、祥，洪、恩、毓、善、良”等来取。旧时，还有少数人家，因孩子的八字硬或者特别珍贵，还要取一个绰号，如“讨饭”“瘌痢”“小狗”等。

四、出狗洞

孩子满月或百日时，要请近亲吃“满月酒”，表示庆祝。满月后或百日后，还得选一个天气好的吉日，将孩子抱出屋，到一些比较亲近而且有福气的人家玩耍，此举叫“出狗洞”。当孩子第一次来到某人家，这家主人一定要热忱相待，并给孩子戴上或者带回青、白两种棉线和柏枝、天竺叶，客气的还要给孩子两包糕或红包，表示“清白做人，高福高寿”。

五、过继

旧时，若夫妻婚后多年无子，为确保“香火”不断，就到别人家收养一个继子。也有一些人，因孩子八字硬，怕长不大，故出生后就过继给多子多孙的有福之家，是一种名义上的过继，称“爱继”。收养继子，必须是先本家兄弟之子。若长房无子，二、三房兄弟，哪怕只有一子，也要过继给长房，以保长房不缺嗣。在兄弟也无子的情况下，就由近及远收养一个继子。

第二节　婚嫁习俗

旧时，婚姻大事全凭父母之命、媒妁之言，要门户相对，八字相合。婚姻的促成，大致可分为：媒合、定亲、成礼、合亲四个阶段。

一、媒合

媒合是婚姻的起始。旧时，一对青年男女，如果没有媒人的撮合，是很难婚配的。媒人又称媒婆，生就一张巧嘴，游说于双方父母之间，凭仗三寸不烂之舌，巧言撮合。上庄有句俗语：“媒婆不翻花（说谎），新娘不到家”，就是对媒人的最好写照。自然，在撮合的过程中，还夹杂着许多封建迷信的内容，诸如生辰八字、属相是否相宜之类。俗有“龙虎斗，鼠马冲；男属羊，抖忙忙；女属羊，守空房”等谚语。

二、定亲

定亲，旧时有若干程序：相亲、测八字、接过门、开礼单等。

（1）相亲　经媒人说合应允以后，即进入定亲阶段，上庄人称“下定”。先下小定，再下大定。下定时，媒人领着男方，手提“四色礼”：荔枝、桂圆、麻酥糖、糖果，上女方家相亲。男方上门后，女方家人若满意，就做拓馃（又称团圆馃）招待，以暗示团圆，即婚姻关系基本确立；若女方家人不满意，便以点心招待，以表示“水上漂”。不妥了，即将四色礼退回。

（2）测八字　当婚姻关系基本确立后，女方要挑个日子，将自己的生辰八字（出生年、月、日、时辰）用红纸写好交给媒人，由媒人交给男方。男方也将自己的生辰八字写好，然后将两份生辰八字一起放在男方家“灶君菩萨”上祭拜，并存放三天。若三天内，家中一切顺利，则认为两人八字相合，可以联姻；若三天内家中出现不吉利的事，则认为八字不合，双方不能联姻。

（3）接过门　定亲成功后，男方便请媒人到女方家，邀女方到男方家，称“接过门”。接过门要选一个黄道吉日。女方上门时，男方的父母即未来的公公、婆婆要给女方“见面礼”，送“上门衣”。还要请近亲作陪。中餐用“三道茶”“长寿面”招待；晚餐一般炒盘菜吃饭，饭后由男方送女方回家，同时送上发包等礼品。

（4）开礼单　婚姻关系确立后，男方便以女婿身份在四时八节给未来的丈人、丈母赠送礼品，以示孝敬。男女成婚之前，双方要约定开礼单之日，由媒人到女方家开“礼单”，定婚期。女方要邀请有福之人代为书写，礼单内容各家不同。女方开出礼单之后，男方便估计礼单的价值，结合自己的承受能力，要给予回单，即将女方开来的礼单部分项目或数字给减去一部分。回单交媒人去女方家协商。待双方意见一致后，再正式确定礼单和婚期。现在虽然是自由恋爱了，但“下定”“接过门”“开礼单”的程序一般人家仍在实行。

婚期确定后，女方则开始忙于办嫁妆。旧时嫁妆一般为“五样红”“一身暖”。诸如“子孙桶（马桶）”、木制红脸盆、红脚盆、红饭盆、红小水桶、镜箱、火熜和垫被、盖被、衣物之类。女方还要给男方密针细线做许多布鞋、棉鞋，称“嫁妆鞋”。有钱人家还要讲究几被、几席、几担、几抬。陪嫁物品则有大到衣橱、桌、凳、椅等大型家具，甚至有寿材；小至洗衣槌、瓜子槌等，称之为“全副銮驾”。

三、成礼

成礼是婚嫁中最重要的也是最麻烦的礼仪，一般需要三天到一周的时间。男方三天前就开始宴客，先请管事酒、帮忙酒。其程序有：迎亲、婚宴、回门等。

（1）迎亲　迎亲日，将原定礼单上的钱、物，由男方装成担，派人挑、抬到女方村庄的水口，俗称“挑担”。

挑担队伍的顺序是：媒人在前领担。若女方的祖父母健在，必须送上“太公、太娘担”，此为第一担；接着是舅父（担头）、姑父、姨父……担在前、抬在后，最后是炮仗手。人员的多少，由物品的多少和女方嫁妆的多少双方议定。

担出门时，必须放炮仗。担挑到女方村庄的水口时止步，但担不能落地，要放炮仗等待女方的接担人到来。女方接担人到后，男方挑担人将担交给女方接担人，并随之进村入女方家。一路上，双方都放炮仗，热热闹闹。男方挑担人进入女方家里后，女方便用“三道茶”、枣栗汤、五香蛋、交头面招待男方挑担人。女方的总管事则拿出礼单，照单清点礼品，若缺少某一样东西，便向媒人提出补齐，否则女方停止收担。媒人对此一般都应允的。待全部物品清点完毕时，女方帮忙人及家人还提出新的条件、要求，称“新接”。这时双方便发生“争论”，最后是男方让步，答应条件而结束，此举叫作“争发”，谓之“争发争发，不争不发”。当一切达成一致后，女方便装“嫁妆担”，即将全部陪嫁品装成担、扎成抬，放炮仗起身，送至本村的水口，交给男方的挑担人。挑、抬至男方家，炮仗声齐鸣，村人便争着看嫁妆，抢担内的枣、栗、水果糖来营造热闹欢庆的氛围。

女方的嫁妆担出门后，新郎由媒人及男方的两玉女陪同到女方家迎接新娘。新郎进入女方家门时，立即放炮仗迎接。此时帮忙人马上点起“满堂红”。新郎、新娘、媒人及四位玉女（男方 2 人，女方 2 人）和新娘家的兄弟中一人（称新舅），吃三道茶，也叫陪新娘吃“离娘饭”。饭后便发亲、放炮仗，恭送新娘出嫁。

旧时，要用大红花轿接（抬）新娘，当大红花轿放到女方家中堂前时，母女抱头痛哭，俗称“哭轿”。哭声没有悲伤，细听都有乐感。哭词各有情趣，比如，娘哭诉：“你来梳梳龙凤头，包包观音脚，头戴银花，荣华富贵到老；带柏枝千竺，百子千孙到老。”女儿一边穿衣服一边哭诉：“脱了蓝衫换红衫；脱了裤，代代富；脱了袜，代代发……”为什么在这大喜的日子还要放声大“哭”呢？据村中老人说：“不哭不发，哭哭发发。”哭后，由新娘兄长抱其上轿，放炮仗送花轿出门。当花轿出门后，急忙把一盆水随着花轿去的方向泼出去，且立即把大门闩上，并将石磨的上皮压下。这就是说，“嫁出门的女，泼出去的水，永不回头”，即“嫁鸡跟鸡飞，嫁狗随狗走”。这也是对女儿婚嫁的一种观念，是另样的由衷祝福，祝愿女儿在夫家共度此生。新中国成立后，已经不用花轿了，近的步行，远的用汽车接新娘。

当新娘到男方家门口时，一些年轻好热闹的人，还用凳子、梯子搭起“梯桥”，让新娘手抱一个布娃娃走在梯桥的前面，新郎则手拿马鞭在后，通过梯子进入堂前，象征着一对新人以后的生活像梯子一样步步高登。当一对新人进家后，便举行拜堂仪式（结婚典礼）。仪式主要有：一拜天地、二拜高堂、三夫妻对拜。拜毕，由主婚人、证婚人、来宾代表讲话，新郎、新娘讲话。接着由舅父、舅妈端着点燃的红烛，一前一后，新人在中间，送入洞房。旧时，新人拜堂入洞房以后，新人由陪新人的人陪同，到胡氏宗祠的叙伦堂向祖宗行大礼（称“拜祠堂”），夫妻双双跪拜。拜毕，原轿回家，到此婚礼才告结束。新人拜祠堂回来后，便安排婚宴。

（2）婚宴　中餐是女宾为主客。有两张主桌（圆桌），第一桌叫“陪新娘桌”：新娘坐首席，依次是（以新郎的称呼）舅妈、姑妈、姨妈、亲家母、伴娘……一般排满 10 人或 12 人为止。有师傅娘的，师傅娘排在舅妈后。从大到小依次排座。第二桌叫“陪新舅（新娘的兄弟）桌”：新舅坐首席，依次是与新娘桌相对应的舅父、姑父、姨父、亲翁……排满 10 人或 12 人为止。这两桌吃法与一般宾客不同，这两桌人先吃枣栗汤、五香蛋，再上冷盘、热炒喝酒，一般都有 20 盘以上，非常丰盛。其他宾客一律用方桌，按年纪、辈分就座，统一吃“一品锅”。旧时有讲究“男女不同桌，父子不同桌，叔侄不同凳”等习俗。

中餐结束后，在下午三点钟左右，男方派人拿上四色礼（3 斤猪肉、3 斤面、13 个鸡蛋、1 包麻酥糖）送新舅及女方送新娘来的两位玉女回家。新舅送走后，新郎、新娘由家人陪同上坟，给祖宗筛喜酒。上坟回家后，新娘要系上腰布，到厨房去帮一下忙，慰问一下厨师们。

晚宴以男宾为主，一律吃“一品锅”，用方桌。排座的顺序以喜堂中所挂的对联为序（挂对联的顺序附后），新娘、新郎及各位女客不再一一排座，一般按年纪、辈分就座。男客喝白酒，女客喝红酒。婚宴上，新郎父亲要到各桌敬酒，对来宾表示谢意。

晚宴非常热闹，说笑声、劝酒声、划拳声不断。在吃喝的中途，新娘由婆婆陪同给各位来宾敬酒，也叫“认亲酒”。新娘敬酒时，各位宾客可以让新娘猜酒令，酒令的内容五花八门，有谜语、对对子、唱歌……此时充分体现出上庄的酒文化。若新娘猜中了或对上了，客人即喝酒；若对不上，即要新娘发喜糖，以示对新娘的“惩罚”。新娘敬酒时，一定要照规矩称呼客人，否则，必定受罚。当客人接到新娘斟的酒时，要求马上回答：“多谢新娘！”否则，也要受罚。新娘斟酒是晚宴的高潮，时间一般要持续两个小时左右。当第一个高潮过去后，一些好事的人，还要掀起第二个高潮——并桌。他们将两张八仙桌并在一起，将新郎、新娘夹在中间，继续要新娘斟酒、猜酒令。此项结束，还有人觉得余兴未尽，再去闹洞房。闹洞房的人，一般是年轻小伙子和小孩。

婚宴的第二天晚上，还要请“谢厨酒”，宴请在婚宴中帮忙的人。首桌是男士，总管坐首席；次桌为女士，总厨坐首席。

（3）回门　回门是“成礼”的继续。一般安排在举行婚礼后的第二天（三天之内都可以）。新婚后的第一天早上新媳妇起来后，要将家中的里里外外打扫得干干净净。扫地也是有规矩的，要从门口往里扫，以示“财不外流”。然后，新娘换掉红装，改穿青装（寓意，娘家最亲），等待兄弟来接夫君和自己回娘家，即“回门”，又称“接女婿”。

早饭过后，妻舅拿着两包麻酥糖去接姐、姐夫（或妹、妹夫）回门。妻舅到姐（妹）夫家后，姐（妹）夫家要用三道茶招待。姐（妹）夫家将麻酥糖收下，回 13 个鸡蛋。新郎便背上一大包麻酥糖（麻酥糖的数量由丈母娘决定。凡是近亲都要送上一包麻酥糖，称作“认亲包”。凡收到麻酥糖者都要回 9 个或 13 个鸡蛋）随妻舅上丈人、丈母家去。当女儿、女婿到娘家门前，便放炮仗欢迎，进门后，便安排入席（一般到达时间在正午之前）。招待女婿用圆桌，作陪人的顺序是：新女婿首席，依次是女方的舅父、姑父、姨父……（从大到小）共 10 人。入座后，先是吃三道茶，再是冷盆、热炒喝酒，中餐以小笼包作主食。陪新娘的规格与女婿桌一样。陪坐的顺序是新娘首席，依次是女方的舅妈、姑妈、姨妈……共 10 人。招待方式与女婿桌相同。

中餐结束后，新女婿、新娘在岳父家人的陪同下，到岳父家的祖坟上去筛（斟）喜酒，祭拜。

晚餐新娘桌原班人马不变。女婿桌要增加 2 人，即男方派来的接亲人，共 12 人。接亲人去时必须拿电瓶 2 个（旧时用红灯笼、马灯）、脸盆 1 个（旧时用鞋盖）。接亲人到女方家后，先吃二道茶（枣栗汤和五香蛋），再上女婿桌。接亲人的任务是：接新人安全回家；适当地给新郎代酒（故接亲人也叫酒代），尽一切力量不能让新郎喝醉。在酒席上，大家都要敬新女婿的酒，此时接亲人就要挺身而出，给新郎代酒及打酒官司。故接亲人都要选酒量大、能说会道之人。在酒席上，你来我往，敬酒、回酒、猜拳，场面十分热闹。酒席一般都要到半夜，甚至到天亮前，方可结束。

晚宴结束后，接亲人必须一个在前面，一个在后面，新人在中间，护送新人回家；前后各一盏灯，称"两头红"。不管宴席有多长时间，新郎、新娘必须当晚回家。回家时，岳父、岳母家必须送上"被窝粽"和"发生鸡（一公一母）"，由妻舅送回。当女儿、女婿离开岳父、岳母家时，要放炮仗相送。当新郎、新娘回到家中时，要放炮仗迎接，并给妻舅吃三道茶，再将妻舅送出门口，让他自己回家。到此成礼才算画上一个句号。

四、合亲

（1）接亲翁　就是合亲，一般选在回门的后两天。这天新郎吃过早饭，便拿着两包麻酥糖去接岳父、岳母来吃酒。一般岳父、岳母只收一包，另一包退回，表示只来亲翁一人（亲家母一般不来）。当岳父随女婿到家时，放炮仗迎接，随后入席。首席自然是亲翁，作陪的人依次是男方的舅父、姑父、姨父或长辈等 10 人（或 12 人）。

大家入座后，便吃三道茶，接着用冷盘、热炒喝酒。中餐以小笼包作主食。晚餐作陪的人不变，仍用冷盘开始，再上热炒，一般都要吃到 20 盘左右，都是鸡开头、鱼收尾。这种酒席仅一圆桌，是一种文雅的酒席，在愉快、和谐的气氛中进行，结束时间也较早。结束后放炮仗欢送，并由女婿将岳父送到家。

（2）接发利事　接发利事是合亲的继续。接亲翁后，岳父、岳母家要选一个黄道吉日，派儿子来接女儿、女婿回家做客。这一天，都是女方的家人，不需外人作陪，女儿、女婿可以当天回家，也可以小住几天。

从回门之日起到接发利事期间，女儿不得私自随便回娘家；接发利事后，方可随便来往。到此整个婚嫁过程才圆满结束。

五、其他相关婚俗

（1）抢亲　旧时，男女订婚之后，男方因经济困难，托媒人劝女方从简办事，女方又不允许。在无法可想的情况下，只好采用"抢亲"的方法完婚。抢亲，就是趁姑娘的家人不注意的时候，把姑娘抢过门来结婚。姑娘抢到手后，先是背着走，背到村口便放炮仗，再将新娘背上轿。当姑娘家人赶来时，听到三声炮响，也就作罢了。

如遇泼辣的姑娘，抢亲人只得任其拳打脚踢。这种姑娘为数极少，很多被抢亲的姑娘却是半推半就，因姑娘不满意父母将她当作商品，又担心男方送不起彩礼而误了自己的终身大事，还担心婚后影响自己在家庭中的地位与生活，故在抢亲时，往往是顺水推舟。

姑娘抢过门结婚后，首先要把她换下的全部衣服退还娘家，意思是不沾娘家的灰尘，不损娘家的财气。不然，娘家人就要上门兴师问罪，断绝来往。

（2）招夫养子　20 世纪 30 后代后，农村中青年寡妇经本房族人同意后允许招夫养子。

（3）冲喜（冲婚）　旧时，上庄村还有一种特殊、畸形的婚姻，叫冲喜（冲婚）。男女双方已订婚，又未过门，这时，如遇男方病重，一时医不好，就把女方娶过来冲喜。婚后，如果男方病未好转而死亡，女的只能守寡成为贞节妇。

（4）守节　旧时，上庄村有“嫁鸡随鸡飞，嫁狗跟狗走”之说，妇女必须“三从四德，从一而终”。女儿一旦出嫁，不论发生任何家庭变故，终身不得改嫁。夫亡，少妇殉节或终身守节。未“过门”的少女，为夫殉节或到婆家洁身度终身的也不少。

（5）童婚　丈夫只有几岁，而妻子已是大姑娘的一种婚姻。

（6）冥婚（并亲冥婚）　订婚后，遇男亡，女子只能抱男子的灵牌拜堂结婚。未婚男女亡后，亦有合葬的，称并亲冥婚。20 世纪 20 年代后基本绝迹。

（7）续弦和纳妾　男方丧妻可以再娶，叫续弦；富裕人家的儿子，当娶一妻后没有生育或其他原因没有子女，还可以再娶二房、三房，二房、三房即为“妾”。

（8）休妻　旧时，上庄村的男人，如对妻子不满，可随时借故解除婚姻，叫“休妻”。

随着岁月的更替、社会的发展，上庄村的婚嫁习俗也发生了一些变化。最主要表现在以下几个方面：其一，废除“父母之命、媒妁之言”的包办式婚姻，实行恋爱自由，婚姻自由；其二，是否举行婚礼并不十分重要，但到政府办理结婚登记手续领取结婚证，才能得到法律的有力保护，同时禁止近亲结婚；其三，结婚不再坐轿，近者步行，远者汽车接送，已成时尚；其四，从恋爱到结婚，手续删繁就简，例如：利市人也在无形中消失；其五，去之糟粕，留之精华。具有地方特色的三道茶、点满堂红、挂对联、拜堂、吃一品锅，接女婿、接亲翁、接发利市等一直沿袭至今。

女方嫁妆也大为改观，从旧时普通人的“一被一席”另加“一身暖，五样红，子孙桶”到20世纪六七十年代的“一被一席，一身暖，五样红”，还要加“灯草绒”，“没有灯草绒，婚姻结不成”；七八十年代，在原基础上另加“三转一响一凉”（指自行车、缝纫机、手表和收音机、的确良）；90年代除“几被几席加几抬”之外，还有“想结婚，送三金（金戒指、金耳环、金项链），要满意，送电器，想发达，送沙发”之说；进入21世纪，在20世纪90年代的基础上又有“要想阔，送摩托，要更好，送电脑”。嫁妆的变化，说明人民生活水平在不断提高，社会文明在不断进步。

与婚俗相关的内容还有：挂对联、接事、送礼、利市人等。

挂对联是上庄历来的风俗习惯。挂对联是一件难事，一般要请知书达理的文人或长辈来安排对联悬挂的顺序。旧时，若将对联的位置挂错了，客人就非常不高兴，甚至拂袖而去，从此不再来往。挂对联是对主人的考验。

上庄村的规矩是“先亲、后堂、再表”。具体挂法如下：

特级：救命恩人、乳父；

一级：亲舅父、师傅、亲姑父、亲姨父、亲翁……与带亲之上辈；

二级：舅公、姑公、姨公……带公之辈；

三级：堂舅父、堂姑父、堂姨父……带堂之上辈；

四级：表舅父、表姑父、表姨父、表伯、表叔……带表之上辈；

五级：与婚者同辈之亲戚，仍按“先亲、后堂、再表”的顺序；

六级：朋友、邻友，先挂父辈的朋友，再挂与婚者的朋友，先远后近，先外族再本族。几点说明：

其一，以上称呼均依婚者（新郎）的称谓为准；

其二，乳父必须是新郎出世时，母亲无奶，吃乳母奶长大且当时未付给奶妈钱的；

其三，若同时出现几种舅父，那么顺序应是：前母之舅父、乳舅父、亲舅父（其他亲戚以此类推）；

其四，当某一称呼空缺时，那就由下向上推。

（1）接客　每逢婚嫁大喜事，结婚的男女双方，首先由其父亲提前三天亲自上门接客。凡是本家、亲戚，要先接客再送礼；朋友是先送礼，再接客。接客一般不少于三遍。上庄历来有“三请四接”的习俗。婚礼前一天先要派人请一次；吃酒当天，早上接一次，下午再接一次；晚饭前还要接一次。所以有“请客容易接客难”之说。

（2）送礼　结婚送礼，亲戚一般是3斤肉、3斤面，1只单条不能少。客气的亲戚，还要加送喜幛和礼金（现金，多少不限）。“拜钱”，一般到吃酒时连同鸡蛋一起放在提箩中或布袋中。朋友一般送1只单条或喜幛，包上一个红包即可。收受亲朋送来的贺礼均逐一造册登记。

（3）“利市人”　这是上庄的婚嫁喜事中有别于他处的一种浓郁的民风习俗。“利市人”，顾名思义就是主人寄托吉利和祝福的代表，通过她把许多吉祥如意的彩头带给新郎和新娘。

应聘为利市人的资格是三代同堂、夫妻双全又有儿女绕膝的中年妇女，并且夫妻一定是结发原配。被人家选聘为利市人是一种荣耀。

在执事前，利市人要淋浴更衣，穿戴整洁，举止庄重，面带笑容。利市人在待嫁的女方和迎娶的男方家，分别执行不同的任务。

女儿出嫁方的利市人，在旧时，一手拿着一个盛有五谷和鸡蛋的小竹篾盘（俗称鞋盖），另一只手拿着用芝麻秆扎成的小火把。当男方礼担挑入女方门口将要跨过门槛时，利市人就弯下身子，用点燃的小火把在每只竹篓的下方绕上一圈，口中讲一些吉利喜庆的话。这个动作叫作“淡厌”，意思是把厌恶和不吉利的东西“淡化”冲除掉，同时抛撒一些五谷，礼担方可放在正屋堂前歇下。

利市人根据东家提供的礼单，清点男方送来的礼物数量、品种是否合格、齐全，若发现数额不足，要代表东家向男方索要，再根据女方客人的多少，还要提出“新接”，这些问题，均要男方派来的媒人答复。这一行动即叫“争发”。“争发，争发，越争越发”，又叫“打媒槌”。

礼担拆了以后，由利市人领头负责装担，即将女方的嫁妆按一定顺序给装好。利市人必须亲手装并最先装上“子孙桶”（马桶），其余物品可指派他人去干。接着，利市人领着新娘向父母及长辈等人辞行。辞行结束后，便吃“离娘饭”。旧时全部由妇女参陪。新娘由利市人陪着坐首席，这是新娘家最可贵、最风光的时刻。

女儿的吉时渐近了，利市人将蓝、白色棉线给新娘后，就取出“离娘衣”让其穿上，坐在床上，双脚不再着地，静等花轿进门。男方花轿进门后，利市人照样用小火把在轿下烧一烧，再亲手开轿门，捧出“百子重花冠”和青衣、青裙给新娘穿戴。最后由新娘哥哥背着妹妹上花轿，弟弟把一具空着的斗放进轿里，跪着向出嫁的姐姐讨饭米钱。新娘拔下簪放入斗内，利市人接口说：“金簪落地，买田买地；金簪蒂斗，上买源头，下买水口。”祝娘家致富并表明新娘不带走财气。

花轿出门，利市人立即把一盆水泼向门外，关上大门，压下石磨（上皮）。到此，利市人的任务也就完成了。

在迎娶新娘的男方，按相同的条件选定自己家的利市人，但执行的任务却不同。利市人在花轿即将进门时，要用小火把“淡厌”。当花轿在堂前摆定后，利市人选定时辰启开轿门，并向新娘敬三碗茶：一碗清茶，清清洁洁；二碗红枣莲子茶，早生贵子；三碗蜜糖茶，夫妻甜甜蜜蜜。三碗茶用毕，利市人搀新娘出轿门，便举行隆重的拜堂仪式。新郎和新娘双双站在红地毯上，由利市人招呼指点新娘：一拜天地，二拜高堂，三是夫妻对拜。然后，凡长辈都要一一受拜。礼毕，利市人陪新娘进入洞房。入洞房后，利市人选一个小男孩先在“子孙桶”里撒泡尿，然后将众人统统赶出新房，利市人也随身外出并带上门，让新娘“方便”了。

第三节　丧葬习俗

“人生一世，草木一秋”，生老病死有其自然法则。人一生经历风风雨雨，到了晚年，做子女的要考虑操办父母的身后事。为父母操办后事，是子女必须承担的责任，尤其是徽州，这早已成为一种习俗。

一、子女为父母操办后事的准备工作

（1）做寿材　寿材即棺材，又称老人床。棺材一般用杉木，普通棺材是“十二兜”，上等的是“八兜”，下等的是“六皮六”。做棺材时，至亲好友要送上3斤长寿面，8个鸡蛋；若是夫妻两个棺材一起做，则要送6斤寿面，16个鸡蛋。不知者，以为这是“喝倒彩”，其实是祝老人长寿安康的意思。寿材完工之日，子女还要招待送礼的亲友。

（2）做寿衣　旧时寿衣也是生前办好的。寿衣的式样完全不同于平常衣服，而是和古装戏中平民百姓的服饰相近；富有人家、做官人家的寿衣档次要高一些，他们一般采用旧时财主的服饰或官服。寿衣是总称，其实它包括长杉、长靴、长袜、帽、内衣、内裤及垫被、盖被等。内衣内裤是白的，因旧时新生婴儿穿的贴身衣服是青的，以示人生在世要“来青去白”之意。

（3）结椁　椁并非棺材外的木质套棺，而是在坟地用砖石砌造的存放棺材的棺室、墓室，即坟墓。结椁之前必须选择墓地，上庄人对墓地的选择极为重视。旧时，有钱人家先要请看地（风水）先生择地。据说，墓地的好坏，关系子孙是否兴旺发达，因此，坟墓也称“风水”。结椁和做寿棺、寿衣一样，都要选一个吉日开工。开工之日，到达墓地后，先要祭拜

土地神，烧纸钱，放炮仗；然后，在墓地的中央、东边、西边，由儿子各挖一锹，他人方可动工兴建。上庄地方的椁有圆（龙）门椁、靠材椁和白云椁，后两种椁是在人死后，与安葬同步进行，比圆（龙）门椁简单多了。外部用花岗岩、大理石装饰。坟堆上有写着“胡氏之墓”的墓山碑；坟下有祭拜的拜台（即供献台）；坟的左、右有墓联，如胡适的父亲胡传墓的左边写着“人生弯弯曲曲水”，右边写着“世事重重叠叠山”。墓后有浮云领（即墓围圈），前有坟明堂，中间有横批。一般横批写“大梦九泉”“音容宛在”“安乐宫”……造型古朴大方，美观精致。条件差的人家，事先无钱筹办，只得等人死了后结一只包材椁（用青砖侧贴棺材砌成）或白云椁（用石灰、红泥混合土夯实），最上层盖上沙土即可。不论多穷的人家，坟面都要用花岗岩做一块石碑，刻上死者姓名。旧时，还有许多砌墙盖瓦的“厝基”，棺材存放在里面并不埋葬，日久棺朽骨露，现在早已禁止了。

亲友结椁时，必须送礼。礼品的种类与方法，和做寿材基本相同，只需另加上红纸与炮仗。因结椁是做死人屋，可喜可贺；完工之日，也要请酒招待匠人和送礼的人，称“烧神福”。

二、丧葬习俗

丧葬习俗有烧纸钱、净身、下材、闭殓、出殡、上牌、接龙、回舍与祭祀等。

（1）烧纸钱　人死后，立即在房间的桌上点燃两支蜡烛、放一香炉，燃烛、上香，放鞭炮。再用一个陶钵或破旧脸盆放在死者床前，由女儿或儿媳手拿一把竹尺，尺上挂一方木印，在钵的上方摇晃，意为给烧的纸钱盖上自己家的印记，到了阴间不会被别人带走。此时全家亲人均跪在死者床前痛哭，叫“开阴喉”。迷信的说法是，若不给死者“开阴喉”，此人转世后便成为哑巴。

（2）净身　烧纸结束后，请人给死者换上寿衣。在穿内衣、内裤之前，要给死者净身。净身，就是给死者身体擦洗干净，以示干干净净地离开人间。当给死者穿好里衣后，就准备将死者放入棺材。

（3）下材　就是将死者放入棺材，又称下棺。下棺前，先将死者待穿的最外层衣服、长衫，先给儿子们披一下，称“暖衫脱”，再将长衫摊放在棺材盖上。此时，喇叭声四起，家人号啕大哭，在穿衣人的帮助下，大儿子捧头，次子（或孙）捧脚，将遗体移至棺材盖上，然后由长子站在凳上，先穿好要让死者穿的由内到外的衣服、长衫，而后脱下穿在死者的身上。死者穿好衣服后，再放入棺材，遗体要摆放端正。接着给死者左手拿一只“金元宝”，右手拿一只“银元宝”，称之为“左手金、右手银”，实际上是铜片制成的，此物由女儿送来，无女儿的，由儿子自办。死者胸前还要挂一只香袋，袋中装入烧在床前的金银灰，包成若干个小包。迷信的说法是，人死以后要到阎王殿报到，一路上要过许多鬼门关，在过鬼门关时，要给守关的鬼喝酒钱。以上事情就绪后，再盖上盖被和棺材盖（不能盖紧，上边要留一点空隙）。随即在棺材脚，即棺材的下方设一张供桌，摆上“供献”，点燃两只蜡烛。供桌前贴上一副对子和横批，通常的对子是“日落西山常见面，水流东海不回头”，横批是“一片白云”；此为祭拜台，给众人祭拜用。众人拜毕，喇叭声停止。此时给死者棺材头放一香炉，放上石磨下半片，点燃一根香和一盏小灯。迷信的说法是，死者到阴间后的第一件事就是去阎王殿报到，一路上暗无天日，用香火照明不至于迷路。

下棺结束后，便开始确定出殡日期，报丧人员和名单；一切工作安排，由东家和总管事讨论决定。本村人、邻居、本家与死者有来往者，知道某人谢世了，不需通知，自觉去帮忙。外村人或不知道者，要去报丧。凡参加死者葬礼的人，都必须送上“奠仪”（钱币，数额不限），花圈。女婿、侄婿、外甥婿，还要送“摇钱树”。客气的人家还送簇（被面）。死者的儿子也必须有花圈。女儿必须先行送上“左手金，右手银”一副。

（4）闭殓　闭殓时间一般是在出殡当日的上午。闭殓时，死者的所有亲人都要到齐，要举行殓礼。殓礼开始时，鞭炮声四起；打开棺材盖，众亲人分“男东女西”，跪在棺材两边痛哭。

首先由长子跪在棺材脚下的供桌前，对门外（天）祭拜，以示谢天；对内（地）祭拜，表示谢地，感谢天地使死者走完了平安的一生。谢天地结束后，撤去供桌，便是亲人向死者作最后的告别，开始一一敬酒。敬酒程序是先男后女，长子领先，依次是次子、孙、婿、外甥……女的是长媳领先，依次是次媳、孙女、女儿……闭殓从开始到结束，鞭炮声不断，喇叭声不停，众亲人与死者作生死离别，号啕大哭，场面悲凄。敬酒结束后，还要用火纸在每个人身上揩一下，并将火纸丢入棺材，据说是把“霉气”全部给死者带走，自己就可以“时运亨通”了。到此闭殓结束，盖上棺材盖，钉上棺材销，准备出殡。

（5）出殡　上庄村保留有“七不出、八不归”的习俗，即逢农历初七、十七、二十七不出殡。出殡时，凡参加送葬者都必须“戴孝”。“孝”

有几种：儿子、儿媳、孙子的头上要戴麻布帽，脚穿麻布鞋；女儿、侄女、外甥女、侄媳、甥媳头戴孝绕（用白布做成披风帽），脚穿缝有白布的孝鞋；妇女肩披白孝条，脚穿孝鞋。所有送葬的人，都要臂戴黑纱。

当闭殓结束后，便由八个年轻力壮的人，将灵柩移至家门口的大路上，放在事先准备好的板凳上扎“龙杠”。然后在灵柩上盖上红毯，扎上红公鸡，纸仙鹤，据说是为了“辟邪”。有的人家还要在灵柩上扎上“龙头”“凤尾”，以示威风。此时灵堂内，由专人燃放小鞭炮、压石磨、拖草把（垫灵柩用的）；儿女跪在前边，边哭边烧“金银”和纸轿。一切就绪，放炮仗起身，正式出殡开始。出殡队伍的顺序是：拿火把的人在前，“化财”人一手拿给死者“上路”的“钱”，一手拿“引魂幡”，正反面上方均写上“幡”字，正面下方写着死者名字及“登山入墓”，反面下方写着“送远还通达，逍遥近道边”，全部是“走之”旁的字，意味着此人走了。接着是供献、传袋、吹手、遗像（旧时捧着牌位，一般由孙子担任）、炮仗手，抬材 8 人。灵柩两边由儿子护送，灵柩后面是儿媳、女儿等妇女。再接着是“摇钱树”的队伍、花圈队伍、抬簇的队伍，最后是送葬的人群、锣鼓队、炮仗手压阵，队伍声势浩大。从闭殓一直到出殡去回，炮仗声、喇叭声、锣鼓声、号啕大哭声，声声悲切。一般人家都有百人以上的送葬人群，兴旺人家的队伍长达一两里路。

灵柩抬到墓地后，将灵柩放在坟明堂中央，摆出供献祭拜。此时将遗像放在坟墓的上方正中，传袋人，一人站在高处，一人在低处，将儿、媳、孙的麻布帽装入袋中，低处的人将袋抛给高处的人，口中念道“一代高一代”，高处的人接着袋念道“代代高”，此叫作“传代”。儿媳、女儿等人，要绕着灵柩走三圈。最后在鞭炮、喇叭、锣鼓声中，由抬棺材的八名大汉将灵柩缓缓送入椁中。众送葬人仍按去的顺序回家。旧时，要先到祠堂“上牌”后再回家，现在宗祠已拆，只得直接回家。回家时，儿媳要一手拿红公鸡，一手拿点亮的灯笼（现改用电瓶），随遗像后与众送葬人回到家中。回家时炮仗声、喇叭声仍不断，但无哭声。到家后，将火把放入大锅灶内（上庄人叫锅囱），灯笼和遗像放到“上沿头”，袋放入儿子房内，有几个儿子就有几担袋，每个儿子一担袋，到此整个出殡仪式结束。接下来便是丧宴。丧宴不排座位，随便就座。

（6）上牌　旧时送葬归来时，直接到宗祠上牌位。上牌位的人员、顺序，与送葬队伍一样，炮仗声、喇叭声不断。上牌位时，必须先给宗祠的列祖列宗烧金钱纸，燃香祭拜、传袋。再由一个长者，跪在列祖列宗的牌位前，对新安放的牌位进行“点主”仪式。仪式的过程是：儿子或孙子双手捧着牌位，另一个人手拿一只大公鸡，长者手拿一支新毛笔，口中念道："心神胜直，神反室堂，红提一点，祥法其昌，虫丝引庆，南贵胜方，愿你后嗣，百世齐昌。"当念到"红提一点"时，手拿红公鸡的人立即将鸡冠搞破，挤出鸡冠血，长者便用毛笔蘸一点鸡血，点在牌位上面早已写好的"王"字上面，便成了"主"字。此过程，便称作"点主"。点主后，将牌位安放在本家的列祖列宗的牌位之中（按辈分安放）。牌位安放结束后，众送葬者便有序地回到家中。

牌位又叫祖宗牌，事先用杉木做好，上面写着"先考（妣）×××神仙之位"。牌位有两种：一种是普通的。当架上放满以后，这种牌位便进行"越主"，即将牌位迁放在牌位架的下方椁内存放。另一种是做工别致，蓝底、金边、金字的。用这种牌位的人，一般是对宗祠有贡献者，此种排位"百世不迁"，永远安放在牌位架上。例如，文化名人胡适之父胡传，因建宗祠有功，故贵有"百世不迁"之美誉。

（7）接龙　安葬结束后，要祭山神、土地神，称"接龙"。意为将龙接至自家坟内，使以后的子孙都成为龙子龙孙。接龙时，由三人拿上供献、五色纸旗若干、大封、爆竹、蜡烛、大铜锣，到离坟较近的山冈，摆出供献，点亮蜡烛，烧纸祭拜。拜毕爆竹响，此时一人收供献，一人打锣，一人沿途插五色小纸旗，以较快的速度来到坟墓，三人再绕坟墓转三圈，再由众人进行祭拜。到此，整个葬礼圆满结束。

（8）回舍与祭祀　回舍虽是一种迷信封建陋习，但现在还在延续，因为它表达了家人对亲人的依依不舍，不过方法比旧时简单文明。现在的做法是，利用回舍之日的下午，将灵堂的挽联及家人穿戴的麻布孝衣，再做些金银纸元宝，备一点供献，全家人一起到新坟上焚毁、祭拜即可。

祭祀是逝人安葬后，家人对死者进行三、五、九朝和满月、百日、周年的祭祀。第一年的清明扫墓，有"新坟不过社"之说。社，是指春社日。春社日是在春分前后，而不是春分日。春社是指立春后第五个戊日。秋社日是立秋后第五个戊日，"新坟不过社"，是特指春社。就是说，第一年扫墓必须在春分以前进行。

第四节　生产生活习俗

一、起屋

旧时，上庄一般人家几代都做不起一幢屋，都是几家合住一屋。若谁家能做屋，真是了不起的一件大事。在开工挖墙脚前必须先安装老郎，以保在建房过程中平安无事。老郎的做法是：用三张黄纸（或火纸）将三个金银、三根香卷在其中，且香的两头必须露在外面，再用一张红纸将这个纸筒包上，并用青棉线扎好就成了。在安装老郎时，还要做两份大土封（也用火纸包上金银），摆上供献，然后烧纸（大封）放炮仗，祭拜天地。再将老郎挂在新建房屋正中祭拜。拜毕，将老郎请回家（原住处）挂在上沿头高处。此番仪礼完成后，方可开工挖墙脚。

当木制屋架的各种构件做好后，便将各构件组装成屋架，这个过程叫作“排列”。排列要请“排列酒”。在组装过程中，安装主件“屋梁”时（称“上梁”，梁的两头要安放五色布），要进行“赞梁”。赞梁由工匠承担，工匠边上梁边韵味十足地赞道：“金斧一动天地开，鲁班先师下凡来；东家择个好日子，要造万年大屋宇，百样材料都备足，单缺一支大正梁，鲁班先师不辞苦，寻梁寻到昆仑山……”“金琴响东，文武在朝中，金爷响西，福寿与天齐……”赞梁结束后，东家要送给赞梁者礼物，以示感谢。

钉栓盖瓦叫“起屋”。当瓦盖好后（盖瓦时所有来祝贺的亲戚朋友都要帮忙递瓦），要抬一只“一品锅”放到新屋中间。此时要将老郎请来新屋，挂在上沿头，再开始烧纸，点香祭拜，放炮仗，谢老郎。谢老郎结束，爆竹齐鸣，响彻云霄，此时为正式起屋。一般人家起屋时爆竹要延续半个小时左右，在放爆竹的过程中，东家要给“砖工头”“木工头”“粗工头”每人一只小红袋，袋中装着枣、栗、花生、水果糖，由他们站在屋上抛向高空。此时东家还要将事先准备好的“面包”抛向空中，落下后，小孩、大人奋力抢之，一派热闹场面，随后便设宴狂欢。

宴席要按砖、木、石匠的顺序排座，用圆桌谢匠。其他宾客一律方桌，吃“一品锅”。

因为起屋是家中的喜事，在宴请工匠前东家还要到坟上给祖宗斟喜酒，祭拜。

凡遇亲戚朋友家做屋，亲戚送的礼是 3 斤肉、3 斤面，另加爆竹和红纸（或喜幛），朋友一般送红包另加爆竹和红纸（或喜幛）。岳父要送“排花”一对。

现在由于人们的生活水平大大提高，做屋已经成为一件平常的事。很多人家将旧居拆掉改建新屋，为减少麻烦，起屋也不再大摆酒席了。

二、进屋

进屋意味着一个家庭新生活的开始，对一个家庭来说真是一件乐事。

为了进入新屋之后万事如意，兴旺发达，必须选一个黄道吉日、吉时。进屋，一般人家都选在（农历）二月、八月、十月。当吉日选定后，便告知亲戚，亲戚知道后便送上3斤肉，3斤面，单条或双对，朋友一般送红包。本家必须提前来帮忙，来帮忙时，拿上13个鸡蛋作为礼物，以示祝贺（现在也有人家的本家与亲戚送的礼是一样的）。

进屋的当日，一家人必须在凌晨（一般在2点到4点钟之间）起床，将原居住处的堂前、房间、厨房、楼上、厕所等处，都点上红蜡烛，即满堂红。然后，由一个人拿灯笼（现改用电瓶）在前照路，依次是父亲手拿木制大方印，大儿子手拿杆秤，母亲手拿关升（旧时还要加米斗），第五人手提铁锅或碗筷等，最后一人拿灯笼照路（即“两头红”）。若自己家人不够，可邀请他人帮助，若人丁兴旺之家可加至8人、10人……凡参加进屋之人，都不得空手，必须拿上东西。众人组成一个队伍，有序地向新屋进发。

到达新居后，第一件事是男人点上满堂红（现改为打开所有电灯），贴门对，接天地，放炮仗、祭拜，女人烧水泡茶，准备三道茶。全体参与人员吃罢三道茶，便开始整理，设计新居家具的摆设等。

天亮后，帮忙人员和亲戚陆续到来，男的帮忙搬东西，接客，借餐具、灶具，挂对联等，女的帮厨。挂对联时，先要把自己家准备的中堂挂在正中，再是岳父的双对，后面的对联挂法与婚联的挂法相同。中餐是女宾为主，晚餐是男宾为主，都是八仙桌，吃“一品锅”。席位的安排照对联顺序入座。下午主人要上坟给祖宗斟喜酒，祭拜。现在，进新屋一般都不请酒了。

三、分家

上庄古时一家三四个子女的，比比皆是。当儿子们渐渐长大，并娶妻生子后，家庭成员便逐渐增加，此时，做父母的就要考虑分家的事了。当地有一民谚为“事不说不明，家不分不发”，说明分家对于家族兴旺发达的必要性。分家是一件很为难的事，弄得不好，会造成父子、兄弟之间的不和睦，甚至反目成仇。

旧时，上庄人分家有一些规定：“长子不离灶（厨房），幼子不离窑（厕所）”，“长子、长孙应坐留一份”等，其余部分按儿子的人数均分。分家时，一般要娘舅及本家长辈到场，立“分阄单书”，各人一份。现在分家废除了以前的规矩，按儿子的人数，抓阄均分，一般采用协商和抓阄的方法分割。参与人数除娘舅、本族长辈外，还必须邀请村干部参加。分家时同样要立分阄单书。

四、做寿

人出生后，一般要经历“庆满月”“庆百日”“庆周岁”等阶段，这些是比较简单的祝贺，参加的人员也不多，有的人家甚至不请客。逢十、二十、三十、四十周岁，一般也不请酒，但近亲必须送上长寿面和鸡蛋。长寿面是3斤，鸡蛋的送法有点讲究，上辈送给下辈要13个，同辈送同辈、下辈送上辈只需8个，都不送对联。这叫“做生日”“庆生日”，在生日当天庆祝。而做寿则不然。它不是做寿者自己办，而是子女为父母庆寿、请酒，体现子女对父母的一片孝心。所以，请客收礼均由其子媳负责。上庄村人做寿请酒，一般从五十岁或六十岁、七十岁开始，有大面积宴请，也有近亲参加的小范围招待一到两桌的。子女为父母做寿的时间，一般不根据父母的生日决定，而是在下半年的十月份至年底这一段时间内（农闲），选个良辰吉日操办。

（1）做寿礼仪　亲戚中，某人今年几十岁了（50岁开始），要请酒做寿必须事先往外送寿礼：3斤肉、3斤面、8个（或13个）鸡蛋、对联（或单条、寿幛）。若子女不准备为父母请寿酒，那就将3斤肉退还。请不请酒，以收不收猪肉为准。无论是否请酒，女婿都必须送上砂锅（比一品锅更高级的美味佳肴）、一只鸡并给岳父母各送上鞋、袜、衣、裤、帽一套以及3斤肉、3斤面、8个鸡蛋、双对1副、寿幛1个。岳父母对女婿送来的礼品全部照收，但要回一个红包，称“回砂锅底”。

子女决定为父母请寿酒且定了日期后，必须提前三天通知亲戚、本家，称之为“接客”。先提前两天请“帮厨酒”。正日的前一天晚上，必须进行“祝朗寿”。祝朗寿，就是自己一家人围在一张圆桌上，招待寿星。寿星坐首席，配偶坐二席，依次是：大儿子、大媳妇……女儿、女婿、孙子、孙女、外孙、外孙女等，一般是自己家里的人，若人丁兴旺的可分两桌。女婿坐斟酒位，给寿星和众人斟酒。旧时是吃冷盘和一品锅。现在也增加了一点洋气，桌的正中放上个大蛋糕，点燃寿烛，唱起《生日快乐》歌，蛋糕吃完后，再上热炒数盘，一家人围在一起高高兴兴地祝寿星身体安康，长寿快乐。

（2）拜寿　旧时是在正日的早上，儿孙及寿者的晚辈要给寿星拜寿。拜寿开始时，寿星及配偶穿戴整洁，端坐在正堂（也称寿堂）的上沿头交椅上，从女儿、女婿开始，双双三跪三拜，从大到小依次进行，以对联的位置顺序（寿星的下辈）依次跪拜。拜寿时，唢呐声、爆竹声响成一片，气氛相当热闹与隆重。此习俗在新中国成立后已废除。

（3）吃寿酒　于祝朗寿的第二天进行，所有送礼的人都到。吃寿酒一律是八仙桌，吃一品锅。中餐女儿坐首席（从大到小），依次是侄女、外甥女……寿堂内优先安排女宾：男宾中餐不安排座位，随便坐。晚餐是以男宾为主，女婿坐首席（从大到小），接下来是侄婿、外甥婿……寿堂内坐男宾，与中餐相反。吃酒中，寿者的儿女要向来宾、来客敬酒，表示感谢。

儿孙们还要到自家祖坟上去，给祖宗吃寿酒、祭拜。第二天晚上还要吃“谢厨酒”。

（4）挂寿联　这是有严格约定的。

寿堂正中挂中堂（古时由寿者儿子购办，因正中是旧时挂祖容的位置，必须自办）；

一级：寿者的女婿、孙婿、侄婿、外孙婿、内侄；

二级：寿者的其他晚辈；

三级：寿者的同辈；

四级：寿者的朋友，由远及近，先外姓后同姓。

做寿的注意事项：

（1）寿者的上辈不送礼，由上辈的子女送礼。

（2）一级客一般要送双对，其他人送单条。

（3）本家一般不送对联，晚辈若送来可挂在四级以后；吃酒时只需拿8个鸡蛋，以示祝贺即可。

五、请师酒

20世纪初以来，上庄村中流行一句话：“卖田卖地，卖不掉手艺。”为此，一些人家孩子长大后，没继续上学的，父母就给孩子找一个师傅，学一门手艺。请师求艺是人生的一件大事，关系到一个人的谋生能力。当父母为孩子选定师傅后，要选一个吉日，请师傅来家吃“请师酒”并订立师徒合同。在请师傅宴上，要叫近亲作陪，并请村中德高望重的人做中证人，以示事情的重要性和严肃性。这一习俗至今仍存在。

第五节　节庆习俗

一、春节

春节，是我国传统的农历节庆。在民间，它古老而又最为隆重。旧时，称正月初一为“三元”，意思是说，这一天为“岁之元、月之元、时之元”。辛亥革命后，将正月初一改称春节。时间滑过农历十二月三十（或二十九）午夜十二点（子时）的时候，春节就到来了，新的一年开始了。

上庄村在新的一年到来的时候，家家户户都要“接天地”。先点燃天地烛，摆好供献（清茶、枣栗汤、鸡蛋），再开大门，烧纸放炮仗，撒放利市纸（五色小方块纸）。

春节这天，全家老少都穿上新衣、新裤、新鞋，即使是贫寒人家做不起新衣服，也要将家里较好一点的衣服洗净穿上，以示用全新的面貌迎接新的一年。

清晨，待全家人起床后，家庭主人就将果品盒（盒内装有各式各样的果品：糕点、花生、瓜子等）放在八仙桌上了，主妇端出准备好的三道茶（枣栗汤、五香蛋、长寿面），全家围坐在一起，品茶吃糕点，吃三道茶。吃好后，各人便可以外出玩耍。按照老规矩，主人要留在家中。大年初一不能锁门、外出拜年。大家尽情玩一天。

初二开始，是晚辈向长辈拜年。初三要“拜坟年”。拜年的顺序一般是岳父母、舅父、姑父、姨夫……晚辈拜年结束后，要接长辈“吃茶”。主人要给第一次来家拜年的宾客回送蒸糕30块（或3斤面条，或“面包”3斤），鸡蛋13个。旧时，春节期间还要搭台演戏、舞狮、舞龙，白天夜晚连场演出，全是免费。小伙子还放“洋灯”。现在，人们大多是看电视或打牌，直到过了“十八朝”（正月十八），春节才算结束。

总而言之，无论是过去还是现在，春节都是一个辞旧迎新的隆重节日，也是一个欢乐的节日、幸福的节日。

二、元宵节

正月十五为元宵节，这是大地回春的第一个月圆之夜，故又称“上元节”。元宵日，早上吃糯米元宵，中午吃“点心”，晚上是家宴。元宵晚饭前，烧纸装香祭拜灶司菩萨（称“接灶”），接灶司老爷下界保家人平安。入夜，家家户户都要挂出各式各样的灯，百花齐放，争奇斗艳。

现在元宵节，人们都习惯在家中观看中央电视台元宵晚会。

元宵节一过，就意味着春节近尾声了。

三、土地节

农历二月初二，相传是土地公公的生日。为感谢土地公公一年来对人们的照顾帮助，人们将这一天定为土地节。土地节，大家都要“接土地”。

接土地的供献中，比平常的供献要多一把“土地粽”。二月初二之前，家家户户都要包裹粽子。粽子又称“裹粽”，种类繁多，有接土地老爷的“土地粽”，有祝老人健康长寿的“长寿粽”，有盼早得贵子的“背妹粽”，有防止农田倒坝的“丁纤粽”……

“土地粽”一般12个为一把，逢闰年必须13个一把。

土地节这天，在上庄还有一个奇特的风俗。这一天，妇女不能到别人家里去串门，否则会被骂作“土地婆”。男孩子上门则非常受欢迎，美其名为“土地子”，意味着今年家中要添丁。

这一天是土地公公的生日，因此不用锄头，否则这年收成（粮食收入）就不好。

从这一天开始，孩子们纷纷放纸鸢（风筝）。因此，上庄流传这样一句童谣：“正月正，放洋灯；二月二，放纸鸢。”

旧时，怀上头胎孩儿的新媳妇，这天还要“烧天狗”“请社公”。

四、清明节

“清明”二字的含义是“万物至此，皆洁齐明白”，说明大地回春，万物复苏，草木萌发，行人出游。因而清明节又有“踏青节”之称。

清明节是我国祭祀祖宗的隆重节日。古人云：“清明时节雨纷纷，路上行人欲断魂……”上庄也有一句“认亲拜年，认祖挂钱”之说。为怀念祖先，为表示下辈对已故亲人的孝心，若遇祖坟破损，必须赶在清明节之前修复，并提前筹备祭祖的用品：“做纸角”“剪挂钱”“糊纸箱”。

清明节这一天，子孙们都要上坟给祖先挂钱，即使在外工作者，也要赶回来扫墓。时间可放宽到清明后十天之内，若实在无法前来者，也要托人代劳，否则就要被族人视为不肖子孙。

出嫁的女儿，在父母死后的三年，扫墓就暂停了，但以后父母做阴寿时要参加。出嫁的女儿来扫墓时，兄弟要设宴热情招待。中餐，这一天家家户户都做包子，晚餐设宴。父母死后三年时，如兄弟送“糯米印果”或面条3斤给姐妹，姐妹收到兄弟的印果，即示意对父母的扫墓暂停了。若父母死后三年时，兄弟未送印果，即示意姐妹们可以继续扫墓。为父母做阴寿时，女儿必须参加，兄弟照例送印果。为父母做了百年阴寿后，女儿就不再上坟为父母“挂钱”（扫墓）了。

这一天的田野、山冈热闹非凡，到处纸钱飞扬，花圈遍野，爆竹声不断，大家以各种方式表达对已故亲人的追思。

五、立夏

立夏是二十四节气之一，意味着春天消逝，夏季来临。上庄立夏之日，家家户户吃“挞馃”，又叫“交夏馃”，有鲜笋、苋菜、豆腐干、鸡蛋混合做的肉挞馃，还有芝麻糖的糯米馃以及香椿馃、萝卜丝馃……立夏节的正餐是中餐，吃过中餐，要给小孩称体重。

上庄还流行一句民谣：“吃过交夏馃，屁股没得坐。”就是说，夏收夏种的大忙季节到来了。

六、端午节

端午节的来历有几种传说。一说是为了祭祀“捉鬼神”的钟馗，因为五月初五这一天是他的生日；一说是为了纪念春秋战国时期的伍子胥，他在这一天被听信谗言的吴王杀害；一说是为了纪念爱国诗人屈原，这一天他含恨投汨罗江而死……据说，上庄的百姓是相信纪念钟馗的。

旧时，这一天家家户户都要进行大扫除，洒雄黄酒，主妇们还边洒边吟“端午节，端午节，蜈蚣蛇蝎出去歇，石柱开花再来接”，并在水缸里放上雄黄块，在门楣插上一把石菖蒲和艾叶草，或在大门贴一道“钟馗符”。据说，这样鬼蜮魍魉就不敢进家门了。节前，晚辈要给亲近的上辈（不在一块生活的父母、岳父母等）送上绿豆糕、鸡蛋糕及其他礼品；外婆要给外孙、外孙女送上端午衣等。这一天，小孩都穿新衣，戴银手镯、银脚镯，挂端午锦囊。

人们通常中午吃点心，晚餐较丰盛，但少不了大蒜烧肉，有条件的还有红烧黄鳝、咸鸭蛋，喝黄酒。

七、六月六

六月六为“天赐节”，此时正值水稻和其他农作物处于生长成熟期。旧时，村人都到野外去“接秋”，采摘一些稻叶、高粱叶、黄豆叶……挂在自家大门上，预祝五谷丰登。

这一天，家家户户做菜包子、“发面包”，祭献天神，祈祷天赐五谷丰登。

八、中元节

农历七月十五，俗称“七月半”“鬼节”。因它处于正月半的“上元节”和十月半的“下元节”之间，故称“中元节”。这一天，村人或吃“点心”，或吃米饭，民谣说“七月半，有一半，无一半”，即指半数村人吃点心等面食，半数人家照常吃米饭。

九、中秋节

中秋之夜，月亮最圆、最亮，月色也最美。人们把月圆看作是团圆的象征，因而又称八月十五为“团圆节”。

中秋节前夕，亲友们互赠月饼、鲜鱼等。特别是女婿送岳父母的礼品更多，有月饼、鱼、牛肉、烟、酒等，现在有的干脆送上一二百元钱，让其自己购买。

中秋节这一天，一般人家中餐是冬瓜烧塘鱼，晚餐则有鱼、牛肉、猪肉、鸡、鸭等，非常丰盛。晚饭后，老人们吃月饼赏月，年轻人则戏龙灯，庆丰收。

十、重阳节

重阳之说来自《易经》。该书以九为阳数，九月九日，两阳相重，故名“重阳”，又称“重九”。这一天，上庄村人有吃“芋头焖米粉馃”的习俗，至于为什么要吃这一类米馃，则无从考证了。

十一、下元节

农历十月十五称下元节，俗称“十月半”。在上元节、中元节以及下元节三节之中，上庄的下元节较为隆重。这一天，家家户户都做包，种类繁多，有荤有素，有咸有甜，而且各家做的包，数量也较多，可能是因为天气转冷，留得住。又因为秋收后，各种原料都很充足。

旧时，包馃蒸熟之后，先敬祖宗和菩萨，祭拜后方可自己入食。还有些人家，因新媳妇头胎怀孕，还趁此节“烧天狗”“请社公”。这些陋习现已经废除。

十二、腊八节

相传明太祖朱元璋小时候给有钱人家放牛，经常挨饿。有一天，他在一间小屋内发现一个老鼠洞，想抓个老鼠充饥，便伸手摸了下去，发现里面竟然有大米、芋头、豆子等，于是，把这些东西煮成一锅粥，吃得十分香甜。后来朱元璋当了皇帝，每天山珍海味吃得厌烦了。有一年的腊月初八，他忽然想起旧事，于是传令御厨以各色杂粮煮粥进食，吃后大悦，下令以后腊月初八进食该粥，因此民间称其为“腊八粥”。

上庄村也不例外，每年腊月初八都是吃腊八粥。上庄的腊八粥做法是：先把大米、芋头、山芋、干豆角、赤豆、猪肉、白菜等洗净，煮成半熟，再加入佐料；先旺火，后改成文火熬，使粥浆稠度适中即可。讲究的人家，还要放入莲子、栗子、红枣、桂圆，集米、豆、菜、果等于一锅，别具风味。

腊八粥不仅清香甜美，而且能畅胃气，生津液，因而人们颇为喜爱。族人有“吃了腊八又大一岁”之说。在腊八这一天或之前，各家还有扫屋尘的卫生习俗。腊八过后，就开始杀猪、宰羊、做麻糖，准备过年了。

十三、小年

腊月二十四是小年。旧时，这天要挂“祖容”（历代祖辈的画像），饭前先祭祖，还要“送灶”（又称谢灶）。送灶要做灶馃，供在灶神前。灶神前要点上红烛，供上豆腐干和清茶，而后装香、烧纸、放炮，送灶神爷上天奏好事。吃小年饭时，如亲人在外或正在归途中，饭桌上要另摆碗筷，表示合家团圆。20 世纪 80 年代前，上庄一般人家都是吃“一品锅”，而后随着人民生活水平的提高，现在以吃盘菜为多数，菜肴更为丰盛。

十四、除夕（过年）

腊月三十（小年则二十九），称年三十。这天最大的活动是吃年夜饭，主妇要准备全家丰盛的家宴。有几样荤菜不能少：全鸡、全鱼（有余）、牛肉炖豆腐包、肉圆（团圆）、青菜或菠菜（清清洁洁）……一应俱全。男人们打扫卫生、贴春联、剪利市纸、做祭拜祖宗的纸、香，并在猪栏、鸡栅、水缸、生财用具上贴上红纸；准备好香炉、蜡烛台、花瓶等；采购糕点、鞭炮、面条、鸡蛋、红枣、花生、瓜子等；偿清债务。

晚宴前，焚香祭祖、传神，然后关上大门，表示旧年一切结束。祭祖后，合家同坐享用家宴。外出未归的亲人，也要替他留出座位，摆上一套餐具。

吃过年夜饭后，全家沐浴更衣。长辈和主人要用红纸包好一定币值的红包，叫“压岁钱”。孩子们则向长辈们问安，叫“辞岁”，长辈们便送给他压岁钱。

年夜饭后要守岁。一切工作都完成后，大家围在一起守岁，等待新年的到来。守岁时，一家人总结过去一年的治家经验，构思新一年的家庭发展良策。

现在，很多人都在电视机前看央视春节晚会或打牌。当时钟一到十二点，大家都要燃放鞭炮，祈求新年好运。

第六节　上庄近代风俗

风俗是一种特殊的文化，所包含的内容十分广泛，衣食住行、生产交通、婚丧嫁娶、节日喜庆……哪一项也离不开民众的思想和生活需求，离不开与之相适应的政治和经济基础。风俗的变化可以说是全方位的，是近代社会文化变迁的重要组成部分，并与近代社会转型相始终，涉及社会的各个阶层和各个层面。

一、服饰风俗的变迁

1. 服饰变化的趋向

进入近代，服饰变化的趋向是：由拘谨、保守、呆板、等级森严逐渐向美观、适体、方便、平民化转变。

2. 服饰变化的原因

古代服饰传统和阶级、身份紧密相连，有着繁复的制度和规定。随着鸦片战争打开中国的大门，中国进入半殖民地半封建社会，社会结构随之产生变动，通过山村和城镇的工商互动，西方文化、生活方式也影响到山村上庄，首先体现在穿着上就要摆脱旧的规定的束缚。

面料、式样等都受到外来影响，但多数人还是比较传统一些。

3. 服饰变化的具体表现

男子服饰变化的情况：长袍马褂是近代男子的通常服饰，20 世纪上半叶仍然流行。西装的传入应在鸦片战争以后，民国成立以后流行开来，成为在外经商的男子礼服之一。辛亥革命后出现了中山装。中山装以特有的政治含义很快被中国的知识分子和青年学生接受并迅速推广开来。此后几十年，中山装大为流行，成为中国男子喜欢的标准服装。有钱人家，过年时都要置办一套新的灰色或蓝色的中山装。

女子服饰变化的情况：晚清普通女子着装宽松肥大，大襟褂比较常见。一些在外经商的和有身份一些的人家也有接触新式服装的，旗袍出现并不断革新，成为女子比较喜爱的服饰。

二、饮食风俗的变迁

1. 近代上庄岭北菜名声的形成和发展

上庄是徽菜饮食文化比较特殊的地区，至清代末年已逐渐形成了自己独特的风格和比较成熟的菜品。不论外界时兴什么，上庄的饮食习惯并未见发生明显的变化。

2. 西餐的传入以及对上庄传统饮食的影响

西餐传入的时间、原因：1840 年鸦片战争以后，随着西方列强蜂拥而入，来中国的西方人日益增多，从而把西餐烹饪技术带入中国。其主要影响沿海城市，受到影响的是一些走出上庄的读书人、做官的和做生意的。他们一般都是社交或生意上的应酬而已，真正的饮食偏好还是家乡的传统菜肴。

对上庄传统饮食的影响不大：西餐中常用原料偶尔也进入餐桌，经营西式食品的食品店也会出现在上庄人的生活中。但吃西餐在上庄很难成为一种时尚。当然，西式饮食已引起了上庄人的注意，开始思考中国饮食习俗的文化价值，一些餐饮从业者开始注意改善自己的膳食结构，注重讲究营养卫生。

三、居住建筑风俗的变迁

1. 居住习俗变化的原因

由于受西式建筑风格的影响以及城镇化程度提高的影响。

2. 居住习俗变化的表现

通常传统民居以平房为主，这主要与土地以及建筑材料、建筑技术有关。鸦片战争以后特别是 20 世纪 30 年代，开始出现了水泥、钢筋、浮法玻璃等新建材，并且不断出现一些楼房建筑。上庄红门楼就是胡洪钊为上庄胡开文祖居进行改建的杰作，建筑材料用上钢筋水泥和进口瓷砖、木材等。当时上庄陆地不通车，河道不能行船，所用建材从上海由水路运到歙县渔梁和旌德三溪，再从那里靠人挑、骡马驮到上庄。楼房建在上庄村口，面对常溪杨林水口，与青山绿水相辉映。楼房的大门运用了西式造法，形成拱形的门洞，门额上有“清和瑞启”四个遒劲古朴的大字，四周雕刻精致入微。整个门楼用红陶砖按嘉禾瑞草图案砌成，色彩斑斓，祥光瑞气。主楼四周建有楼厅，合抱成四合院，地面平常保持干燥。这幢楼房的门楼，整体以红色为底色，民间称为“红门楼”。它在上庄村的古民居建筑群中，推陈出新，独树一帜，成为胡开文在故乡的标志性建筑，也是当时徽州古民居建筑中的一朵奇葩。

3. 与西式建筑的引进相结合

钢铁、水泥、机制砖瓦、建筑五金、自来水、电灯等也先后应用，使近代上庄居民的居住习俗发生重大变化。

上庄红门楼

四、出行风俗的变化

1. 交通工具的变化

出行习俗是与交通工具紧密联系在一起的。传统的代步工具逐渐被新式交通工具所取代，牵引动力由人力、畜力向机械演进，是交通近代化的趋势。

2. 出行习俗变化的表现

在传统社会，代步工具主要是马车、牛车、轿子、木船以及马、驴、骡子等。其共同特点是多用畜力、人力或自然力，速度慢、活动范围小。交通落后，必然造成社会的落后。在近代，火车、轮船、电车、汽车、自行车、摩托车等的引入，逐渐导致了上庄传统交通工具的变革，使得传统的交往方式发生了很大变化。

五、婚丧风俗的变化

1. 婚姻礼俗的变化

缔结婚姻从父母之命、媒妁之言发展到反对包办婚姻，主张婚姻自由。婚姻礼俗也开始删繁就简，仿效西方的新式婚礼。在这之中，知识分子的提倡以及西方观念的传入起着相当大的作用。不过，自由恋爱、婚姻自主成为时尚也还是受到交通条件、生产力发展水平、门户等第等许多客观因素制约的。

2. 丧葬礼俗的变化不大

村民去世一律实行土葬。由于传统丧葬习俗根深蒂固，近代丧葬文化变化不大。“泥于阴阳，拘忌废事，且昵鬼神，重费无所惮”，即是于时于人都无甚补益的恶俗陋习。为了让家庭后代事业兴旺，四季平安，有能力的人家无不看重风水，用迷信的方式测定时辰、建房位置、墓地方位等，特别注重墓地（徽州方言谓之曰“风水”）的选择和保护，安葬死者必定要请风水先生，设法寻觅风水宝地，用罗盘煞有介事地确定方位，在墓地上大做文章。另外，佞佛教、信鬼神、闹丧事、兴斋醮、厝棺木、建淫祠、溺女婴、破血弧、赶吊神等陈风陋俗都在上庄古村落也都有些市场。

六、节日风俗的变化

一是上庄的节日习俗基本上与山外各地汉民族同步，近代的岁时节令从总体上仍然沿袭自古以来民间形成的节庆习俗，如元旦（春节）、元宵节、端午节、中秋节、腊八节等，但这些节日是依据传统历法而来，属于农业文明的产物，且多有传统民间信仰色彩，因此，它有与近代工业社会的组织性、机械性、科学性相适应的问题。

二是清末已有改历的呼吁，梁启超于 1910 年就撰写《改用太阳历法议》一文，主张采用太阳历代替阴历。民国政府成立后，断然于 1912 年 1 月 2 日宣布全国改用阳历，以求与国际上通行历法相一致。改历后，必然引起岁时节日习惯的变化。首先就是一些有意义的新式节日、纪念日相继出现在人们的生活之中。其中既包含政治性的节庆日，也包含一些西方的节日，像圣诞节、情人节等。这些都为上庄的节日时令习俗增添了异彩。

七、礼仪风俗的变化

1. 民国前的礼仪

在鸦片战争以后相当长的一段时间里，传统的社交礼俗和祭典礼俗，包括称谓、见面礼等仍在社会上占据主导地位。人们见面要行作揖、拱手、请安等礼。跪拜本是互相致意的姿势，但在封建时代成为敬重、臣服的一种礼节，以体现封建社会的等级尊卑，跪拜主要对尊长，最隆重的是行三跪九叩大礼，平辈之间一般用作揖、拱手方式即可。与此相适应的还有一套“大人”“老爷”“太太”“老太太”等称谓。

2. 民国后的礼仪变化

1912年中华民国成立后，明令废除社交中实行的叩拜、相揖、请安、拱手等旧礼节，改行鞠躬礼为主。行鞠躬礼，使用“先生”“君”的称呼，反映出近代社会人与人之间的平等关系。总之，脱帽、鞠躬、握手、鼓掌等新礼俗逐渐成为全国通常的“文明仪式”“文明礼”，反映出社会礼俗的进步趋向。胡适名声大噪以后，在他的家乡，受平等观念影响，先是在新式知识分子内部，逐渐采用握手、鞠躬等见面方式，并且用“先生”“女士”“小姐”“同志”取代了先前的称谓。此外，在城市中流行的交际舞、生日聚会以及同事宴请等，都被上庄的英才们传到了上庄。

八、消费风俗的变化

1. 消费习俗的变化原因

近代西方资本主义的侵入以及中国新式商业的产生和迅速发展，对传统消费习俗产生巨大的冲击，并直接导致了消费习俗的变迁。

2. 消费习俗变化的表现

在鸦片战争后的道光年间，享用洋货在上层社会已渐成时尚，不过开始仅限于通商口岸等少数地区和官僚富裕之家。到19世纪末，随着通商口岸增加到70余个，洋货消费遍及各阶层，即使在上庄交通偏僻之地的商店里，也可见到不少洋货，而且其售价并非贵得惊人。

赛马、赛船、网球、足球、西餐、啤酒、西式点心、西式饮料、公园、室内音乐会、电影、电灯、电话、自来水、邮政、电车等西式生活方式无不影响到上庄人消费方式的改变，使得上庄人消费结构、消费内容均发生重大改变。

第七章 近代上庄的社会形态

把人类社会看作是一种自然历史过程，是历史唯物主义对社会历史的唯物辩证本性的揭示。这一思想表明，人类社会虽然有着与自然迥然不同的特点，但本质上同自然界一样，是一种物质体系，其发展是一个不以人的意志为转移的自然历史过程。

第一节 上庄的社会形态特征

一、聚族而居

上庄在明代以后基本上是“明经胡氏”宗族“一枝独秀”的宗族聚落。鳞次栉比地组成木排村形的徽派民居有序地建构在常河溪边，“竹竿峰前，山萦水聚，杨林桥旁，星布棋罗”（清代钦点翰林院编修、三品衔选授江南徽州府知府静海刘汝骥题赞）。作为宗族活动的公共建筑，最早有建在杨林的“上川胡氏祖祠”。建于明代的上川胡氏宗祠“叙伦堂”则是胡氏总祠，此外分布于木排形村落中的还有：胡氏前门支祠“存根堂”“积庆堂”“敦厚堂”；后门支祠“笃庆堂”“敬公祠”以及分支上的宗祠；七分支祠的“景致公祠”“景惠公祠”“景恩公祠”“敦复堂”等，宗祠堂号繁多，厅祠林立，构成了严密的宗族管理网络。此外，形成上庄浓郁人文氛围的还有常溪河上的杨林桥、大溪桥，建于村周、水口的观澜阁、蔚然亭、竦岭庵、香山亭、坝下亭、柏枝亭、慈善庵、杨林祖殿、皈善庵、关帝庙、文帝庙、南团社屋等。

二、经商成风

上庄既是一个传统的宗族聚落，又是一个经商成风，自明清以来族人四出经商，商务经济日渐发达的村落。到了清末，村中店铺遍于街巷，成为旌、绩、歙三县粮、油、茶、笋等生活物质的集散中转之地，村中柏枝亭十字街中心至今还可见鹅卵石拼成的“大铜钱”，象征上庄是古来“聚财”之地。人称上庄为绩北的“小上海”。据统计，繁盛时期上庄村内就有“怡泰杂货店”等土杂店12个，“庆余堂”等药店5个，“尔志米行”等米店3个，“同和糟坊”等糟坊2个，“胡有彩木器店”等木器作坊5个，“老烟馆”等鸦片烟馆5个，轿行2个，“启茂当”等当铺2家，首饰店2家，还有茶号、茧行、饭庄、灯笼店等。上庄是“胡开文徽墨”创制者胡天注的故里。胡天注在休宁创制“胡开文徽墨”品牌，其胡氏一族把徽墨事业发展到大江南北，声震海内外，谚云“天下墨业在绩溪，制墨高手在上庄”，徽墨业集中代表了上庄徽商文化的历史辉煌。

三、崇文重教

明代遗民采薇子在“扬州十日”之后隐名逃匿绩北上庄，课徒为生，上庄胡祝三、胡尔光等胡氏族人均在其门下受业。在离上庄里许小溪口的山坡上，至今尚存采薇子墓葬遗存。而在上庄附近的宅坦村，宋景德四年（1007）就建有徽州最早的书院“桂枝书院”，“以教乡族子弟，群一族之英，兴一族儒学之昌”。该村人心向学，儒风独茂，仅清代就有二十多人著书立说，著作达四十多种六十多部，是绩溪北乡有名的“举人村”。上庄附近的各村庄，文会林立，文人会讲之风盛行。乾隆间有旺川萃升文会，道光间有旺川集贤文会、成敬文会、聚星文会、桂枝文会，上庄有毓英文会。上庄村则有“上庄胡氏宗祠文会馆”、敬业书屋、来新书屋、醉经轩、文武学堂、锦云书馆等七所私塾，还有胡斤如私塾、胡德春家塾、胡观琴私立小学校等。胡氏族人胡玉亭为鼓励族人读书，独资筑建了“醉经轩”，因其藏书多为通志堂、学海堂版经义疏类，取“醉翁之意不在酒，经籍之外便无文”之典，名为“醉经”。

第二节　上庄的生物资源和特色物产

一、上庄的地理环境和生物资源

一方水土养一方人。上庄村域的土壤呈垂直分异，按海拔高度自下而上依次为红壤、黄壤、黄棕壤。海拔600米以下的低山、盆地，分布有偏砂、碱性、疏松、有机质含量显著下降、磷含量低、保肥性能差的红壤类麻石黄红土。海拔600～900米的山地，是酸性较黏重、速效磷含量很低的黄壤类扁石黄壤。海拔900米以上的山地上部，分布有养分含量较高、土壤呈酸性的黄棕壤类的麻石黄棕壤和扁石黄棕壤。

上庄周围山区的气候垂直变化明显，除了造成土壤呈垂直分布外，也使植被呈垂直分布。山脚至海拔300～600米的地带内，主要为栽培植物区和次生高草草地，局部地点有毛竹林。高山草地是经过垦殖后，被弃置的自然植被逐渐恢复的初级阶段。600～900米之间的地带有较好的常绿阔叶林，树木高大。900～1000米之间的地带，常绿阔叶树逐渐减少，落叶阔叶树增多，成为常绿阔叶和落叶阔叶混交林地。1100米以上的地带，则为落叶阔叶树占优势的落叶阔叶林带。茂密的森林，为各种动物提供了优越的生存环境。山中多珍禽异兽，林中有画眉、黄鹂、相思鸟等飞禽，溪涧有石鸡、娃娃鱼等水族，山间有豺、梅花鹿、穿山甲、黑麂、野猪、黄毛麂、野兔等。据统计，上庄附近的植物资源有130余科840余种，以药材类、野菜类和纤维植物为主；野生动物资源有兽类20多种，鸟类40多种，爬行类14种，两栖类近10种，昆虫类180多种。

二、上庄的特色物产

在上庄多层次的地理环境和多样丰富的生物资源分布的地区，上庄人民经过长期的实践，逐渐形成了有着上庄烙印和自己特色的物产。

1. “一品锅”

“一品锅”是上庄的特色美食，在绩溪岭北一带，每逢四时八节、婚丧喜庆，都时兴吃一品锅。它的声名远扬与胡适的推介关系密切。胡适任北大校长时，用“一品锅”招待绩溪的女婿梁实秋先生，得到“一品锅，三五七层花色多，品其味，离桌不离锅”的赞许。胡适在任驻美大使时经常以家乡的“一品锅”招待外国友人；也曾以“一品锅”宴请美国恩师杜威，赢得举座赞誉，成为美谈。

“一品锅”的出现据说与皇帝有关。清代乾隆年间，皇帝出巡江南，轻装简从，微服行旅，由九华山来绩溪上庄寻找天子坟，行至一山坞，天色渐暗，一天的奔波已是饥肠辘辘。于是，他们贸然叩开一农妇家门想弄点吃的。农妇好生接待了他们。当时中秋刚过，幸好还有些剩菜，农妇将萝卜、干角豆、红烧肉、油豆腐包等依先素后荤的次序一层层铺于两耳铁锅内，烧熟后端上桌，皇帝与随从吃了，赞不绝口。不一会，二人将这锅菜吃了个底朝天。食毕，皇上抹了抹油渍渍的嘴唇问：“这锅菜叫什么?”农妇说：“民妇怕二位官人饿着，只不过匆匆弄了点一锅熟罢了，还能叫什么菜?”皇上说：“这一锅熟名字不雅，此乃徽州名肴一品锅也。”事后，农妇才获知，她那晚接待的竟是当朝皇上。一时间农妇成了岭北一带的红人。

村民争相仿效其“一品锅”的做法，“一品锅”也就成了岭北一带民间款待宾朋的佳肴了。

“一品锅”的传说还有另一个版本。相传，此菜由明代石台县“四部尚书”毕锵的一品诰命夫人余氏创制。一次，皇上突然驾临尚书府做客，席上除了山珍海味外，余夫人特意烧了一样徽州火锅。不料皇上吃得津津有味，赞美不绝。后来，皇上得知美味的火锅竟是余夫人亲手所烧，便说原来还是“一品锅”！菜名就此一锤定音。这一徽州火锅菜肴是不是一品诰命夫人余氏绩溪岭北一带学习到的，抑或是余夫人本就是岭北人，如今均不得而知。

因为胡适先生一生钟爱家乡的“一品锅”，每逢宾客来访，均要在家以“一品锅”待客，既表达诚意，又借以寄托思乡之情，“一品锅”因此名声大振，后人便将名肴与名人相联系，美其名为“胡氏一品锅”。因为胡适的推介，上庄的乡亲们都以“一品锅”为荣，慢慢地此菜便成为当地的招牌菜，人们都知道，胡适先生老家上庄的“一品锅”最为正宗。

它的做法是把各种原料、配料调制后，再用一只两耳大铁锅，分铺成若干层，最底层是萝卜丝、干豆角、笋衣、冬瓜、冬笋等，底层配料称为“垫锅”，“垫锅”之上，依次是肉、豆腐包、鸭子夹、肉圆、鸡块、野味等。其又称“三层楼”“五层楼”或“七层楼”“九层楼”。即一种菜一个花样为一层楼，楼数越多、层次越高越好。每层依次铺好后，开始时必须猛火烧一阵，使其全锅滚沸几分钟，再用文火慢炖三四小时，并不时用瓢勺淋上原汤汁，从上而下地渗透其味。“一品锅”烧制得好，油而不腻，不老不嫩，烂而不化，熟度适中，热而不烫，保持色香味的统一。做一个“一品锅”从开始到上桌面 5 个小时，“一品锅”用柴火烧，炖得时间越长越好吃。

现在，人们吃“一品锅”，比过去更有讲究了，绩溪城里的各家饭庄酒楼都有此菜供应。当地人每有宴请，放在餐桌中间的那一道菜，必是著名的绩溪“一品锅”。此菜色泽鲜艳，一眼望去，黄色的是蛋片，红色的是火腿片、鲜虾，绿色的是青菜，棕色的是牛肉片、香菇，白色的是鱼片，淡白色的是鸡肉片、猪肚、冬笋片，五颜六色，颇为逗人食欲。

听老师傅介绍，做好此菜很有讲究，锅里先要放进猪小排，加上黄酒、姜片、精盐、调料，加水焖煮半个多小时；然后，在锅底层铺干笋、白菜块、豆芽菜，第二层铺肉块，第三层铺油豆腐，第四层是肉圆、粉丝，更上面的熟鸡肉、熟鸭片、熟牛肉片、熟火腿、熟猪肚、熟冬笋片、鸽蛋、鸭肫片、鱼片等分散在四周，中间摆放鲜虾仁、蛋饺，顶上分放鲜香菇，边上置菠菜、金针菜点缀，最后注满高汤。做时，先用旺火煮沸，调好口味，就可以上桌了；上餐桌后，改炭火慢煨。客人一般边吃边煨，口感醇厚，类似火锅。

据说，此菜特别适合于隆冬家人团聚时吃，大家围坐炉边，边吃边聊，越吃越热，越吃味越好，越吃越有劲，且有特别的氛围。尤其是寒冬腊月，屋外，大雪纷飞，一片冰天雪地；屋内，众至亲好友聚在一起，品尝佳肴。平时，各人四海为家，闯荡天下，备尝人间辛酸甘苦，一言难尽；此刻，过年了，大家又回到了阔别已久的家乡，难得的团聚、难得的美餐、难得相遇的儿时朋友，怎么能不痛饮一盅呢？

八仙桌上，中间放着“一品锅”，热气腾腾，菜香四溢。大家围坐在暖洋洋的铁锅旁，边吃边聊天。此菜荤素俱备、色香味俱佳，一种惬意温馨的情趣，弥漫在空气之中，不由得又增添了几分乡亲的情谊。

2. 塘鱼冬瓜锅

夏秋时节，冬瓜、草鱼上市了，此时的塘鱼冬瓜锅是上庄最具时节特色的食品。此锅主料为冬瓜和草鱼。下料的数量视吃客多少而定，民间一般以每人半斤鱼、一斤冬瓜计料入锅，故有“半鱼斤瓜”之说。鱼一般选用自然水塘食草喂养的草鱼，以鲜鱼为佳。制作时，将鱼剖开洗净，切成块状。炒锅坐旺火上，将食油入锅烧至七八成热，放入葱、姜、辣椒等作料煸炒，随即投入鱼块，加入食盐、酱油，翻炒至鱼块呈酱红色，即从锅周边兑入清水，然后加盖以旺火烧至鱼块即将收汤时起锅，盛入盘中待用。冬瓜切块，锅内放入猪油，烧至七成热，投入冬瓜块，加入适量食盐、白汤，翻炒后盖上锅盖烧至六成熟时，将盘中鱼块均匀铺入锅内的冬瓜上面，将味精兑入清水浇洒在鱼块上，覆上锅盖，以旺火烧开，再以文火焖烧数分钟，一个美味的塘鱼冬瓜锅便做好了。冬瓜是一种消脂蔬菜，淡水鱼则多数性温凉，因此，塘鱼冬瓜锅不失为一种老少咸宜的夏秋保健菜肴。

3. 上庄馃

上庄馃是源于上庄的一种特色的面食，其前身为“胡饼”，就是现在的烧饼。早在唐朝就有记载说：“胡饼为胡食，自西域传入。”由此可知，胡饼是由西域客商沿着“丝绸之路”传至中原，再从中原地区传到徽州的。明朝永乐年间，随着中原移民的迁入，原由西域传到中原的以吊炉打胡饼的手艺也自然传到皖南一带。

勤劳智慧的上庄人独出心裁，融合北方的大饼与胡饼的工艺，以上庄的面粉与地方食材为原料，佐以细盐、花椒粉、蔗糖等，改用铁锅烘烤，

上庄馃

创制了风味独特又营养丰富的“上庄馃”。早年外出经商者以艰苦俭朴闻名，出外经商时随身带上一定数量的干菜肉馅上庄馃，以备途中食用。故当地人将上庄馃称为“路饭碟”。其做法如下：以水和面粉时，面团不要揉得过硬，也不要揉得过实。然后将面团分摘成若干个面疙瘩。每个面疙瘩约需 1 两面粉，面团擀成薄圆形的面皮，中间比周边稍厚些，厚约 1.5～2毫米。接着，将事先备好的馅料放面皮上，将面皮擀拢合口，遂成面饼状。上庄馃的馅荤素均可。素馅以当地的时令菜为主，唾手可得。诸如竹笋、苋菜、四季豆、豇豆、南瓜、萝卜等拌入食盐、味精、菜油。荤馅一般不是纯荤的，将猪肉切成丁拌以干萝卜丝、腌香椿干等，以香椿肉馅和芝麻肉馅的上庄馃最受食客青睐。烘烤上庄馃很讲究技巧，燃料首推松毛、麦秸，茅柴次之。火势要适中，烘烤时上庄馃要勤翻动。待上庄馃夹馅悄然凸起且面微黄后即可食之。

由于上庄馃独特的烘烤方式，品吃时既香脆味佳又爽口，老少皆宜，不失为典型的绩溪风味小吃。油炸、油煎或油水焖的面饼是难以品尝到其口感的。时下，宴席上少不了上庄馃这道风味小吃，绩溪城内街坊中，亦有专营上庄馃的风味小吃店。

4. 螺蛳带面

螺蛳带面俗称“螺蛳块”，又称“蝴蝶面”，因其口感恰似那螺蛳肉。螺蛳块即为面皮的一种，实乃制作和配汤料不同而已。

首先，操作者用水将面粉和成面团后，用一根擀面杖将面团在案板上轻揉捏抻，将面擀成薄如纸状后，顺着擀面杖将面皮叠成若干层，然后用刀切成约 5 厘米宽的带面。螺蛳块汤的制作十分讲究。锅里水开后，将嫩茶笋、鲜香菇或干香菇、干蕨等多种山珍，再加些虾仁、虾皮和薄肉片等放入锅内煮沸。然后，将带面凑着锅内沸腾翻滚的汤汁，拉抻成10 厘米左右，一条一条地抛入锅中。待面全部拉抻入锅后，再加入食盐、酱油、味精、新鲜猪油或麻油等适合口味的作料。至此，将螺蛳块盛入碗内趁热而食。螺蛳块既有山珍的清香，又有海鲜相佐，入口爽滑、细腻绵软，特别有一种如嚼螺蛳肉般的清溜柔韧之感，让众多食客津津乐道，回味再三。

5. 水馅冬瓜包

绩溪上庄的水馅包中，以冬瓜包最具风味特色，冬瓜包的面皮是用当地特制的木质“馃槌”槌成碗口大小的圆状，厚不超过 1 毫米。冬瓜包的馅由冬瓜馅和猪肉馅两部分组成。冬瓜馅的制作方法是：首先将冬瓜刨皮去瓤后切成块状，将其在开水锅中氽片刻即起锅，冷却后用纱布挤尽冬瓜中的水汁，然后拌入食盐、味精等佐料。肉馅的制作方法是：将剁好或绞匀的猪肉馅拌入酱油、食盐、味精、姜丝、葱花、黄酒等作料，并调入肉冻汤。加工肉冻汤的肉馅，像勾了芡的糊状馅心。做包时，先放冬瓜馅再添入猪肉馅，比例为二比一。然后用大拇指和食指夹拉边皮，逐一“打摲”，摲成半圆形，像一钩弯月，状如紫罗兰，非常美观优雅。一只冬瓜包，就像一串丰盛的紫罗兰。

冬瓜包做好入笼，经旺火蒸熟，肉冻化开，与馅内各种作料融汇形成的汤液，味道极其鲜美、清口、独特。冬瓜包要趁热吃，味道更佳，汤液更盛。冷却后的冬瓜汤液明显减少，此时入口就逊色许多。

6. 糯米蒸糕

糯米蒸糕，是绩溪乡间传统的风味熟食。其状酷似面粉制作的发糕。糯米蒸糕分甜、咸两种，色香味独佳。绩溪人每逢当地的风俗节日或宾客盈门时即以糯米蒸糕款待。

糯米蒸糕的制作极其讲究。首先，将糯米浸透沥干，然后在乡间的水碓或石臼里捣碎（现被碾米机替代），再用细密的铜丝筛筛出，遂加工成糯米粉。随后，将其晒干贮藏起来。其次，欲食用时，将糯米粉调成糊状盛入木盆内，拌以酒酿（现为鲜酵母替代）让其发酵，并保持一定的温度。当糯米粉糊发酵成蜂窝状时，遂分甜、咸两种配料：如做甜的，糯米粉糊内拌入若干白糖（亦可加入少许的糖精代之）、小红枣（今有葡萄干）及红绿丝即可；如做咸的，可将事先炒熟的三丁（如豇豆丁、豆腐干丁和瘦猪肉丁）均匀地撒在糯米粉糊中即可。然后分别将糯米糊倒入已用布铺好的蒸笼内摊平，厚约 1 厘米。蒸糕时，将蒸笼一屉一屉地叠放在锅内，盖上锅盖后，用文火烧至四五分钟后旋即转入旺火，直至蒸汽上顶数分钟后再以文火烧若干分钟。一俟锅内散发出诱人的香味时，便可揭盖起笼。此时，呈现在食客面前的便是热气腾腾、色彩斑斓、糍软味美的糯米蒸糕。

7. 上庄时雨

在上庄一带传诵着一首诗《赞上庄时雨》，它是这样写的：

黄蘖云雾育精灵，翠竹幽兰伴君生；
雨前村姑巧手采，松柴铁锅炼性情。
千搓万揉修成型，乌米银毫泉中冲；
青汤绿叶极中品，香茗入口味无穷。

上庄时雨茶历史悠久，村里茶农认为有 1000 多年的历史。上庄茶香高味醇、品质优良。因其生长在崇山峻岭之中，山上云雾缭绕，有利于茶树生长，因而茶叶富含硒等微量元素。在清代中期以前，上庄茶叶虽然产量不小，但是其品质未能在全国名茶中出类拔萃。究其原因，是清以前的茶叶蒸青技术不能充分发挥；同时，在官营垄断条件下，政府对茶叶品种的严格规定也限制了上庄茶叶品质的创新发展。上庄茶真正蜚声中外是在近代引入苏州炒青法创制时雨茶之后。在这一过程中，技术革新成为产业起步的动力，引领生活时尚的文人士大夫对饮茶性灵生活的追求，又被逐利茶商敏锐地觉察利用，为上庄时雨茶叶名扬四海助一臂之力。但由于上庄时雨茶经营规模较小，呈现出供不应求的局面。

据了解，上庄时雨为上品绿茶，创名于清道光年间，原名“金山茗雾”，系贡品，绩溪县上庄村产。茶园分布于海拔 600 至 900 米的山坡，叶芽富含多酚类、氨基酸和儿茶素，属徽茶良种之一。上庄环境林木葱郁，常年雾海云天，春季阴雨连绵，花草吐香，鲜叶天然品质特佳。炒青“时雨茶”，属绿茶珍品，条索紧细，形似雨丝，微带白毫，汁醇厚，味芳香、爽口，回味甘，汤色清澈明亮，叶底嫩绿金黄。茶叶特别耐冲泡，泡茶第 6 次始淡，第 3 次最佳。该茶 4 月中下旬 1 芽 2 叶初晨（俗称“莺嘴甲”）时采摘，每公斤约 5000 个芽。上庄现有茶园面积 360 余亩，年产逾 120 担。

8. 兰花草

1921 年，胡适写了一首名叫《希望》的诗歌，他那时的身份是“海归”，任北大教授、《新青年》编辑、作者。同时，他是一个婚龄四年、育有二子、年届三十、风度翩翩的儒雅学者。诗歌的全文是：

我从山中来，带来兰花草。
种在校园中，希望花开早。
一日看三回，看得花时过。
兰花都依然，苞也无一个。
眼见秋天到，移兰入暖房。
朝朝频顾惜，夜夜不能忘。
但愿花开早，能将宿愿偿。
满庭花簇簇，开得许多乡。

上庄人种在庭院里的兰花草

《希望》作为一首优秀、亲切的歌曲，可能人人都知晓，人们能从它的旋律中看到希望，能从它的歌词中体味到作者的用心良苦。其实，上庄村的兰花草恰恰是上庄的一大特色。

兰花的别名很多，原因是兰的历史久长，又渗透到社会生活的各个方面，古往今来，不论帝王将相、朝士布衣、诗人词家、缁流羽客，无不与兰发生或多或少的联系，于是从各个角度，用各种手法给兰取了许多美丽动听的别名。这种别名多用借代、夸张的修辞手法，或取其一端替代之，或引用经典称呼之，韵味深美，令人回味。因此，兰的别名不啻一篇兰的赞歌，一首兰的乐章，也是有关兰的语言文字一个重要方面。有以兰的芳香特点作为兰的别名的：国香、古香、香祖、王者香、第一香、十步、心馨、轻重香；有以兰的色泽特点作为兰的别名的：丹颖、朱蕤、红荣、幽色、四季常青；有以兰的姿态特征作为兰的别名的：静姿、被径、如美人、紫翘；有以兰的品性特点作为兰的代称的：秀质、幽客、侍女、高标、灵根、与善人居、馨烈侯、引凤雏；有以兰生长的季节、地点作为兰的别名的：晴芬、继落梅、秋芳、滋九畹、树百亩。

上庄兰花的奇特，包括花色之奇与花形之奇两方面。上庄兰的花色较单调，以绿底缀紫红线条与紫红缀褐色线基本色，俗称“青麻花”和“紫麻花”。除白色之外的花色，如绿、黄、红、黑、复色都认为是奇色，俗称“色花”。我们常见的上庄兰绿色花萼片上无红色条纹为净色。然而瓣内均有绿色隐筋纹，若瓣内无筋纹或筋纹是白而透明的，这种花色又被称作具有翡翠的质感，俗称“玻璃瓣”，这是绿花系中的珍品，就是登临大雅之堂也丝毫没有逊色。上庄兰花草中净白花十分普遍，各种“大、小雪素”虽花色较白，然而萼片内均有绿色隐藏纹。可见上庄兰花草的奇特了。

上庄人与美丽的兰蕙一直相伴。兰蕙花绽放时，花枝相映、枝茎交合，无牡丹绚烂，却有其姿：少秋菊傲放，却有其雅秀，那芳香丽质一直熏染着小主人的心灵世界，一直在为他们开放着一个理想的王国。

9. 火腿

火腿这个名词，在 18 世纪以前很少有人知道，火腿的知名度要从 1919 年巴拿马国际商品博览会上获一等奖的“新味和”牌金华火腿开始，特别是“新味和”牌火腿于 1929 年在西湖博览会上获质量特别奖后，从此名声大振，一种特殊的美味走进千家万户。

“新味和”品牌的出现与姜德荣相关联。姜德荣，徽州府绩溪县临溪镇高车村人，高车的姜氏家族自清初沿新安江而下，足迹遍及淳安、建德、杭州、金华、兰溪等地，金华的西市街、法院街、兰溪门一带，每隔三五间店面，就有一家姜氏的字号。姜德荣 1855 年出生，13 岁到金华坤裕商行当学徒。1892 年，姜德荣回家过年，过完春节，带了许多当时的徽州特产腊肉，从水路下渔梁，途经金滩的时候船突然进水了，经过大家的努力，把浸泡在水里十几个小时的腊肉捞了起来，在船上一路晒到金华。回家后大家发现经过水浸泡的腊肉味道更香，咸淡适中，颜色鲜红似火，故取名为火腿。经过几年的实验和推广，他在光绪二十四年（1898）创办了首家“新味和火腿店”，经过十几年的经营，成为金华火腿最大的店家，“新味和”也成为金华火腿的金字招牌，火腿也成了金华、兰溪、东阳、义乌等地的著名特产。

自高车逆登源河而上8里就是上庄。一衣带水的地理位置，使得上庄火腿比较好地保持了传统的制作方法。上庄的火腿一般腌在一口大陶缸里头，制法是：把新杀的猪肉挤去鲜血，在肉上均匀地抹上食盐，再进行反复搓揉，使肉中水分渗出，用河里捡来的鹅卵石压着，压个20天，把它翻一面，再腌一遍。开春就起缸搬出在太阳下暴晒。因为是初春，还没有苍蝇，不会生蛆。每年初春，万物复苏，在和煦的阳光下，我们走进村庄都会看到这样一道富有民风的上庄村不可缺少的风景。

第三节　上庄生计的变迁

上庄地处崇山峻岭之间，有山可樵，有田可耕，早期居民主要以农业为生。但由于地理位置闭塞，生产条件差，基本处于一种广种薄收、刀耕火种的状态。但人地矛盾不大，安居乐业无忧。明中叶以后，由于人口迅速增长，耕地日益紧张，上庄村民开始外出谋生，或是转向经营工商业。清代上庄商品经济发达，豪商巨贾众多，成功地实现了生计模式的转变。

民间传说，上庄建村之初，附近共有“十二座山，六条坑，十四处塘，三坝和一处大坪”。这当然只是后人的追述，但也反映了当初的原始状态。清中期以前，上庄的农业生产还有较大的发展空间。1860至1864年间，太平天国起义军驻扎上庄一带，与清朝的官兵、地方兵、民团进行了长达四年之久的拉锯战，无数次的烧、杀、抢、掠，给上庄带来了灭顶之灾。1961年5月上庄村发生瘟疫，有一半人死于瘟疫。村民纷纷外出逃难。

也就在这一时期，上庄原有的各姓居民陆续败落或迁走，胡氏自然也就控制了当地的土地资源。在当时胡氏族人的诗作中，充满了怡然自得的农家乐情调。例如，胡近仁的《采桑杂咏》诗云：

家住上庄南复西，
桑株八百望中齐。
不须更听鸠呼雨，
叶满新篮手中携。

其实，明中叶以后，常溪河流域的土地开发已基本完成，人们开始毁林种粮，开垦了大量的“梯田”和“山坑田”。尽管如此，由于人口的持续增长，土地资源日益紧缺，“男力耕不足于食，女力织不足于衣”，自给自足的小农经济难以长期维持。清代后期上庄胡氏族人开始大量外迁。我们可以通过胡维平对绩溪明经胡外迁的统计情况，看出绩溪明经胡外迁的路线是四面八方的：31 世祖胡家琼迁殷家汇；33 世祖胡文臣迁旌德葛家地；33 世祖胡文珠迁江西上饶；33 世祖胡文梓迁江西铅山；33 世祖胡文直、胡文貌迁江苏无锡；34 世胡志杰迁歙县；34 世胡志福迁歙县中堂岭脚；34 世胡志律迁浙江嘉兴；35 世胡兆顺迁歙县信翰；35 世胡兆信迁歙县；35 世胡兆聘迁江西；36 世胡应育迁江苏武进县鲜庄；36 世胡应可迁休宁；37 世胡天表迁上海县；37 世胡天贵迁徽州府；37 世胡育迁上海县；38 世胡德廷迁上海嘉定县周家浜；39 世胡锡祥迁上海县斜桥；40 世胡贞雄迁浙江武义；40 世胡贞栋迁汉口；40 世胡贞海迁上海南汇县 56 图东圩田；40 世胡贞根迁江苏如皋城内。

这些外迁情况无疑都反映了当地的生态危机与人口压力。明清之际，留守上庄的胡氏族人也开始外出谋生。早在 18 世纪，胡氏家族中已出现精于理财的商人。例如，“胡开文”的创始人胡天注（1742—1808），名在丰，字柱臣，从九品，驰赠奉直大夫。1754 年胡开注 13 岁时，就从大山里出来，去休宁“汪启茂墨室”当学徒。1756 年胡天注 15 岁时，娶汪启茂之女为妻。1760 年胡天注 19 岁时，在经过三年学徒、三年帮作后，去屯溪租开“彩章墨店”。大约就在胡天注于屯溪创业期间，岳父家的“汪启茂墨室”却出了问题，难以为继，最终只好将墨室顶给了姓叶的人家。1765 年，24 岁的胡天注出资收购了已属叶姓所有的“汪启茂墨室”招牌和“汪启茂墨室”原有的墨印、墨作家伙，决定另起店名，便将“汪启茂墨室”更名为“胡开文墨庄”，这是胡开文墨业的正式创立。胡天注贾而好儒，致富后捐得从九品，赐封奉直大夫。胡余德，胡开文的次子，十几岁即入店随父操墨业，在休宁、屯溪一带名声大振。在“苍佩室”墨大获成功之后，他以巨资捐得议叙监运司知事，累赠中宪大夫，晋赠资政大夫。他们都以生意的成功而捐得小官吏，是上庄胡氏最早外出谋生的族人。如果说，胡天注、胡余德的共同经历是弃儒经商，那么，胡的六子胡祥绶则秉承了学而优则仕的传统主流理念，受到朝廷的赏识，1887 年，随从刘瑞芬“往来英、俄、法三国兼驻酬应各国宾僚”组成的“中国祝贺遣使团”赴英国参加祝贺女王登基 50 周年庆典活动。

胡天注一生奔波劳碌，晚年对诸子说：“子孙必以读书为贵。”在他的心目中，只有读书做官才是正途，经商、为吏都是不得已的选择。然而，在他的后代中，真正“以读书为贵”的族人并不多见，最终选择的生计模式还是经商致富，或是亦官亦商。

清代上庄的胡氏商人，大多是胡开文的派下子孙。胡天注的六房懋德孙胡贞一（1829—1899），名元，字元阶，为胡开文墨业走出徽州第一人。1869年以前，胡贞一在家乡绩溪上庄以胡开文款识制墨，后来就制墨，背墨包，沿旌德、泾县、南陵到芜湖，再过江到附近地区推销徽墨，多次往返，因此对芜湖及其周边的情况有所了解。芜湖是徽商走向全国的跳板、水陆交通枢纽，管辖徽州的安徽宁池太广道的道尹署所在地，四方文人墨客、举子仕人常聚于此，聚集了油烟墨、礼品墨的各种消费人群。同治年间，轰轰烈烈的太平天国革命运动，被中外联合势力残酷地镇压下去。我国封建社会通过设科考试选拔官吏的制度又恢复了，芜湖成了文童考试之地。芜湖的荆山、龙门、中江、鸠江、天门等书院，是传授经史以备应试的学校，各地读书人都集中到芜湖，墨的需要量很大。加之当时战争结束不久，芜湖市面上徽墨供不应求，因此，胡贞一在同治八年（1869）和同乡徽墨技工曹文斋、程连水和程平均兄弟一起，集资在芜湖古城内的南正街开设了胡开文沅记墨店。光绪五年（1879年），由于股东之间意见不一致，最后只好拆股。曹文斋另设曹文斋墨店，程氏兄弟回家乡去了。胡开文沅记墨店就由胡贞一独资经营，墨店也从南门大街迁到鱼市街。胡贞一不但在墨的制作技术、配料等方面精益求精，而且利用家乡绩溪上庄地区盛产优质绿茶的优势，动用资本经营茶叶，与墨业经营互为补充，提高经营利润。1890年，“胡开文沅记”已拥有雄厚的资本，先后在九江增设“胡开文亨记”、在南京增设“胡开文利记”，胡贞一派自己的外甥曹认仙担任经理；在武汉（汉口）增设“胡开文贞记”，派其侄儿胡祥善担任经理；在安庆增设“胡开文立记”，派其侄儿胡祥龙担任经理；在芜湖下长街陡门巷增设“胡开文源记”。当时的南京是两江总督府的所在地、武汉（武昌）是湖广总督府的所在地，安庆是安徽省会，驻有庞大的官僚机构，是徽墨的好市场。同时武汉三镇和九江的商业繁盛，又是四川万县桐油的转销地，在那里采购桐油等原料可以养活开支，降低成本，增强竞争能力。胡贞一用“沅（元）、亨、利、贞、立”作为自己创立的胡开文的店名，是因为在《周易》中，“元、亨、利、贞”四字，“元者万物之始，亨者万物之长，利者万物之遂，贞者万物之功”。将“元、亨、利、贞”和“立”（存在、生存）看作一个整体，可以表示“天”生生不息的功能，这也足见胡贞一对其新开墨店的兴旺发达寄予了很大的期望。

胡贞一独资经营胡开文沅记墨店后，职工人数增加了，分工也细了，各干各的工序，不再变动，前面是门市，后面是作坊。墨店一开始就以做高级墨为主，销售对象主要是一些封建官僚及知识分子。当时的芜湖道台衙门就是胡开文沅记的大主顾之一，官场上把徽墨作为礼品互相赠送，一次交易就值几百两白银。胡开文沅记墨店在高级墨上追求高额利润，而在群众需要的普通墨上，则只取蝇头微利，或索性不取利润，以薄利多销为原则争取顾客，以达到广为宣传的效果。到 1890 年，胡开文沅记墨店已拥有职工 44 名，墨店也由鱼市街迁至芜湖古城外的上长街井儿巷口（上长街 87 号）。胡开文沅记的蓬勃发展也引起休宁胡开文的羡慕，决定在芜湖开设门庄，进行竞争，并在店名上冠以“休城”两字，以表示老店。但是休城胡开文墨店在芜湖的业务一直没有什么发展，到抗战前夕盘给了绩溪同乡汪棣鉴。1937 年冬，日寇侵占芜湖时该店被炸毁。战后，休城胡开文向胡开文沅记赊进一笔货，添些资本才恢复经营，并改为合股性质，胡开文沅记的店主也参加股份。自此，芜湖的休城胡开文改称胡开文友记。民国以后，各地新式学校增多，普通墨的需要量日渐扩大，胡开文沅记生产的高级墨与普通墨之比也由原来的八比二改为三比七，销路扩大到皖北，经常批发的户数达 40 多家，并远销到河南省的开封、郑州等城市，遍及皖、豫、苏三省。

后来，随着文化事业的发展，墨的需要量增加，一些新开的墨店考虑到另立招牌难以与“胡开文”竞争，因此就想办法，找门路，租用胡开文的招牌开墨店。如芜湖老胡开文筱庄氏是曹筱庄独资开设的。曹筱庄曾任胡开文沅记的经理，1938 年因担保某砻坊的债务关系而辞职，后租用胡开文的招牌在泾县开设墨店，1945 年抗战胜利后迁到芜湖。芜湖还有一家租用招牌的胡开文墨店，叫胡开文洽记，是 1947 年开设的股东店，由老胡开文筱庄氏职员曹民能、胡开文友记职员曹端甫和股东李琢九合股开设的。1956 年，芜湖的四家胡开文墨店联合申请公私合营，成立了公私合营芜湖市胡开文墨厂，其中胡开文沅记占其定股的百分之七十五。胡开文沅记的胡天注六房七世孙胡恩森任公私合营芜湖市胡开文墨厂厂长，后调任市工商联主委。公私合营芜湖市胡开文墨厂后来先后改名为芜湖市油墨厂和芜湖长江油墨有限公司。

上庄地处万山之中，“利之大宗，尤在松、竹”。丰富的松木资源，又为发展制墨业提供了有利的条件。清以前胡氏子孙尚能遵循祖业不从墨事，依靠经营茶庄或田租生活。但至同治、光绪年间，社会普遍贫困，谋生日益艰难，而经营墨业又确实有利可图，他们便于胡开文第四代传人主店之时，纷纷在全国各地开设分店，但均牢记胡氏家规，仅打“胡开文某记”牌号，而不用“休宁”“胡开文”字号，以维护休宁胡开文老店的良好信誉。因此“胡开文”的招牌，可谓“声誉满天下，墨店遍中国”，产品行销国内外。

尤其是在鸦片战争以后，徽州墨业逐渐衰落，唯胡氏一族，即便是在1905年清政府废除科举制度后，自来水笔占领文化市场，使整个制墨业中落的情景下，胡开文墨仍能享誉中外文化界而独逞一时之秀。

上庄胡氏商人致富之后，总是热衷于求田问舍，广置田产，因而同时也是大地主。这些土地广泛分布于常溪河流域和上庄的邻近地区。为了有效经营这些土地，在商人家族中通常都有专人负责管理田产，或是大量设置族田，通过家族成员之间的分工协作，实现商人与地主的有机结合。

清代上庄商品经济的发展，集中表现为百米长街的形成和市场的开设。上庄村地处四县交汇之地，人口集中，物流面广，是绩溪岭北重要的物资集散地。岭北地区流传着“买不到的东西到上庄买，卖不掉的东西到上庄卖”的俗语，就很能够说明问题。据说，当年上庄街上的商号和店铺，不仅经营京果杂货、布匹绸缎、药材、铁器、油盐、肉类、香烛、纸张等日常生活用品，也有银库、当铺、赌场、客栈、轿行、酒店、诊所等名目繁多的服务业。如今柏枝亭一条街的昔日繁荣景象已经为杨林桥一条街所替代。

工贾士农尽是神州赤子。宣统年间制定的胡氏《家训》也明确要求：“农工商贾，勤勉乃事。”这也许并非上庄胡氏的独特见解，但也足以说明胡氏族人的生活态度。正是由于“工贾士农”的有机结合，才使历代上庄人走出岭北山区，为家族的繁衍与发展不断开辟新的财源。

在上庄村民中间，有这样的联句：“十个胡适之抵不着一个胡卓林。”这又从另一个侧面反映了上庄生计的变化。徽州商人传统的生意集中在“茶、墨、纸、木”四个方面，伴随着原始积累的生成，盐业、典当业应运而生。但这些都没有成为上庄人发达的领域，倒是近代工业制造和欧陆对于中国丝绸的大量需求给上庄带来了商机。上庄的地理环境和自然资源适应了近代丝织业的发展，大量的蚕桑和充足的人力逐渐形成了规模化的蚕桑生产基地，为江浙、上海提供源源不断的丝织原材料。于是，就有了胡卓林的生意。胡卓林又是何许人也？他只不过是安徽绩溪上庄村一个在上海开办茧丝行的普通商人。

在中国历史上，尽管作为小商人的胡卓林无法与名贯中外的大学者胡适相提并论，可是，有谁知道，民国时期在胡适与胡卓林的家乡绩溪上庄村，这位名震中西的大学者却声名狼藉，常遭到一些非议和贬斥，其声誉比小商人胡卓林差远了，以至于上庄村有民谚曰：“宁要十个胡卓林，不要一个胡适之。”

为什么会这样呢？原来，胡卓林虽是一名小商人，可他却在村里办了一个蚕茧收购站，解决了不少人的谋生之路，使乡亲们得到了实惠。所以上庄人都说他好。而胡适却与胡卓林截然不同。他没从上庄带一个人出去，村上人没从他那里得到任何实惠或好处，包括与他童年一起长大、有患难之交的胡近仁后人，找到北京想通过他谋一差事，他都没能办成。时间长了，乡亲们自然就对胡适颇有意见。抗战期间，胡适任中国政府驻美大使时，不但争取到了美方的借款，还促使罗斯福冻结了日本在美的全部资金，为国家做出了贡献。绩溪县县长朱亚云制作了“持节宣威”大匾一块，对胡适进行褒奖，并庆贺胡适 50 寿辰。当县长大人亲自到上庄“授匾”时，一些村民抗议将匾挂在胡家祠堂，理由是乡邻们并没有从胡适之那儿得到好处。后来经过多方调节，这块匾才总算勉强挂了上去。

上庄人之所以不待见胡适，是因为胡适没有利用自己的声望和职权为他们谋过生计，老百姓没有从他那儿得到过实惠和利益，因此，在上庄，商人胡卓林就轻而易举地比大学者胡适受欢迎。

时至今日，温饱问题解决了，文化与休闲成了人们享受生活的重点，可能上庄人又将面临生计的转型了，不喜欢胡适之的人也许会在胡适热的文化熏陶之下，迸发并宣称“一个胡适之强过百个胡卓林”了。也许我们会在回味历史的时候，除对胡适不徇私情的做法大加赞赏外，对胡适遗留给上庄人的巨大精神财富和文化魅力也会大为惊讶了。

第八章　徽墨文化的传承

第一节　徽墨的起源与发展

墨的发明是我国先民对中国文化乃至世界文明的一项重大贡献。徽墨是我国制墨技艺中的一朵奇葩，也是闻名中外的“文房四宝”之一，因产于古徽州府而得名。

徽墨，作为“徽州所产之墨”的统称，起始于北宋宣和年间（1119—1125），而此前则誉为“新安香墨”。徽州制墨的历史，不晚于唐朝末年，而声名鹊起则在南唐后主李煜执政之时。

唐中叶至唐末，由于藩镇之乱，奚超、奚廷一家由河北易水南迁至徽州。奚氏父子本是制墨能工，此时得皖南的古松为原料，所制的松烟墨明显优于当地墨工的产品，深得南唐后主李煜的赏识，奚廷成为古今墨家的宗师，新安（徽州）之墨名声倍增。这样又招募了易水另一位名墨工张遇。张遇利用徽州的优质松烟、（桐）油烟制墨，将徽墨由单纯的松烟墨，推向了与油烟墨并举发展的新阶段。到了北宋大观年间（1107—1110），墨工高庆和又以松枝蘸漆烧烟，于是在徽墨的家族中又增添了漆烟墨。在北宋诸多内外墨工的共同努力下，徽州的墨业步入了大发展的鼎盛时期。北宋宣和三年（1121），朝廷改“新安”为“徽州”后，“徽墨”之名由是而生，相沿至今。

明嘉靖到万历年间，由于资本主义萌芽的刺激，制墨业的竞争加剧，并随着徽州商业的繁荣，使徽墨传遍全国，乃至海外。罗小华、程君房、方于鲁、邵格之被誉为“明墨四大家”。明代徽墨是继唐宋后的鼎盛时期。

清代徽墨，在明代的基础上又有了新的发展。突出的表现是选料考究，做工精湛，墨锭质量过硬。咸丰、同治年间，经过鸦片战争风云，徽墨由盛转衰。

第二节　徽墨的主要品种和特点

徽墨是以松烟、桐油烟、漆烟、胶为主要原料制作而成的一种主要供传统书法、绘画使用的特种颜料。经点烟、和料、压磨、晾干、挫边、描金、装盒等工序精制而成，成品具有色泽黑润、坚而有光、入纸不晕、舔笔不胶、经久不褪、馨香浓郁、防蛀等特点。其正面镌绘名家的书画图案，美观典雅，是书画艺术的珍品。徽墨有高、中、低三种规格。高档墨有超顶漆烟、桐油烟、特级松烟等，尤其是超顶墨能分出浓淡层次，落纸如漆。

历代徽墨品种繁多，主要有漆烟、油烟、松烟、全烟、净烟、减胶、加香等。高级漆烟墨，是用桐油烟、麝香、冰片、金箔、珍珠粉等十余种名贵材料制成的。徽墨集绘画、书法、雕刻、造型等艺术于一体，使墨本身成为一种综合性的艺术珍品。徽墨制作技艺复杂，不同流派各有自己独特的制作技艺，秘不外传。

徽墨制作配方和工艺非常讲究，“廷之墨，松烟一斤之中，用珍珠三两，玉屑龙脑各一两，同时和以生漆捣十万杵”。因此，“得其墨者而藏者不下五六十年，胶败而墨调。其坚如玉，其纹如犀”。正因为有独特的配方和精湛的制作工艺，徽墨素有拈来轻、磨来清、嗅来馨、坚如玉、研无声、一点如漆、万载存真的美誉。

徽墨的另一个特点是造型美观，质量上乘。这主要是使用墨模的缘故。南唐李廷珪造小挺双脊龙纹墨锭，就是用墨模压制而成。至宋以后，墨模大量使用，而且墨模绘画和雕刻都很讲究。明、清时期墨模艺术也达到其巅峰。

第三节　“胡开文”墨庄文化

一、“胡开文”墨庄文化的由来

“胡开文”的创始人胡天注（1742—1808），名在丰，字柱臣，从九品，驰赠奉直大夫。根据徽州旧时的民俗“前世不修，生在徽州，十三四岁，往外一丢”，以及绩溪《上川明经胡氏宗谱》和胡天注生前订立的《天注公分析阄书》的记载来推算：1754 年胡开注 13 岁时，去休宁“汪启茂墨室”当学徒；1756 年胡天注 15 岁时，娶汪启茂之女为妻；1760 年胡天注19岁时，在经过三年学徒、三年帮作后，去屯溪租开“彩章墨店”。大约就在胡天注于屯溪创业期间，岳父家的“汪启茂墨室”却出了问题，难以为继，最终只好将墨室顶给了姓叶的人家。1765年24岁的胡天注出资收购了已属叶姓所有的“汪启茂墨室”招牌和“汪启茂墨室”原有的墨印、墨作家伙。这是因为“汪启茂墨室”在竞争中已经失利，很难东山再起。胡天注决定另起店名，便将“汪启茂墨室”更名为“胡开文墨庄”，这是胡开文墨业的正式创立。黄山市博物馆收藏有一块“休城胡开文老店一百五十年纪念墨”，此墨的背面题“诗篇删定犹逾倍，易数推求竟得三”，一侧为“徽州老胡开文制”，另一侧为“民国四年制”。这里的“徽州老胡开文”，即“休城胡开文墨店”；这里的“民国四年”，即为1915年。由1915年上推一百五十年，就是乾隆三十年（1765）。由此推算胡开文墨业创始于1765年。1775年胡天注又承顶了初租的屯溪采章墨店，并将其更名为胡开文墨庄（屯溪店），只销售不生产，墨品由休宁墨店供应。

关于胡开文店名的由来，现在有三种传说：第一种说法是，胡天注在初租屯溪彩章墨店时，就准备以后自己开墨店。一次他去南京售墨，见贡院的明远楼上悬挂一块“天开文运”的匾额，他认为开墨店用中间的“开文”二字很适合，就取“开文”二字为店号。第二种说法是，胡天注在初租屯溪彩章墨店时，准备以后自己开墨店，一天他去徽州府（今歙县），看见文庙上悬挂有“天开文运”的匾额，便取“开文”二字为店号。第三种说法是，胡天注在租开屯溪彩章墨店时，经常往返于休宁和屯溪之间，两地中间的居安村附近有一石亭，石亭的门楣上刻有“宏开文运”四字，便取其中“开文”二字为店号。

二、“胡开文”墨庄文化的发展

胡天注有八个儿子，前妻汪氏生长子恒德、次子余德、三子谅德、四子骖德、五子来德、六子懋德，继妻钟氏生七子颂德、八子硕德。1808年胡天注逝世，逝世前曾立有《天注公分析阄书》。这份阄书实际上没有执行，因为不久胡天注就因病逝世。同时，当时胡天注的八个儿子中长子、三子、四子、五子俱已逝世，其他儿子都年幼而未能独立。所以，胡天注在病危之际，“遗命（胡余德）统持家政”。26年以后，胡余德已“须眉尽白”，各房继承家业的条件已经具备，加之这时家内的矛盾又比较突出，于是在1834年胡开文家族正式分家。“店业：休城墨店坐次房余德，屯溪墨店坐七房颂德，听其永远开张，派下不得争夺。屯店本不起作（做墨），所卖之墨向系休城店制成发下。兹后不论墨料贵贱，仍照旧价，不许增减……屯店起桌自造，更换‘胡开运’招牌，不得用‘胡开文’字样。”胡天注的这一专嘱，保证了“胡开文”徽墨的质量，起到制约他人乱用“胡开文”字号、鱼目混珠的作用，但无形中也给胡开文家族发展胡开文墨业加了一道无形绳索，给后世子孙留下了“争议”。对于“屯店起桌自造，更换‘胡开运’招牌，不得用‘胡开文’字样”的规定，胡天注的子孙从德字辈开始至贞字辈数代间，一直为其他各房能否用“胡开文”字号起桌做墨之事争执不休。其中，以六、七、八房争执最厉害，最后形成“你说你的，我做我的”的局面。因为“胡开文”的招牌是胡天注创立的，胡天注的子孙都有权利使用。首先是七房在屯溪起桌以“胡开文”款识做墨，后来六房和八房则在老家绩溪上庄村也以“胡开文”款识起桌做墨，并以走街串户的方式在周边城镇出售。1864 年前后，由二房孙胡贞观（1825—1879），名桂森，字皀玎和胡贞乾（1831—1910），名钦顺，字健甫主持召开各系房会议，重新议定：胡天注派下子孙均可利用“徽州胡开文墨庄”字号起桌做墨，但须以“记”字区别，以示各负其责。此议为胡开文墨业走出徽州铺平了道路。胡开文墨业从胡天注在乾隆三十年（1765）创立到新中国成立后的 1956 年公私合营，近 200 年的时间，前后经历了“天、德、锡、贞、祥、洪、恩、毓”八世。其间，墨业的规模由小到大，种类由少到多，业墨的胡家人员和家庭也枝繁叶茂，所产生的社会影响和所开设的墨庄更是广布全国。“记号”的出现和管理则是胡开文墨业发展的一大特色，它反映了胡开文墨业顺应时代发展的要求和弘扬祖业的优良传统：“记号”的出现和管理还清楚地记录了胡开文墨业发展的历史和家族演变的轨迹。本文就是基于这样的认识，从整理胡开文墨业这一珍贵的非物质文化遗产的角度，梳理胡开文墨业“记号”的来龙去脉。

关于胡开文墨业“记号”的资料，周绍良先生说：“过去无人研究商业史，因之胡氏世系，殊不详备。”① “今日欲整理墨史资料，对于胡氏世系，颇难得文字记载或实物资料。多年来留心于此，所得实为寡鲜。”② 日本学者宇野雪村在《古墨之知识与鉴赏》一书中也只是提及胡开文休宁一脉的六世而已。（宇野雪村在《古墨之知识与鉴赏》一书中提到胡开文世系涉及胡开文，二世胡余德，三世胡锡雄，四世胡贞观、胡贞权，五世胡祥醴、胡祥禾，六世胡洪椿。他如何整理出此世系，未做说明。安徽省博

① 周绍良．周绍良清墨谈丛（下）［M］．北京：紫禁城出版社，2009：303.
② 周绍良．周绍良清墨谈丛（下）［M］．北京：紫禁城出版社，2009：301.

物馆1986年编的《中国胡开文古墨展》图录后附“胡开文墨业世系图”，也是六世传承的说法。）根据目前已经掌握的资料，我们可以把胡开文墨业“记号”发展的情况分为脉络相连的4个支系，即休宁系、屯溪系、芜湖系、上海系。

（一）胡墨的正宗生产基地和技术工艺的自觉传承的嫡系——休宁系

休宁系是胡开文墨业的发生、发展、壮大、繁荣的主要派系，休城是胡墨的正宗生产基地，技术工艺的传承的嫡系。由胡天注、胡余德、胡锡熊、胡贞观、胡祥禾、胡洪椿、胡恩铭七世世代相传。这条发展路线在胡开文墨业“记号”的四条发展路线中最纯正，对中国墨业发展的贡献也最大。

由于胡天注有八个儿子，各子又都有为数不少的子孙，因此，如何维持这个庞大的家族是每一位当家人都头痛的事情。道光十四年（1834），由胡余德主持分家，他对胡开文墨店有特别规定：一是休城墨店由胡余德家族、屯溪墨店由胡颂德家族“听其永远开张，派下不得争夺”；二是屯溪墨店永远是休宁墨店的分店，不许制墨，所卖之墨必须由休宁提供；三是不论以后制墨成本的贵贱，各店只许按原价销售，不许增减；四是屯溪店乃至别的胡氏家族想要单独起店制墨，必须将招牌更换为“胡开运”或“胡学文”等招牌，不得用“胡开文”字样。

以上规定对胡开文墨业的发展至关重要。首先，分家不分店，墨店只能由二（胡天注第二子，即胡余德家族）、七（胡天注第七子，即胡颂德家族）两房经营，其他子孙不许“争夺”，责任到人；其次，把休宁墨店作为唯一的生产基地，不准屯溪店“自造”。这就使墨品能保持质量，维护了“胡开文”品牌①。在咸丰、同治、光绪年间，胡开文墨店已在上海、广州、武汉等十多个经济文化最发达的城市开设墨店，所制墨品达60多种，行销全国广大地区，胡墨也由此蜚声海内外军政界、文艺界。

胡开文墨业通过胡余德的经营，墨品质量和声誉都名扬四海，因此，很多山寨仿造墨品相继出现。为此，休宁总店采取在正品的包装中加入“顾客须知”的办法来提示广大客户。当时就有墨票载：“本号开设徽州休宁县城西门正街百数十年，货真价实，虔制贡墨，中外驰名。近有无耻之徒，减料假冒，更有不肖支丁，到处悬挂本号招牌，沿门投售，希图渔利。仕宦未知者，误假为真，受欺不少。今本号现于徽城、芜湖、浙江、

① 胡云．胡天注与“胡开文”墨业考证［J］．黄山学院学报，2005，（5）．

苏州、扬州、上海、安庆、广东、京都、汉口、武昌、湖南开设分号，特此陈明。大雅光顾，请即认明，庶不致误。胡开文起首老店谨白。”①

综观胡开文墨业休宁墨店的发展，我们可以将休宁系的发展分成三个阶段：

第一阶段，从乾隆三十年到同治三年（1765—1864）。这是胡开文墨业休宁墨店的一家独尊时期，屯溪分店不许制墨，所卖之墨必须由休宁提供。派下分店不论以后制墨成本的高低，各店只能按休宁店定的原价销售，不许增减；屯溪店乃至别的胡氏家族想要单独起店制墨，必须将招牌更换为“胡开运”或“胡学文”等招牌，不得用“胡开文”字样。

第二阶段，同治三年（1864）一直到新中国成立后的1956年。这个阶段胡开文墨业休宁墨店“记号”的家族限定被突破，休宁胡开文面临保卫祖业的品质和开拓本土以外市场的双重挑战，以“三爷”胡贞乾为代表的余德孙辈，深明大义，将胡开文墨业休宁墨店的声誉和市场都做到了让人首肯的成就。1864年，胡贞观、胡贞乾主持各房会议，“记号”得以允许合乎家族法规名正言顺地走出徽州。由于记号的繁多和市场竞争的因素，这一时期充分焕发了胡开文墨业各墨店的创造性、能动性和积极性，大大促进了胡开文墨业的繁荣与发展。

据不完全统计，这个时期胡开文墨业休宁墨店的“苍佩室”墨落款的形式就包括以下十多种：徽州胡开文制、徽州胡开文造、胡开文选料、海阳苍佩室选烟、徽州胡开文用轻胶远烟净香和剂、徽州休城胡开文造、徽州休城胡开文制、歙州休城胡开文监造、徽州休城胡开文监造、胡开文按十万杵法制、胡开文精造、胡开文精造选、胡开文造、新安胡开文监制、新安胡开文造、苍佩室制、徽州休城胡开文按易水法造、胡开文遵易水法造、徽州胡氏苍佩室监制。

该阶段所涉及的主要墨品有：大国香、丽龙珠、御园六十四景、归昌叶瑞墨、五老过河墨、“天开文运”墨、一瓣香、李氏珍藏墨、“大潜山房”珍藏墨、涤生相国判牍之墨、涤生相国拜疏之墨、任公临池墨、秦权墨、练余心斋墨、黄山图、耕织图、棉花图、十二生肖图、御园图、御制文渊阁诗墨、中华民国纪念墨、地球墨、休城胡开文一百五十年纪念墨、十万杵、惜如金、角茶轩勘碑墨、大富贵亦寿考墨、清华朗润墨、集锦书卷墨、开文大富贵亦寿等。

① 林欢．从墨票看胡开文墨业发展的几个问题［J］．徽学，2010，（1）．

第三阶段，是1956年以后至今。新中国成立以后，胡开文墨业休宁墨店及其在外的若干分店也纷纷响应政府的号召，参加公私合营，完成手工业的社会主义改造。20世纪80年代以后，随着我国经济体制改革和企业改制的推进，胡开文墨业因为规模普遍偏小，员工不多，效益有限，又纷纷回到民营或集体合作的生产管理模式。但休宁海阳胡开文墨业已经销声匿迹。

胡子卿墨是胡开文墨业休宁墨店的一个分支，可以说，它是胡开文墨业休宁系发展历史大树上的一朵奇葩。胡子卿，名贞权，字允中，国学生，生于道光十二年（1832），是胡开文第二代传人胡余德之孙。同治初年，设肆于安徽休宁，起初他也想开胡开文分店，但当时休宁胡开文主人胡贞观（贞权堂哥）坚持家规，不允许他开，才打出胡子卿招牌，另设“奎照斋”经营。

有关其创业于同治初年的事迹，有两份材料可以佐证：一份为胡子卿墨肆作宣传的墨票，署年款为同治十年（1871）；另一份是道光年礼部主事尹耕云于同治十三年（1874）定制的“拾遗曾奏数行书”墨，署名是胡子卿墨。光绪年间，“奎照斋”以其完美的产品，博得众人交口称赞。诸多名家相继嘱托制墨，光绪元年（1875），聂士成制“一品富贵”墨，光绪二十三年（1897），大学者俞樾定造“曲园先生著书之墨”都是声名远扬的杰作。

从制墨技艺上看，胡子卿风格独特，不落前人窠臼，主要表现为：制墨用料精细考究，墨型款识新颖别致。创业之初，徽州墨业高手如林，强大的胡开文墨店就是主要的竞争对手；当务之急是以质取胜，争得市场一席之地，故他在用料方面下了极大功夫，尤其善用松烟和油烟混合造墨。松烟是用松树枝干点烧而成，漆烟是生漆点燃所成，但纯生漆不能熏点，只有掺入其他油烟才能燃烧，技术要求较高。但用此法捣制的墨，墨质精细，黝黑发亮，墨家所制“纯漆贡烟”就属此类。明张谦德《论墨》载：“……松烟墨深重不姿媚，油烟墨姿媚而不深重，取烟二者兼之……”胡子卿适度掺和三成松烟七成漆烟捣制，糅合各种烟料的特点，达到“墨色如漆，丰肌腻理”的境界。因此，开张不久时人就称颂曰：“古色莹莹，烟香缕缕。淋漓洒金，浓淡点雨。”

胡贞权虽是胡开文裔孙，但并没有墨守成规地沿用胡开文墨品款式，而是开始雕刻了一批新颖品种。如写经墨，墨面镌刻一尊南北朝时期佛像，通体漱金，虽微小之处，纤细毕呈，清晰悦目，足见其刻模之研细。从外形上讲，所制本色墨、漱金墨、漆边墨都令人耳目一新。特别是漆边技术炉火纯青。写经墨不仅四面边上施漆，并且在墨背篆书“印龛写经”四字也涂漆，光亮如镜，润而不粘，毫不逊色于擅长此法的名家汪节庵。

光绪二十三年（1897），胡贞权易箦之际，命次子胡祥振总掌店事。胡祥振，字樨岩，在胡贞权六个儿子中最善经营，又精于绘画和雕刻，是胡子卿墨肆掌门的最佳人选。光绪末年清政府废科举，市场对笔墨需求锐减，整个制墨业已成衰败之势。“奎照斋”墨肆于1938年歇业，当时已传至四世孙胡观贵。胡子卿墨店从同治初年创业，光绪年鼎盛，至民国年衰落，共历时70余年，为胡开文墨业休宁系的一朵奇葩。

（二）由只能销墨升格为起桌做墨——屯溪系

屯溪系是基于胡开文墨业营销所发展起来的一个支系，屯镇是早期胡开文墨业的主要营销基地，也是后期首开脱离休城胡开文墨店自制胡开文墨的一个支系。早年由胡天注的长子恒德主持，可惜长子19岁时早逝，墨店转交颂德管理。颂德是胡天注派下的七房，为后娶继妻钟氏所生，与胡天注原配汪氏所生的余德所主持的休城胡开文墨店分庭抗礼。屯溪地处三江交汇之处，有着皖南地区相对优越的商业地理位置。由胡天注、胡恒德、胡颂德、胡锡环、胡锡畴、胡贞奎、胡祥镛、胡连生等参与其中。胡连生属外族，与胡天注没有血缘关系。屯溪系本是天注公首肯的胡开文墨业的主要营销基地，但随着胡开文墨业的发展和市场声名鹊起，七房颂德也不满足于“屯溪墨店永远是休宁墨店的分店，不许制墨，所卖之墨必须由休宁提供”的规定，道光末年（1845）胡锡环举家迁到屯溪老街榆林巷，并开桌做墨，款署“屯溪（镇）老胡开文”。我们可以从胡颂德家族后人胡佩五（胡余德七弟长子、屯溪胡开文店二世传人胡锡环）老板所制作的防伪告示清楚地看到这种与休宁系的分庭抗礼：“本号先祖向在屯溪开设胡开文墨店，后又替开休城汪启茂墨店胡开文监制，共开两居。休城开文分授二房，屯溪开文分授七房，历今百数十年，货真价实，天下闻名。今有派下不肖者，冒名充假，玷辱家声，故特加此访帖。四方大雅，须认明本号图记，殊不致误。徽州屯溪老胡开文七房孙佩五氏谨白。”① 从文中的语气可以看出，此时的胡锡环已经与休宁胡开文店完全决裂，文中虽然明显还有为整个胡开文家族谋取利益的动机，但是不可否认的是，胡锡环已经以“胡开文”的正统传人自居，并将休宁店作为旁出，进而更说

① 周绍良先生藏“癸丑”（咸丰三年，1853年）杨泗孙撰《开文斋墨赞》墨票，文字为木质戳记七行。转引自：周绍良清墨谈丛（下）［M］．北京：紫禁城出版社，2009：309.

明休宁、屯溪两店的后人已经控制不了有人不遵守“不得用‘胡开文’字样”的规定了。然而，随着胡开文墨业的进一步发展，特别是到了同治年间，胡天注父子所预料不到的事情都在发生着。这个阶段，徽州屯镇老胡开文先后由胡贞奎、胡贞堤兄弟开出屯镇老胡开文俊记，由胡贞鉴、胡贞铭兄弟开出屯镇老胡开文寿记，1948 年胡洪道又开出屯溪老胡开文墨庄义记。1955 年，屯溪的“胡开文仁记”“胡开文义记”和木材行商程襄侯三家合并为“胡开文墨品工业社”。次年，“胡开文墨品工业社”又和日新化工厂、屯溪其他几家胡开文店合并成立“公私合营屯溪胡开文墨厂”①。

（三）胡开文墨业走出徽州的里程碑——芜湖系

清同治年间（1862—1874），轰轰烈烈的太平天国运动被镇压下去，我国封建社会通过设科考试选拔官吏的制度得以恢复，此时的芜湖成了文童考试之地。芜湖的荆山、龙门、中江、鸠江、天门等书院，是传授经史以备应试的学校，各地读书人都集中到芜湖，墨的需要量很大。加之当时战争结束不久，芜湖市面上徽墨供不应求，因此，胡天注的六房四世孙胡贞一（号源阶），在同治八年（1869）和同乡曹文斋、程连水和程平均兄弟一起集资在芜湖的南门大街开设了胡开文墨店。后来由于股东之间意见不一致，最后只好拆股。曹文斋另设曹文斋墨店，程氏兄弟返回家乡。芜湖胡开文墨店就由胡贞一独资经营，并在店号上加上“沅记”两字。

休宁（休城）胡开文在芜湖开设门庄之前，因为竞争的需要，胡贞一在南京开设了胡开文利记墨店，在汉口开设了胡开文贞记墨店，在九江开设了胡开文亨记墨店，在安庆开设了胡开文立记墨店。当时的南京和武昌是两江总督府和湖广总督府的所在地，安庆又是安徽省会，驻有庞大的官僚机构，是徽墨的好市场。武汉三镇和九江的商业繁盛，又是四川万县桐油的转销地，在那里采购桐油等原料可以减少开支，降低成本，增强竞争能力。民国以后，各地新式学校增多，普通墨的需要量日渐扩大，胡开文沅记墨店生产的高级墨与普通墨之比也由原来的 8∶2 改为 3∶7，销路扩大到皖北，经常批发的户数有 40 多家，并远销到河南省的开封、郑州等城市，遍及皖、豫、苏三省。可见，芜湖系在胡开文墨业走出徽州的历程中发挥了里程碑的作用，胡开文沅记墨店是胡开文墨业走出皖南山区的第一

① 鲍杰. 安徽屯溪胡开文墨店史记［J］. 江淮文史，1999，(2).

店。芜湖是长江下游的重要交通枢纽和商业城市，比屯溪的商业地理位置更为优越。它通江达海，给胡开文墨业的大发展提供了广阔的舞台。胡贞一、胡祥善、胡祥祉、胡洪昭、胡恩森等相继主持着这一分支的墨店工作①。

（四）走向全国，励精求变——上海系

20 世纪初，上海被誉为冒险家的乐园，许多人纷纷来到上海“掘金”。他们从各个地方来到上海，白手起家，一些人很快抓住商机成为知名富商。胡祥钧就是充分利用了上海这个重要的交通枢纽和商业城市，把胡开文墨业的名声传到了全国乃至全世界。胡开文墨业走进大上海，在十里洋场立住脚跟与胡天注派下的八房硕德的曾孙胡祥钧（1871—1938）有关。1892 年，他与祥礼、祥云兄弟合作，办起“广户氏老胡开文”。1900 年左右，胡祥钧在上海河南路 471 号开设广户氏胡开文总店，设制墨工场于闸北南山路口。1909 年（宣统元年），上海“胡开文”店的第一任掌柜胡祥钧正式向上海工商局申报，注册成为“广户氏老胡开文”，主营徽墨、墨汁等。1910 年（宣统二年），胡祥钧试用“坤和”“利康”牌西烟（工业炭黑）制墨成功。“西烟”替代“松烟”和“油烟”制成的墨，不仅光泽度比较好，而且墨色的黑度也不差，可造价成本却大大降低，也减少了很多人力劳动的强度。这是古老胡开文墨业的与时俱进，它使古老的胡开文墨业又焕发出新的生机。

1922 年，胡祥钧“在沪购地，自建制墨厂，规模为全国墨业冠”，成为上海滩的著名人物。我们从 1935 年胡祥钧去世时收到的各界名人的悼词，包括于右任、胡适、李烈钧等，可见其影响力之大。

上海系的胡开文墨业选用“广户氏”名号，表明他们对祖上的尊重，也意味着他们与胡开文墨业的必然关系。《天注公分析阄书》是一式八份的，分别按八个房头的顺序编为“道”“以”“德”“宏”“身”“由”“业”“广”的字号，每个户头按顺序之字号各领一份。胡祥钧是天注公八房硕德的曾孙，八房对应的是“广”字户，所以，上海系的胡开文墨业选用了“广户氏”名号。

胡洪开是胡祥钧的侄子，1935 年成为上海“广户氏老胡开文”接班人，他将上海“广户氏老胡开文”不断发扬光大，在全国各地广设分店，与各界名流、特别是书画名家广泛结交。在胡洪开任上，上海“广户氏老

① 胡毓骅．探析徽墨“胡开文”百年之谜［J］．徽州社会科学，2009，（11）：35-41.

胡开文”有了快速的发展，拥有员工一百多人，资本累计几十万，并且在全国广泛开拓市场，主要有北京琉璃厂店、天津滨江道店、南京太平路店、汉口后花楼店，还有杭州、沈阳、万县、成都、重庆、宜宾、灌县、内江、昆明、腾冲等地的分店。可以说，上海“广户氏老胡开文”是胡开文墨业后期发展的又一巅峰。

然而，在大上海的霓虹灯下，在五光十色的洋场里，胡天注的后代也有迷失的情况出现。如“老八房”的裔孙胡祥英和他的弟弟胡祥运在抗战爆发后大肆出租、出卖“胡开文”品牌，从而使“胡开文”这个商业品牌一度鱼龙混杂。

爬梳胡开文墨业“记号”的来龙去脉，我们看到这样几个问题：一是“苍佩室”标识只在胡开文休宁系传承，其他三个支系不敢公然使用这个标识。二是天注公分家阄书对保护品牌、防止粗制滥造、保证胡开文墨业的品质和信誉产生积极作用，但是这种做法客观上限制了多风格、全方位的“记号”发展。三是余德公去世，胡天注的八房子孙正式分家。作为共有无形资产——“胡开文”墨业品牌为八房所争取，势在必行。四是胡贞观的地位与胆识造就了胡开文墨业的中期复兴。1864 年，二房余德之孙胡贞观、胡贞乾主持各房会议，“记号”得以允许合乎家族法规名正言顺地走出徽州。五是芜湖系在胡开文墨业走出徽州的历程中发挥了巨大作用。胡贞一是胡开文墨业走出大山的第一人。他通过长江水系和运河通道，把胡开文墨业的影响发展到沿江和沿运河区域。六是上海“广户氏老胡开文”在时代发展的变化里励精图治，引入“西烟”，改进工艺。胡祥钧是胡开文墨业在20世纪承前启后、继往开来的重要人物，他的后继人胡洪开把胡开文墨业的市场做到了全国的范围，为胡开文墨业的发展做出卓越贡献。

通过对胡开文墨业“记号”的来龙去脉的整理，我们得出这样几点启示：其一，家族手工业的发展也有其社会发展规律，胡天注、胡余德父子所规定的“胡开文”二房专用的“祖制”在市场变化和产业做大做强以后，必须使“胡开文”这一无形遗产让所有子孙后代利益共享；其二，产品的市场品牌保护和产品的质量保证在产品市场扩大以后，将会同步面临更大的问题与挑战；其三，传统与现代的结合点在像胡开文墨业这样的传统手工业发展中往往是机遇与风险同在，更多的历史在告诉我们，传统工艺在现代化进程中因为传统的生产力发展基础和生产关系平台的失去，历史地要求政府在公益义务和文化保护方面要担当更多的责任。

三、胡开文墨业珍品

（一）药墨华佗

清代徽州墨业有四大家：曹素功、汪近圣、汪节庵、胡开文，其中胡天注善做药墨，被誉为“药墨华佗”。胡天注（1742—1808）原名胡正，字柱臣，号在丰，本为一名墨工匠，因休宁县汪启茂墨店倒闭而盘下该店。为了重振墨业，胡天注拜访了绩溪小九华山银屏古寺的老和尚了空，得到了配墨原料和工艺创新的启发。在回家路上，他借住山神孤庙过夜，梦见一白发老翁手托文房四宝站在他面前说：“汪氏墨店归尔经营，天开文运，百事待兴。”言毕飘然而去。受“南柯一梦”的启发，胡天注把“汪启茂”招牌改名为“胡开文”，时值乾隆三十年（1765）。

此后，胡天注的墨庄也就叫“胡开文”了，然而真正让他成为一代药墨宗师的是他创制的八宝五胆药墨，他以熊胆、蛇胆、青鱼胆、牛胆、猪胆等和入水牛角、羚羊角、蟾酥、珍珠、牛黄、麝香、朱砂等八种珍贵药材入墨，加入木材制成了凉血止血的八宝五胆药墨，治疗阳证有奇效，尤其是对皮肤病、咽喉疾病、口腔疾病、痈疽疮疡、无名肿毒、症瘕积聚、关节疼痛、血症等疗效明显。

（二）八宝奇珍墨

胡开文制作的八宝奇珍墨为八锭一套，造型各异。按自右而左、先上后下的顺序分别为：

（1）碑形墨　长10.8厘米，宽3厘米，厚0.9厘米。墨正面阴文填金篆书“湘阴左氏藏墨”六字款，背面镌刻“有虞十二章”图，墨侧阴文楷书“徽州休城胡开文造”。

（2）断木形墨　长11厘米，宽3.4厘米，厚0.9厘米。墨通体卷云纹装饰，上下两端填金断木轮纹式。墨正面阴文填金隶书“湘阴左式珍藏”，背面填金阳文卷云纹三轮，墨侧楷书阴文“徽州休城胡开文造”。

（3）亚形墨　长11.8厘米，宽3.8厘米，厚1.1厘米。墨通体卷云纹装饰，正面阴文填金行书“湘阴左氏珍藏”，背面钤篆书“香”字印，下端填金双龙戏珠图样，墨侧阴文楷书“徽州休城胡开文造”。

（4）宝瓶形墨　长10.1厘米，宽4.5厘米，厚0.9厘米。墨正面阴文填金隶书体“玉壶冰”三字，宝瓶颈部填金楷书“湘阴左氏”，瓶盖以描金宝莲花衬托佛光纹装饰。侧墨阴文楷书“徽州休城胡开文造”。

（5）古编钟形墨　长8厘米，宽4.1厘米，厚0.6厘米。墨正面描金仿古编钟纹样，双螭纹蒲牢图，中间阴文填金篆书“左氏珍藏”四字。

（6）碑形墨　长13厘米，宽3.2厘米，厚1厘米。墨上一龙飞腾，正面头尾相接，通体龙缠碑图样，上下端均以如意纹装饰。正面阴文填金楷书“湘阴左式藏烟”。墨侧阴文楷书“徽州休城胡开文造”。

（7）舌形墨　长9.9厘米，宽3.8厘米，厚0.9厘米。墨正面阳文描金双龙戏珠图，背面描金四连宝相花边装饰，中央阴文描金隶书“湘阴左氏藏烟”字样，墨侧阳文楷书“徽州休城胡开文造”。

（8）碑形墨　长11.7厘米，宽3.2厘米，厚1厘米。墨正面双龙戏珠纹装饰，背面周边描金线，中央阴文填金楷书“湘阴左式珍藏”。

此套墨墨质黑黝坚润，做工颇细。八锭墨同装一黑漆描金彩色双龙戏珠图盒内，盒面中央描金隶书“八宝奇珍图”五字。

胡开文八宝奇珍墨（北京故宫博物院藏）

（三）胡开文秦权墨

胡开文秦权墨是清代胡开文休城老店监造的一种技艺精湛、做工考究的名贵墨品。墨直径15.2厘米，高11厘米，厚1.1厘米；权形，权面小篆阴识铭文，填金，并附两江总督端方后记楷书十六行，权内壁楷书“徽州休城胡开文监造”。

秦权为秦始皇统一天下后的法定衡器。此墨制于光绪二十九年（1903），显示出中国清代的制墨业已由实用扩展为绝妙的工艺品。

(四) 胡开文地球墨

胡开文地球墨，现为安徽省博物馆藏。此墨系民国初年由徽州休宁城胡开文墨业第六代店主胡洪椿在该店的成品于1915年荣获巴拿马“万国博物览会”金牌奖及南京南洋功业会优等奖状后，为了纪念本店创立150周年而特地延请著名刻手刘体泉以获奖原墨范模重刻边款、由高级墨工曹观录参照民国初年出版的世界地图及当时的地球仪仿制而成。

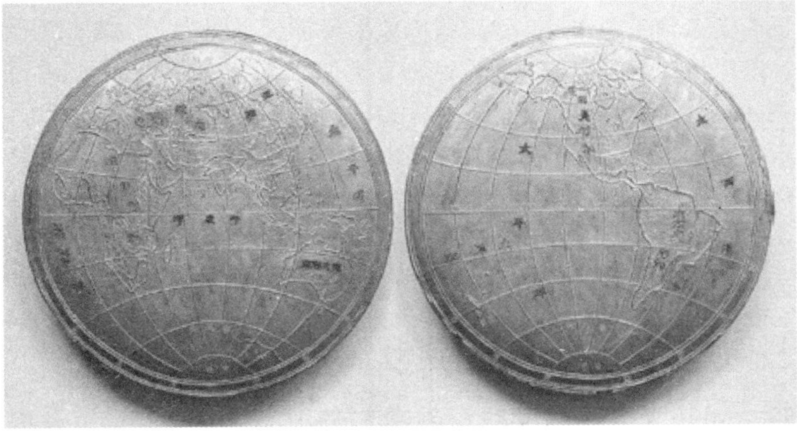

荣获美国巴拿马“万国博物览会”金牌奖的地球墨

地球墨质地属油烟类，墨重365克，形呈扁圆状，直径12.2厘米；中部微凸，厚约1.5厘米；边缘略薄，厚仅1厘米。成品墨块通体漱金，局部或填朱彩绘或露底留白；外观饱满圆厚，余馨怡人，光华经久不褪。

此墨款式设计大胆，造型构思新颖；形制稳重坚实，产品利于收藏。其以两块圆墨反映地球东西两部，既避免了常理中两个半圆对拼之圆球状在外观上有失厚重和不易存放之弊，又有利于观赏时支架陈列，使专供观赏的地球墨出匣即可一变为实用华美的地球仪。

尤其值得一提的是在地球墨上的各洲、各国中以中国地域范围中的“安徽省”三字注标最为醒目。图标字体分中英两种文字：其中汉字为楷隶两体，字形规格大小不一，隶者横方、楷者竖长，大字近四号，小字约七号。外文为英语大写，沿墨块边侧，用减剔刀法阳刻凸字大写英文（夹加中文）款识一圈：“AMEMORIALFORBANAMAEXHIBITIOHU · S · A1915MANUFACTUREDBY 中国休宁胡开文造 HUKAWENTHEFIRSTESTAB-LISHEDFACTORYSHIUNINANHUICHINA”。地球墨是“徽墨”中一朵绚丽的奇葩，它出自古徽州“胡开文”墨店创始人胡天注的儿子胡余德之手。

“徽墨”因产于古徽州而得名，是我国驰名中外的“文房四宝”之一。其“丰肌腻理，纸笔不胶；落纸如漆，色泽黑润；经久不褪，香彻肌骨，渣不留砚”，深受文人墨客的推崇和青睐。1910年和1915年，“地球墨”分别获得“南洋劝业会”优等奖状和“巴拿马万国博览会”金质奖章。它是中国曾走向世界，首次步入“世博会”的见证物之一。

地球墨荣获“万国博览会”金质奖章后，民国初年徽州休宁“胡开文”墨店著名刻工刘体泉、曹观禄以原墨模加刻一圈英文边款，重制了纪念墨。该“地球墨”厚实，呈扁圆形，类似地球仪，通体漱金填彩，直径12.5厘米，厚1.5厘米，重365克。墨的两面有清晰的经纬线度数，分别代表东西两半球。上下两端为北极和南极，世界七大洲、四大洋在墨面上历历在目。世界各国的位置以及用中文标注的各国名称清晰可见。在亚洲中国地域处，刻有“安徽省”三个中文正楷字，寓意“徽墨”出自亚洲的中国安徽。墨边款译文为“荣获1915年巴拿马万国博览会优等奖纪念、中国安徽休宁胡开文墨店制”字样。“地球墨”构思之精巧，雕模之精湛，制作之精美，是徽墨制墨史上不可多得的珍品。

四、胡开文徽墨的原料、制造工艺与品类

（一）原料

胡开文徽墨的制墨原料主要是碳氢化合物不完全燃烧的粉末状物质，古称“炱”“烟炱”“松烟”，现称“烟煤”，化工学名“炭黑”，含炭90%至99%。生产徽墨用的炭黑有：松烟、油烟、漆烟或工业炭黑。松烟，以黄山松烟为佳；油烟，以桐油炼制的为佳；漆烟，古时用松枝蘸漆渣炼烟，今用桐油掺入部分漆炼制。常见的辅助材料有胶、药物、添加剂等。胶是墨的黏合剂，赖以成型发彩。制墨多用牛皮胶，常见入墨的药物有自然麝香、大梅片、公丁香等数十味。入药配伍，以烟煤种类、制作季节、水质、使用对象、销地气候等条件酌定，用药得当，能增光助色，添香固体；不得当则适得其反。常见的添加剂有金箔、银箔、珍珠粉等，起增光助色作用。

（二）工艺

胡开文徽墨的制墨分造窑、发火、取煤、和剂、成型、入灰、出灰、试磨八道工序；现代制墨分炼烟、和胶、杵捣、成型、晾墨、锉边、洗水、填金、包装九道工序。

（1）炼烟　炼制松烟的烟窑就山势斜卧于山坡，烟煤附于窑壁，冷却

后扫下。古时还有立窑，高丈余，肚大口小，上覆五斗瓮，今不用。炼制油烟的烟房需密闭不透风，用灯草点燃油灯，每盏灯上覆一瓷碗，烟熏在碗里。

（2）和胶　入料之前，烟煤需先漂洗，并用四十目筛清除杂质，胶的配比应按烟料粗细、胶质优劣、制作时令、销售地区等因素酌定。

（3）杵捣　所有的制墨原料和胶以后，要竭力搅拌均匀，然后杵捣。古时制墨以青石作臼，檀木作杵，捣时如干燥粘杵，可反复洒少许中药汁，直至捣匀捣透才能出臼。故有墨不厌捣之说。

（4）成型　杵捣后的原料，放在墨墩上用六磅锤翻打。中档墨翻打8次，每次谓之一折，每折24锤，高档墨折次递加。翻打后的墨馃，按墨模式样称准重量分成小馃，在恒温板上搓成墨丸嵌入墨模，搓时要用手劲按、捺、推、收。入模之墨置于坐担下，以墨工自重压平正。现在，本县老胡开文墨厂除2两以下的墨用坐担外，余皆用螺栓压榨机代替坐担，既降低了墨工体力消耗，又提高了产品质量。挤压后的墨待冷却定型才能脱模，夏令脱模时间长于冬令。脱模的墨经修边后送入晾墨场翻晾。古代制墨入炉灰脱水，现代墨厂均以室内晾干为主。晾墨场要求保持恒温恒湿，避免阳光照射，风大要关窗，梅雨季节要促进空气流通。现在老胡开文墨厂添置了吸湿机，以降低晾墨场的湿度。晾墨要勤翻，以防墨坯收缩不匀而变形。要根据墨锭的大小决定晾墨时间的长短。

（三）品类

一是根据社会各阶层人士对墨的不同要求划分。如书画家要求墨分五色，挥洒自如，一点如漆，万载存真，称书画墨；封建统治者苛求珍料，熊胆龙脑，穷奢极欲，称贡墨；收藏家觅古法式，以利鉴赏，称仿古墨；医药界要求墨能止血消炎，以疗顽疾，称药墨；僧尼则要求墨无荤腥，以示虔诚，称素墨；亲朋相馈赠，遴选墨名图吉利，称礼品墨；等等。

二是从形制上可分为零锭墨和集锦墨。零锭墨是不成套的单一实用墨。集锦墨又有两种：一种是每锭墨形状图案各异，但统一于一个主题，如古币墨、古砚墨、十友墨、手卷墨、琴剑棋墨；另一种是墨的形状相同，绘图题识不同，如黄山图、耕织图等。集锦墨始于宋代，雕工精细，装饰华丽，集绘图、雕刻、书法、墨法、漆器、镶嵌、装帧艺术于一体，供收藏和观赏用，既是书画家喜爱的佳墨，也是人们相互馈赠的礼品墨。

三是从原料质地上可分为松烟墨、油烟墨、特种墨、包金墨、朱砂墨、五彩墨等。松烟墨有特级松烟墨、黄山松烟墨、大卷松烟墨、净烟墨、加香墨。油烟墨有超漆烟墨、顶烟墨、猪油烟墨。猪油烟墨是在桐油内掺入部分猪油点烟，或在顶烟内掺入部分猪油烟制成，光泽最佳。工业炭黑墨分精烟、全烟等。特种墨有青墨、茶墨、药墨、素净墨。包金墨通体包金，是本县老胡开文墨厂1984年发掘生产的特种墨。朱砂墨古人读书时用于圈句，现用于国画。五彩墨，亦用于国画。

四是从用途上可分为观赏或收藏墨和实用墨。本县老胡开文墨厂生产的“十大仙”“大小魁星”“寿星”“古佛”“罗汉图”“西湖图”“琴剑棋”“鉴真东渡”“金蝉”“金龟”“宝剑”及其他集锦墨都属于观赏收藏墨。实用墨基本上是零锭墨。名贵的实用墨亦可作观赏和收藏用。

墨名是墨的质量或品类区分的标志。墨的命名方法大致有五种：一是表示材料精美，如“上品清烟”“延川石液”“五百斤油”“鹿角胶”“乌玉块”“乌丸”“元霜”等；二是表示图案内容，如“龙凤呈祥”“立鹤步云”“黄山图”“棉花图”“西湖图”等；三是表示制法古老，如“古隃麋”“易水光”“东坡墨法”“轻胶十万杵”等；四是借用典故，如“小道士”“元香太守”“客卿”“神品”“东斋注易”“松滋侯”“元中子”等；五是供收藏和纪念的，“如××氏家藏”“黄海归来”等。

成品墨常见的有长方形、圆饼形、圆柱形、人形、物形、多角形、异形等，宜小不宜大，沈继孙《墨法集要》云：“厚大利久，薄小利新；厚大难工，薄小易善。”小的5钱、8钱，大的2两、4两最为合适。计数单位古时有螺、量、丸、枚、笏、挺、剂、牒、锭等。现代多用锭。现代徽墨质量有部颁标准，项目有耐水性、扩散率、发墨度、黏度、浓度、吊角、上下端厚度差、溢色、层次、滞笔性、墨色、墨味等13项，共100分。

五、关于天注公和余德公的纷争

天注公是后人对胡开文墨业的创始人胡天注的尊称。胡天注是徽州绩溪县上庄人。在《绩溪上川明经胡氏宗谱》中有这样的记载：

“天注公，驰赠奉直大夫，名在丰，字柱臣，事迹见善行。生于乾隆壬戌年（1742）六月二十七日未时，故于嘉庆戊辰年（1808）十二月初一日巳时……元首公派，从九品，独修观澜阁下至杨林桥大路，建竦峙半岭亭，始创胡开文墨业。同治中重修祠宇，其子孙恪守先业，合力捐银五百两赞助其事。”

“余德公：议叙监运司知事，覃恩累赠中宪大夫，晋赠资政大夫，名正，字端斋，号荣朗，又号开文，事迹见善行。生于乾隆壬午年（1762）

十一月二十九日辰时，故于道光乙巳年（1845）九月三十日午时……道光八年，合邑议建东山书院，公捐银一千两以为之倡设。开文墨业于休城一艺名家，迄今贡墨均开文虔制。”

从上面摘录的《胡氏宗谱》来看，胡天注“始创胡开文墨业”，应该是无须争论的事实。胡余德又号“开文”，这里的号（开文）和店名（胡开文）毕竟是两回事，两者不能画等号。对于上面《胡氏宗谱·善行》中，关于胡余德的那段无标点的文字，有人断句成“道光八年，合邑议建东山书院，公捐银一千余两以为之倡，设开文墨业于休城，一艺名家，迄今贡墨均开文虔制”，并由“设开文墨业于休城”而得出胡开文墨业是胡余德创设的结论。这样的断句和结论至少有两点值得商榷的地方：其一，“议建”和“倡设”是两个不能拆开的词，而且两词是相互对应的，“议”对应“倡”，“建”对应“设”，前后联系起来看，应该是“倡议建设”的意思，不能将“倡设”拆成“倡，设”。其二，仅以“设开文墨业于休城”这句话，也不能说明胡开文墨业就是胡余德创设的，整段文字应该前后联系起来分析，不能断章取义。我们认为《胡氏宗谱·善行》中记述的是胡余德捐银倡设东山书院之事，没有必要说明开文墨业是谁创设的，如果说开文墨业是胡余德创设的话，那么《胡氏宗谱·世系》中的胡余德条应该有所记载。因为世系记载的是家谱中先人的姓氏名讳、字号谥号、生卒年月、功名行事、科第职官、妻妾子女、坟茔葬地等，也就是说世系记载的是家族成员的传记或简历。可是在《胡氏宗谱·世系》中，记载“始创胡开文墨业”的不是胡余德，而是胡余德的父亲胡天注。此外，在《胡氏宗谱·善行》中，与胡余德条同在一页的还有胡天注条，其内容是：天注公“……独修观澜阁下至杨林桥大路，建竦岭半岭亭，始创胡开文墨业……”这前后两条联系在一起，我们只能理解胡余德只不过是子承父业，捐银一千余两是经营开文墨业所得。在胡余德所立的《天注公分析阄书》后序中，也曾明确记载“先父创海阳、屯溪二店，屯店命长兄恒德经持，海阳命予管理，与兄长各承父命”。以上两处记载都更足以证明胡开文墨业的创始人是胡天注。

【附录】　“胡开文”墨业起名于何时曾经众说纷纭

要搞清楚胡开文的起名问题，首先得解决是先有胡开文墨业，还是先有胡余德的又号“开文”。有人认为胡开文得名于胡余德的又号“开文”，是胡余德用自己的号来命名店名的，并由此推测出胡开文起名的时间：

其一，“胡开文”招牌的挂起，当在胡天注去世（1808）后不久。因为那时胡天注已去世，胡余德已自立，又适逢壮年得志之时，因此胡余德才有抛开旧字号的可能。

其二，“胡开文”招牌的挂起，最早不超过乾隆五十四年（1789），即胡余德生母汪氏郁郁病逝之时。因为汪氏是汪启茂之女，汪氏去世胡余德才有可能撇开和更换“汪启茂”的店名。否则，胡余德要受到汪氏的强烈谴责。

以上两种推测，两个时间似乎有点想当然。

首先，早在胡天注逝世前，“胡开文招牌字样”就出现在绩溪上庄胡开文纪念馆保存的胡天注立的《思齐堂·天注公分析阄书》中：“店业：休宁城墨店坐余德，屯溪墨店坐颂德，听其永远开张，派下不得争夺。屯店本不起桌（做墨），所卖之墨向休城店制成发下。往后不论墨料贵贱照买，不得增减。屯店代休城店买办各货，照原价发上，不得加增，倘屯店起桌，不得更换胡开文招牌字样。”在安徽师范大学徽商研究中心现藏的抄件《胡氏阄书》中，原段文字为：“屯店起桌自造，更换‘胡开运’招牌，不得用‘胡开文’字样。”请注意两份阄书虽然文字有所出入，但都出现了“胡开文”字样，而且两份阄书都是胡天注立的，这也说明“胡开文”招牌是胡天注创立的。

胡开文纪念馆

至于“胡开文”是因胡余德又号“开文”得名，还是胡余德的又号“开文”是因“胡开文”而得名。我们从《胡氏宗诺》关于胡余德的记载中，可以看到胡余德原来就有号“荣朗”；“开文”只是他的“又号”。对于又号“开文”的由来，据上庄族人听老一辈说，清末民初上庄族谱编撰人是根据礼部尚书祁雋藻撰写的《墨赞》中有“胡君开文”之句，并认为“胡君开文”指的就是胡余德，因而推出胡余德有“开文”的别号。其实《墨赞》题写于1848年，此时胡余德已经逝世三年，胡开文墨店已由胡余德的儿子胡锅熊主持。

六、上庄胡开文墨业遗迹

（一）红门楼

天注公创业后起堂名为“思齐堂”，教育子孙要“见贤思齐”（《论语》）。自己更是身体力行，博取众艺，苦心经营。墨质不断提高，造型更加讲究，并集使用价值与观赏价值于一体，独创集锦墨。

此民居具有一定的历史、艺术价值，包含了胡开文后裔的创业史。胡天注八房五世孙胡祥均（乳名烧炭），在沪创业胡开文广户氏墨厂。

胡开文故居正厅——思齐堂

胡祥均苦心经营钻研，业务蒸蒸日上，全国各大商埠均设分店，致富以后，回里将旧屋改建西式门面，后又在正屋右边用钢筋水泥结构建造洋式平台会客室一间，钢筋水泥均由上海购运回来，并特请上海泥水匠、木工来施工建造，当时在上庄以钢筋水泥建造还是少见，况且墙面有红色涂料，后人称红门楼。

（二）敦覆堂

敦覆堂俗称老屋，为省重点文物保护单位，明代建筑，坐落在上庄村，总面积278平方米。该建筑坐北朝南，面阔三间，进深七间，东西对称。砖木结构，二楼通转，外围封火墙，中部设有天井。该建筑结构的大门式样、天井格局和内部装饰具有明代特征，是古村落上庄重要的文化遗存之一。更具特色的是门口有一条出水沟，几百年一直出清水。

（三）花门楼

此宅虽建造时间不长（清朝末年），可风格很典型，为六部通转楼，徽派三雕很突出，特别是以梅、兰、竹、菊花卉为图案的门楼砖雕更显高雅。这与主人的苦心精心细心的保存分不开。房东为胡天注六房八世孙胡毓中所居（七世孙旅居台湾）。

此豪华民宅的建造，为胡天注六房四世孙胡源阶于1869年在芜湖开设胡开文源记；1888年又在南京开设分店（制记开文）；同年又在汉口增设分店（贞记胡开文），后由其侄胡祥善担任经理；后又将贞记胡开文出盘给胡祥善，祥善经营有道，蒸蒸日上；又因年事已高，由子胡三开负责经理，并设茶业火腿庄，此后营业更加发展，赚了钱发了财回里兴建此楼房两幢（先西后东），兴修先墓、祖墓、资助教育等。

七、胡开文墨业经营文化

清代咸丰、同治年间，由于战乱和社会的腐败，徽州制墨业逐渐衰退，名家、名品的声誉也随之冷落。但唯有胡开文一家独逞一时之秀，一直保持着兴盛的局面。特别是他的“苍佩室”墨成了“抢”进皇室的贡品。这是什么原因呢？后人分析有三个缘由：一是胡开文重用墨模雕刻、设计人才。他曾不惜耗费巨资，派专人去搜集圆明园、长春园、万春园、北海、中南海等园林建筑的蓝图，在汪近圣的基础上，邀请名家名匠重新绘制雕刻，终于制出了《御园图》墨六十四块。二是胡开文有一套“生意经”，他经常派出他的九个儿子到全国各地销售墨锭，扩大影响。三是胡开文极注意制墨的质量，以“造型新颖，墨质精良”而压倒了诸家，这也是他成功的最重要的一点。

胡开文纪念馆北门

据宣统版《上川明经胡氏宗谱》载，第二代胡开文（即胡天注次子胡余德），曾造出一种墨，声称在水中浸泡多长时间也不溶化散色，因此慕名购此墨的人越来越多。一日，有位游学的先生访问休宁，购买一布袋这种墨。不巧，他过河时摔了一跤，连人带墨都倒在河水里。上岸后，黑墨水淋了他一背，打开袋子一看，原来袋子里的墨经水浸泡，有的已溶化了。游学先生背着这袋墨找到了休宁胡开文，胡氏开始不信，游学先生当场以盆盛水，将墨浸入其中，不久，便见墨裂色散。胡开文当下连声道歉，以一袋“苍佩室”墨赔还。此后，他便令所属各店各坊，立即停制停售，并以高价买回这种墨。不久，将这种墨全部倒入休宁城外的一池塘中，这池塘也变成“墨池”了。

如今，那“墨池”已经被泥土淤塞，再也看不到当年的痕迹。但胡开文毁墨于一池的故事，却还在徽州一带流传着。

徽墨作为徽商在明清的鼎盛时期的团队成员，在经济发展上是一支劲旅轻骑队，在徽文化的发展上，起着“笔杆子”战斗队的作用，几乎达到了“无徽不成镇，无墨不成商，无绩不成街”的境界。在徽墨最鼎盛的黄金期——清代初中期，徽墨四大家，绩溪占半壁江山。绩溪尚田人汪近圣以墨艺制胜，以其子被聘授予清廷任教墨官为代表，享誉墨业艺坛。胡开文以“苍佩室”的品牌，拓展了套装墨、贡品墨、御制墨、精品墨、特制墨、礼品墨、专用墨、普通墨等系列产品，占到了市场的大份额，以营销为龙头，拓展布点网络，内强技术和质量，把徽墨名牌推向了顶峰。其特色和成功经验是：

（一）弘扬徽商“贾儒结合”之风，内强自身的“文武”

胡开文名店名牌的创始人胡天柱，在经营墨业致富后，捐得九品，驰封奉直大夫，在上庄乡里施政善事，深得好评。胡开文墨店的二代继承人胡余德，有盐运司知事、中宪大夫、资政大夫三个官衔。胡余德有九个儿子，其中一个岁贡生，六个国学生。胡开文名店的第三代继承者胡贞观，举人出身，亦官亦商，为徽墨名牌胡开文最具活力的黄金时期。胡余德为绩城建东山书院，捐银一千两。村里造宗祠，建小学，胡开文店号都捐了大批的钱。休宁万安创办省立二中，胡天柱的第六代孙胡洪椿也有资助。

（二）光大家族承继优势，拓展徽墨市场

胡开文徽墨名牌，历经260年，名牌不倒，一枝独秀。历六七代传人的努力，胡开文墨店的金字招牌，挂满大江南北的主要城市，其数目达几十家之多。1923年胡适到杭州治养病，就在杭州胡开文墨店，约会乡亲，共享“一品锅”。其中汉口胡开文，曾使用“洋烟”，并在重庆和黟县渔亭设制烟厂，进行一条龙生产。

（三）为官宦名人制墨，上扬胡开文名牌

徽墨作为一种艺术品和礼品，其时深受政要名流的喜好，代表着儒家的风采和名片，起着特殊的“外交”作用。如《鱼戏莲》古墨，是乾隆皇帝视察江南时，歙人清廷宰相曹文植定制的名墨，实则是刻在墨上的奏文，皇帝一看，大为赞赏。特别是《御制御园图墨》是阮元大学士的贡墨。新中国成立后，国家领导人和文人大家为徽墨题文作图，制成精墨，既上扬了徽墨名牌的高位化，也使徽墨成为黄山旅游纪念品的热门化。

（四）精制名品，参展获奖

胡开文的“御园图”集锦墨、“西湖名胜图”和“黄山图”等套墨，都是胡开文的成名作。1910 年，胡开文的特制墨，参加南京“南洋劝业会”展览，获优等奖章；1915 年胡开文的“地球墨”，获美国旧金山“巴拿马万国博览会”金质奖章；上庄老胡开文墨厂，为亚洲运动会制作系列墨；现绩溪良才墨业公司是 2008 奥运会的定点生产商，等等，都是“墨文化”的发扬光大。

八、胡开文墨业的新进展

胡开文墨业发展到近代已是派系众多，大小作坊几十个。无论从哪个方面说，真正工艺能够得到市场广泛认可的还是三家大厂（屯溪、歙县、上海）。平心而论，就墨而言，三家大厂从工艺上讲，各有特点，无所谓谁好谁坏。也没有哪个小作坊具备能够挑战这三家大厂的能力。现在，很多用墨人士在三大厂中首选屯溪胡开文。原因有三个：一是屯溪胡开文是新中国成立后最早建立的国营厂家，二是很多工艺的变革都是从屯溪开始的，三是屯溪现在还保留着“地球墨”的实物。

“超细”的问题，主要的是里面有没有“炭黑”的问题。其实墨都可以叫作“炭黑”。所谓油烟与大家常说的炭黑（其实是指工业炭黑），不过是“灯烟炭黑”与“工业炭黑”的区别罢了。墨里加漆也好，加炭黑也罢，都是为了提高墨色的黑度，没有什么本质的区别。这也不是制墨最关键的问题。墨中加炭黑不是什么坏事情，是一个再也正常不过的事情，与加漆的墨来比，分辨不出什么，更谈不上谁好谁坏。现在制墨的，无论是大厂还是小厂乃至于个人，都是加的炭黑。

超细最早是针对海外市场的产品。屯溪厂是最早研究出超细的厂家。超细的配方其实就是超顶漆烟的配方，只是工艺不同罢了。现在很多厂家都有所谓超细，其实只能叫作工艺上的超细，因为真正掌握这个配方的现在只有两家，一个是屯溪厂，一个是歙县厂。

从超顶到超细，发生在 20 世纪 80 年代末 90 年代初。总的说来，初期的超细比现在的超细好，大厂的比小厂的好。90 年代初，上海墨厂对于超细很感兴趣，苦于无法掌握配方与工艺，曾委托屯溪胡来文代为制作了一批超细，叫作超 101 油烟，这个事情其实也是屯溪厂从新中国成立以后，一直位于制墨工艺前沿尖端地位的佐证。

关于松烟的发展，20 世纪 80 年代屯溪歙县两家胡开文墨厂的松烟，无论是从烟料还是工艺方面乃至于上纸效果看都很接近，上海厂所标松烟的，几乎全部是工业炭黑。徽州（屯溪、歙县两家）胡开文和上海墨厂对于材料的选择，主要是因为成本的关系，徽州当地松烟的价格比工业碳黑还要低，这点上海墨厂却没有条件。到了90年代初，屯溪胡开文开始研制纯松烟，屯溪胡开文和歙县胡开文在松烟的制作上由此开始了分道扬镳。纯松烟因其价位低，使用效果好，在当时取得了很好的市场效益。直到今天，纯松烟还是屯溪胡开文的主打产品，虽然有很多大大小小的厂家都在生产纯松烟，但因为屯溪纯松烟的配制及工艺始终没有外流，所以在众多的所谓“纯松烟”中，仍然显示出了它与众不同的内在品质，对于经济条件有限的朋友们，纯松烟的低价位应该是购墨的首选。

第九章　从思想启蒙到文化转型

第一节　戴震是徽州近代文化转型的启蒙思想家

戴震（1724—1777），字东原，又字慎修，号杲溪，汉族，休宁隆阜（今安徽黄山屯溪区）人，清代著名语言文字学家、哲学家、思想家。乾隆二十七年（1762）年举人，乾隆三十八年（1773）年被召为《四库全书》纂修官。乾隆四十年（1775）年第六次会试下第，因学术成就显著，特命参加殿试，赐同进士出身。戴震治学广博，音韵、文字、历算、地理无不精通，进而阐明义理，对理学家"去人欲，存天理"之说有所抨击。其视个体为真实、批判程朱理学的思想，对晚清以后的学术思潮产生了深远影响。梁启超称之为"前清学者第一人"，梁启超、胡适称之为"中国近代科学界的先驱者"。

戴震的启蒙思想来自他的哲学研究，他从严禁的考据入手，把考据学的出发点放在有意识地继承并发扬顾炎武以后的学术传统，他提出"由故训以明义理"和"执义理而后能考核"的学术思想，既反对程朱理学空谈义理的虚玄无物，又反对乾嘉考据的矫枉过正。他说："凡学始乎离词，中乎辨言，终乎闻道。""离词—辨言—闻道"，构成了戴震哲学的主体框架。在戴震看来，故训明物，乃是明道之具，两者是不能分开的。他说："夫今人读书，文字之鲜能通，妄谓通其语言；语言之鲜能有通，妄谓通其心志。"戴震的意思是，义理、考据、文章（词章）同为学问之途，"义理即考核、文章二者之源"，义理是最为重要的，考据、词章只不过是通向义理的手段。这直接导致了戴震的考据学具有与众不同的性质："有志闻道，为非求之《六经》、孔、孟不得，非从事于字义、制度、名物，无由以通其语言。宋儒讥训诂之学，轻语言文字，是犹渡江河而弃舟楫，欲登高而无阶梯也。"

戴震所著《孟子字义疏证》《原善》《答彭进士允初书》等，批判宋明以后程朱陆王之学，集中阐明其哲学主张，在清代思想史、哲学史上具有重要意义。书中提出了“气化流行，生生不息，是故谓之道”的见解，认为理就是条理，而宋明理学家的所谓理，不同于儒家经典中的理。他指出：“就事物言，非事物之外别有理义也。”他抨击程朱“以理为气之主宰”是“诬圣乱经”。痛斥宋明理学家的“存天理，灭人欲”之说是“适成忍而残杀之具”，是“以理杀人”。与之针锋相对，他提出了“欲，其物；理，其则也”的命题，认为“凡事为皆有于欲，无欲则无为矣。有欲而后有为，有为而归于至当不可易之谓理。无欲无为，又焉有理?”从而建立起带有浓厚考证色彩的人性说。戴震借助对《孟子》的再次诠释（主要见于他的代表作《孟子字义疏证》），重新解释了理、天道、性、才、道、仁、义、礼、智、诚等哲学范畴，在继承并尖锐批评程朱理学的同时，展现了自己的哲学思想。他坚持“气化即道”的宇宙观，谓：“道，犹行也；气化流行，生生不息，是故谓之道。”他还说：“阴阳五行，道之实体也。”也就是说，阴阳五行永不停息的运动构成了道的真实内容。戴震的哲学思想特别擅长于哲学分析、抽象与理性思辨。他重新梳理了“化之原”与“化之流”、“生生者”与“生生而条理者”以及“自然”“必然”“本然”的关系，认为宇宙生命及其变化的源头是“仁”，“仁”是“生生者”，“变化之流”是“生生之条理者”，即“理”。换言之，人道本于性，而人性源于天道；天道固无不善，人道、人性自然也就无不善；于是，人的生命价值与宇宙生命的意义就融汇于“天人合一”的境界：基于本然之德，归于必然之常，以全其自然之顺。戴震最大的理论贡献在于打破了“天理”“理”的神圣性、神秘性，他用分析的方法将其还原为不同类型与不同事物的规定性，借助先秦两汉时期质朴、平实的经典释诂，指出所谓“天理”就是天然的、自然而然的道理。宋儒将“理”与“欲”截然对立，戴震则认为，“理”与“欲”是统一的，欲望的适当满足就是“理”。“理者，存乎欲者也”。他十分注重人的血气心知，认为：“人生而有欲、有情、有知，三者，血气心知之自然也。唯有欲有情而又有知，然后欲得遂也，情得达也。”欲、情、知是天赋的人性，天赋人以“心”，即理性思维来调节作为感性存在的人。换言之，人欲并不可怕，也不是邪恶的，追求人欲的满足是正当的人性要求。欲、情、知三者顺畅通达，才是人生的理想状态。

戴震以“理欲一元”的论说，打破了程朱理学“理欲二元论”的藩篱，并且视程朱之“理”为专制主义的“残杀之具”。“尊者以理责卑，长者以理责幼，贵者以理责贱，虽失，谓之顺；卑者、幼者、贱者以理争之，虽得，谓之逆。于是下之人不能以天下之同情、天下所同欲达之于上；上以理责其下，而在下之罪，人人不胜指数。人死于法，犹有怜之者；死于理，其谁怜之？”诸如此类的论述在辛亥革命和五四运动时期都十分流行。这些思想在客观上反映了当时市民阶层的平等要求，包含着启蒙思想的因素，是中国文化现代转型的先声。

第二节　胡适追随戴震助推徽州近代文化转型

1927年，胡适在上海商务印书馆出版他在中国哲学方面最重要的著作之一——《戴东原的哲学》。根据胡适的日记记载，他是在1922年3月从刘文典那里借来《孟子字义疏证》，途中到一家小饭馆吃饭，把书看了一卷，立即感到此书的厉害。① 1923年年底，他即开始撰述《戴东原的哲学》。从此，他后半生的所有学术研究，几乎完全集中在戴震思想研究及考证《水经注》方面。金观涛说，胡适一生并没有留下大部头的学术著作，唯有一百多万字的《水经注》考证是例外。为了推翻历来有关戴校《水经注》乃剽窃赵一清的说法，无论是抗战时期他在美国繁忙的外交事务中，还是在国共交战之际，他从未忘记过收集《水经注》的版本。为戴震洗冤，成为胡适持之以恒、至死不渝的目标。② 周昌龙说，这项考证之所以重要，是胡适力图推翻程朱理学的信徒对戴震的攻击，从戴震学术品质（心术）之高尚来证明其学术之正确。③ 更显示戴震的新义理学是在清朝学术全盛时期的哲学；它上接程朱格物穷理之说，旁通西方实验主义哲学，是中国“科学时代的新哲学”之原型母体。④

胡适对戴震近于偏执狂的推崇与捍卫是一个众所周知的事实，我们认为，这一事实在思想史研究中的意义在于：它有助于我们分析胡适自由主义的内在结构。近几十年来，学术界早已注意到胡适实验主义主张与杜威实验主义的巨大差异，但胡适实验主义的理念形态至今尚没有得到透彻研

---

① 中国社会科学院近代史研究所中华民国史研究室．胡适的日记［M］．香港：中华书局，1985：297，319.

② 金观涛，刘青峰．试论中国式的自由主义：胡适实验主义和戴震［J/OL］．http：//www.21ccom.net/articles/sxwh/shsc/article_20140214100584_5.html.

③ 周昌龙．超越西潮：胡适与中国传统［M］．台北：台湾学生书局，2001：26.

④ 周昌龙．戴东原哲学与胡适的智识主义［C］//新思潮与传统：五四思想史论集．台北：时报文化出版企业有限公司，1995：153.

究，它与戴震哲学的比较也因学科分界而长期被忽略。我们认为，胡适之所以推崇戴震，最主要的原因就是他所认同的自由主义的思想方式与戴震哲学具有同构性；胡适对戴震哲学的了解和共鸣，促使捍卫戴震思想成为他毕生的学术事业。具体来说，胡适对戴震思想的保护和推崇，是出于以下七个方面的原因：

一是胡适要做戴震的再传弟子。历史表明，戴震思想的传承有一个慢热的过程。戴震在世及去世的200年间，由于文字狱的因素，很多人囿于思想的禁锢，没有在“去私存欲”和“体民之情，遂民之欲”等自由思想上继续发扬光大。1923年是戴震200周年诞辰，胡适在整理国故的研究中发现戴震弟子中除了一些文字训诂高足外，他的最为有经世致用的新思想无真正的后传。胡适感觉到责任的重大，他在《戴东原的哲学》一书中指出：“他（戴震）在经学考据的方面，虽有开山之功，但他的弟子王念孙、段玉裁等人的成绩早已超过他了。他在哲学方面，二百年来，只有一个焦循了解得一部分；但论思想的透辟，气魄的伟大，二百年来，戴东原真成独霸了！”① 因此在胡适看来，戴震不仅是清朝中期的经学大家，更是一位杰出的思想家，其在哲学上的成就更为瞩目。关于戴震在中国哲学史上的位置，胡适在《戴东原的哲学》一书中如是评价道：“这八百年来，中国思想史上出现了三个极重要的人物，每人画出了一个新纪元。一个是朱子（1130—1200），一个是王阳明（1470—1528），一个是戴东原（1724—1777）。”② 其将戴震与南宋朱熹、明代王守仁并列，足见戴震在哲学上所取得的成就。在胡适看来，戴震这样的离我们最近的中国思想史上有突出贡献的大思想家的思想必须结合时代特点予以传承并发扬光大。

二是国学大师王国维的点拨。1923年12月16日，胡适第一次拜访国学大师王国维，两人交谈了一个多钟头。王国维谈到清代的大学者戴震的哲学时说：“戴东原之哲学，他的弟子都不懂得，几乎及身而绝。”③ 王国维的议论并非随意为之，他是在跟一个有着中国哲学发展历史使命的胡博士交代重任。因为就在这年的1月，已经成为中国哲学史权威的胡适在《国学季刊》的“发刊宣言”中说：清朝“这三百年之中，几乎只有经师，而无思想家；只有校史者，而无史家；只有校注，而无著作”。虽然胡适在说这句话的后面，还加了句：“这三句话虽然很重，但我们试除去

① 胡适．戴东原的哲学［M］．合肥：安徽教育出版社，1999：144.
② 胡适：戴东原的哲学［M］．合肥：安徽教育出版社，1999：139.
③ 胡适日记全编（第四册）［M］．合肥：安徽教育出版社，2001：131.

戴震、章学诚、崔述几个人，就不能不承认这三句话的真实了。”但是，这个时候胡适还是把戴震与章学诚、崔述并列相提的，其地位远没有胡适后来推得那么高。同时，我们觉得这个时候，这三人之中，胡适更推重章学诚，因为他不惜花费心力为章写了年谱。实际上，胡适在写《〈国学季刊〉发刊宣言》时，刚刚读过戴震的作品不久。1922 年 3 月 26 日，胡适从刘文典处借得戴震的《孟子字义疏证》，看完一卷之后惊叹“此书真厉害!”① 可见当时他尚未考虑到戴震在思想史上的地位这个问题。王国维的话使胡适重新考虑这个观点。见到王国维的当天晚上，胡适就开始作文论述戴震在思想史上的位置。“今晚试作此文，成千余字，未完”②。1924 年 1 月 6 日，胡适发表《戴东原在中国哲学史上的地位》一文，推戴震为中国近八百年来三大哲学家之一。1925 年 8 月 13 日，胡适在《戴学的反响》一文中再次表达借戴学中兴中国哲学的愿望。他说：“我们生在这个时代，对于戴学应取什么态度呢？戴学在今日能不能引起我们中兴哲学的兴趣呢？戴学能不能供给我们一个建立中国未来的哲学的基础呢?”③ 显然，胡适有意要借戴学推出自己的哲学思想，这也是一种自觉的民族哲学中兴的历史使命。

三是胡适有着与戴震同样的求实精神和经世致用的社会关怀。戴震提倡实事求是的思想：“举凡天地人物事为，求其必然不可易。”④ 可见他肯定了“天地人物事为”是“本”，是“自然”，要在“自然”中寻求“必然”，并坚持在“天地人物事为”中“察之几微必区以别之名”才是“理”。治学方面。他坚持从字义考释入手去解读古书，他对考据的要求准确无误，重实证，针对当时社会出现的新问题，戴震力倡“求实”“求真”“求是”，“理欲之辨”成了这一时期的中心话题。他反对“存天理，灭人欲”，并不主张纵欲，而是提倡以理节欲。尽管戴震的实事求是思想主要还是借助传统儒学的外衣，他的实事求是也还没有认识到社会实践的作用，然而批判和求是已自觉地成为戴震的思维方法乃至其整个哲学的主导思想。历史地看，戴震的求实精神是颜李学派的延续。所谓颜李学派，是由清初思想家、教育家颜元和他的弟子李塨创立的学派。颜李学派标志“实学”，主张“实文、实行、实体、实用”，与清初官方提倡的宋明理学

---

① 胡适日记全编（第三册）［M］．合肥：安徽教育出版社，2001：594-595.

② 胡适日记全编（第四册）［M］．合肥：安徽教育出版社，2001：133.

③ 胡适．戴东原的哲学［M］．合肥：安徽教育出版社，1999：136.

④ ［清］戴震．答郑丈用牧书［M］．戴震集．上海古籍出版社，1980：186.

相对立，在社会上产生过相当大的影响，被称为："颜李之学数十年，海内之士斐然成风。"一百多年后，胡适在这里整理国故的时候也倍加推崇该学派。1935 年 5 月 9 日、16 日、23 日三个下午，胡适到燕京大学连讲三场"颜李学派"的讲座。第一次讲完，胡适自我感觉良好，当日写道："下午到燕京大学讲'颜李学派'的第一讲，拟分三讲：①颜元。②李塨。③李塨与颜李学派的转变。今天第一讲成绩不坏。"[①] 第二次讲完，胡适又记道："习斋生于一七三五，今年正是他的三百年祭。"[②] 可见，戴震、胡适都主张学术思想的实用功效，有着同样的求实精神和经世致用的社会情怀。

四是胡适有意无意地视戴震哲学为自己奉行的实验主义的中国源头，有回避"西化"的指责——回归中国儒家传统的考虑。胡适作为新文化运动的精英，在思想方法上是经历了一个痛苦的历程的，即他由最初的提倡全盘西化和彻底地、不可调和地反叛传统，到文化冲击初步见效后再回归到文化自尊上来。依胡适之见，中国有一种固有的"文化惰性"，这种惰性根源于固有环境与历史条件下形成的生活习惯，也就是文化的本位。即使物质生活骤变，思想学术改观，政治制度翻造，那个本位都不会有毁灭危险的。因此在多种文化冲突中绝对不能采取折中的态度．要改造中国，"只有努力全盘接受这个新世界的新文明，全盘接受了，旧文化的惰性，自然会使他成为一个折衷调和的中国本位的新文化"[③]。我们不难看出，胡适一生的论点似乎前后矛盾，但细究起来，又不无道理。他认为，西化就是现代化，所谓的不可调和，说的是西化的态度绝不动摇，实现西化的策略必须果断。在他看来，只有采取极端的西化策略，即所谓的"矫枉过正"，才能根治中国固有的"文化惰性"，才能使中国成为理想的文明国度。就其对中国固有文化的批判而言，胡适这一观点无疑是正确的。

五四运动前后，旧的体制和权威摧毁了，新的体制和权威还没有建立，因此造成历史危机中的文化结构软弱无力。随着传统文化被切割、被否定，人们的文化精神处于一种被放逐的状态。但在许多人的潜意识中，传统文化的精神和根基还是挥之不去的，他们显然处在或扬弃传统文化，或照搬西方文化的两难抉择中。胡适将这种境况下的文化碰撞称为"发散渗透型"或"发散吸收型"，意思是"长期曝露与慢慢渗透造成的文化变

① 胡适全集（第 32 册）［M］．合肥：安徽教育出版社，2003：447.
② 胡适全集（第 32 册）［M］．合肥：安徽教育出版社，2003：454.
③ 胡适．编辑后记［J］．独立评论，1935，（142 号）．

动”，“我们实在是让一切观念、信仰、制度很自然地与西方文明慢慢接触，慢慢接受感染，接受影响，于是有时起了一步步渐进的改革，也有时起了相当迅速或激烈的变动”①。这种“发散渗透型”的特点是自然平稳地过渡，循序渐进地演变。通过“长期接触”和“缓慢渗透”，民众可以在潜移默化中受到西方文明的熏陶和影响，逐渐了解世界新文化的优越和好处，然后再以我为体慢慢消化吸收。于是乎，新的文明可以缓慢地渗透到中国人的生活、习惯、观念、信仰诸方面，同时也在优化推进中国的传统文化。

胡适对本民族的文化传统是有信心的。他说：“那种种自动的革除淘汰，那种种数不清的采纳吸收，都不会破坏这个站在受方的文明的性格与价值。正好相反，革除淘汰掉那些要不得的成分，倒有一个大解放的作用；采纳吸收进来新文化成分，只会使那个老文化格外发扬光大。我决不担忧站在受方的中国文明因为抛弃了许多东西，又采纳了许多东西，而蚀坏、毁灭。”② 胡适认为，如果“要不得的成分”不“革除淘汰”，西化的目的就难以达到，可能还会倒退到原有的文化惰性状态。根据胡适的论说，文化的本位只能是人，而不可能是其他。有论者这样解读他的观点：“那无数的人民才是文化的‘本位’。那个本位是没有毁灭的危险的。物质生活无论如何骤变，思想学术无论如何改观，政治制度无论如何翻造，中国人还是中国人。”③ 胡适的文化“本位”观在文化人类学家莱奥·弗罗贝纽斯那里也得到证实，“每一种文化都有自己的灵魂”。可见，许多人看到的正是胡适思想的表象，其内质恰恰有如戴震一样是传统的。

五是方法论方面的考量。胡适倡导“大胆的假设，小心的求证”的治学方法，是其通过对传统文化和西方现代方法论的吸收、借鉴、消化、改造而成，胡适学术思想与戴震的学说存在千丝万缕的内在联系。芮常木、肖泉两位同志在《胡适治学方法及其与朱熹、戴震学说的渊源》一文中有过详尽的分析。对研究对象分析至微，掌握其不易之则是戴震治学的基本方法，也是胡适提倡的治学的科学精神。胡适完全理解并认同戴震的哲学思想。胡适认为戴震所谓的“道”应有两层含义：“一是天道，一是人道，

① 胡适．中国的文艺复兴［M］．北京：外语教学与研究出版社，2002：475.

② 胡适．中国的文艺复兴［M］．北京：外语教学与研究出版社，2002：475.

③ 李毅．“全盘西化”文化观的再认识［J］．中国青年政治学院学报，1998，（2）：64-69.

天道即是天行，人道即是人的行为。”① 在谈戴震的天道论时，胡适这样认为：“戴震的天道论，是一种自然主义。他从《周易》的《系辞传》入手，而《系辞传》的宇宙论实在是一种唯物的、自然的宇宙论，故王弼可用老庄的哲学来讲《易》，而宋儒自周敦颐、邵雍从道士队里出来，也还可依附《周易》，做成一种儒道糅合的自然主义。”② 他还说戴震“只认阴阳五行的流行不已，生生不息，便是道。这是一种唯物论，与宋儒的理气二元论不相同”③。戴震的大胆假设、严谨求证与胡适的大胆假设、小心求证如此接近。戴震的《与姚孝廉姬传书》阐明了自己独特的治经方法，这就是著名的“求十分之见”的方法。胡适也在治学过程中，形成了存疑—假设—材料—求证这一思路。总之，两人在考据、求证和对研究对象分析至微，掌握其不易之则是胡适又一对前辈倍加推崇的原因。

六是时代发展促成的结果。1923 年正好是戴震 200 周年诞辰，当时知识界对戴震的热烈推崇表明，戴震所代表的常识个人主义的传统思想资源已经被广泛注意。个人是人类生存及其一切社会活动的最小基本单位，是各种思想文化的有机载体和传播对象，是最有意义的利益实体。离开个人而奢谈什么幸福、理想、利益，纯粹是自欺欺人。个人权利与个人利益对个人来说，是生存与发展的主要动力，它与个人的存在同样久远。没有任何人能够完全抛开个人利益，试图铲除个人利益却保留个人的创造动力。显然，视个体为真实、普遍的真理为虚幻是常识个人主义的主要特征。在 20 世纪中国现代思想中，它是一种始终在发生作用的基本思想方式，甚至在五四以后它仍然是以胡适为代表的中国知识分子认同西方自由主义政治哲学的方法论核心。胡适称之为“积极的个人主义”。但是在 20 世纪早期思想论战中，随着个人权利被质疑，社会主义思潮的勃兴，常识的个人主义也显得相当无力。众所周知，1923 年的“科学与人生观”大论战，科学派大获全胜，真理是普遍真实而客观的存在似乎已毋庸置疑。这样，以唯物论宇宙观、经济决定论及革命人生观三项为主要内容，就可以整合成为高度和谐的新意识形态，马列主义者的声音也压倒了中国式自由主义。而且一旦强调真理的客观性，将其理解为普遍成立的放诸四海而皆准的存在，那么这种客观之理也应该是人人为之而奋斗的。常识的个人主义不仅在理论上被压倒，在实际生活中也暴露了个人的软弱性，这时个人主义随

① 胡适．戴东原的哲学［M］．合肥：安徽教育出版社，1999：21.
② 胡适．戴东原的哲学［M］．合肥：安徽教育出版社，1999：21.
③ 胡适．戴东原的哲学［M］．合肥：安徽教育出版社，1999：22.

即让位于为真理而奋斗的集体主义。这正是五四后期形成共产党和国民党两种列宁式或准列宁式政党后中国式自由主义面临的命运。胡适曾指出，1923 年是中国现代思想发展的一个转折点。1923 年以前，五四思潮的基本特征是着重于个性的解放，个人主义占极大的比重；在此之后，中国思想则进入“集体主义”时代。胡适作为现代自由主义的旗手必须坚守思想阵地。

当马列主义和三民主义日益确立起思想主权之后，中国现代自由主义若要生存，就必须批判和反抗这两种意识形态霸权。批判马列主义的辩证唯物论和三民主义的哲学基础，就需要引进新的思想资源，它导致 20 世纪 30 年代以后中国自由主义的复杂的面貌。此后，常识的个人主义仅仅作为中国式自由主义的一种深层思维模式存在，它不一定在外观上明显表现出来。例如，否定辩证唯物主义往往使科学主义者在思想方法上以逻辑实证论作为批判的武器，殷海光的自由主义就属于此例。但是我们必须看到，主张个体为唯一最终之真实，一直是大多数中国现代自由主义的灵魂，它或多或少地深藏在 20 世纪各式各样的自由主义者的思想中，特别是方法论中。

而且，由于共性不能离开个性而存在，只要人们强调个性、个体，常识的个人主义就很容易复活。因此，在整个 20 世纪中国现代思想的发展中，两种真理观的分歧一直处于自由化和反自由化拉锯战中。在 30 和 40 年代，它是决定知识分子选择马列主义还是自由主义的一个重要隐变量。即使是在马列主义占绝对统治地位的时期，在马列主义阵营内部，视个体为终极真实的常识个人主义或作风也从未消失过。毛泽东在 1937 年写过一篇名为《反对自由主义》的文章。毛泽东在文中批驳的种种自由主义，如“明知不对，少说为佳”，“个人攻击，闹意气、泄私愤、图报复”，“大事做不来，小事又不做”等，和戴震、胡适所讲的自由主义简直是风马牛不相及。但是，深究被毛泽东称为自由主义的种种表现，可以发现，它们都是漠视普遍纪律、规范，把个人欲望和利益看得比党的事业更重要，这实际上也可以看作常识个人主义有不断寻求社会地位的必要。

七是乡谊成分。徽州是个地域区划的概念，在文化人心目中更是一个精神家园。戴震是徽州休宁隆阜人，胡适是徽州绩溪上庄人。虽然相隔一个多世纪，但文化的认同是可以跨世纪的。只要读过胡适先生的一些回忆文章，我们就会发现胡适还是一个十分注重家庭背景的人，对世交和同乡的感情也很重。这一点唐德刚先生在文章中曾多次提到过。唐先生说，在那个“太后垂帘”的宗法社会里，由于“籍贯”对一个士子的“出身”

有极重要的影响，所以“读书人”一碰头便要叙乡里、攀宗亲、谈祖籍，尽管有些“祖籍”他们连做梦也没有去过。这是我国几千年来安土重迁的农业社会向工业社会发展途中的一种社会心理上的后遗症。这个传统在一个流动性极大的工业化和现代化的社会里，是很难保留下去的。但是在胡先生的“夫子自道”里，他却无意中为我们这个“颇足珍惜”的传统观念，保存了很多有价值的第一手社会史料。①

绩溪上庄石雕厂的八仙石雕

第三节　戴震和胡适的思想路径是统一的

戴震早胡适一个多世纪发出思想启蒙的号召，应者寥寥。一个多世纪的徽州经历了工商业的自由发展、徽商经济格局的变化、宗族社会治理结构的发展、太平天国运动、西方殖民主义的侵略等影响，特别是胡适亲身经历和比较出来的新旧思想感受，胡适成了中国传统文化的冷静思考者，他青年时期的国外留学经历也方便他睁眼看世界，很快就“暴得大名”，成为新文化的旗手和领袖。戴震、胡适都是所在时代的社会良心和思想灯塔，都有照远不照近的思想光辉。他们在接受自由主义的过程中，明显存在着中国知识分子都有的饥渴学习和吸收消化两种过程。这两种过程在清

① 唐德刚．胡适口述自传［M］．上海：华东师范大学出版社，1993：6.

中期到20世纪末的近300年中一直是且行且演进的。在清代新政时期自由主义传入的第一波时期，学习机制起重要作用。当时中国最著名的自由主义思想家大都具有类似于西方二元论理性主义的思维模式。而到20世纪以胡适为代表的中国式自由主义，则建立在对早期自由主义的批判继承和对民族自由传统的发掘之上。由戴震、胡适等所倡导的民族传统批判哲学虽然进步和缓，但确实是基于汉学由民族自身滋长出来的民主自觉和思想启蒙。从某种意义上说，戴震用严谨的考据方法，胡适向西方学习的方法，都是为了维护深厚的民族传统和民族文化精髓。因此，我们认为胡适中国式自由主义正是中国近代传统之一——戴震哲学的复活和现代表达。这表明，早期儒学到现代儒学经历多年的变革总是可以与时俱进的，适应时代潮流，也说明西方现代思想同样能够在中国土壤里生根发芽，并在中国特色现代化过程中长期起作用。

第十章　胡适的声名提高了上庄在文化史上的地位

第一节　36个荣誉博士学位的声名没有文化旗手著名

胡适获得的正式博士学位是美国哥伦比亚大学哲学博士学位。胡适于民国六年（1917）从美国哥伦比亚大学哲学系毕业，提交的论文是《中国古代哲学方法进化史》。当时由7人组成的考评组中，只有1位德国教授精通汉语，故论文被搁置下来。胡适当时急着回国，未能进行论文答辩，因此也就没有被正式授予博士学位。民国八年（1919）上海商务印书馆印行了胡适的论文，并定名为《中国哲学史大纲（上册）》，由蔡元培作序，署胡适博士著，轰动学术界。当时有人对胡适的"博士"身份提出疑问，说胡适是"假博士"。民国十六年（1927）三月，胡适访问美国，向哥伦比亚大学重新递交了《中国哲学史大纲（上册）》副本，正式领取哲学博士学位。

胡适一生获得过36个荣誉博士。时间跨度从民国六年（1917）至1959年。按学科分：哲学1个，法学24个，文学9个，人文学1个，不明学科（荣誉博士）1个；按国家和地区分：美国32个，加拿大2个，英国1个，香港1个。（见表10－1）

表10－1　胡适所获荣誉博士名录

年　份	学校、科研机构	学位名称
1917	美国哥伦比亚大学	哲学博士（毕业10后领取）
1935	香港大学	法学博士
1936	美国哈佛大学	文学博士
	美国南加州大学	文学博士

（续表）

年　份	学校、科研机构	学位名称
1939	美国哥伦比亚大学	法学博士
	美国芝加哥大学	法学博士
1940	美国韦斯尔阳大学	法学博士
	美国杜克大学	法学博士
	美国克拉克大学	法学博士
	美国卜隆大学	法学博士
	美国耶鲁大学	法学博士
	美国联合学院	法学博士
	美国柏令马学院	荣誉博士
	美国宾夕法尼亚大学	法学博士
1941	美国加州大学	法学博士
	加拿大麦吉尔大学	文学博士
	美国森林湖学院	法学博士
	美国狄克森学院	法学博士
	美国密达堡学院	法学博士
	加拿大多伦多大学	法学博士
	美国佛蒙特州大学	法学博士
1942	美国达脱茅斯学院	文学博士
	美国茅第纳逊大学	文学博士
	美国纽约州立大学	文学博士
	美国俄亥俄州立大学	法学博士
	美国罗切斯德大学	法学博士
	美国奥白林学院	法学博士
	美国威斯康星大学	法学博士
	美国妥尔陀大学	法学博士
	美国东北大学	法学博士
	美国普林斯顿大学	法学博士
1943	美国伯克纳尔大学	文学博士

（续表）

年　份	学校、科研机构	学位名称
1945	英国牛津大学	法学博士
1949	美国柯鲁开特大学	文学博士
1950	美国克莱蒙研究院	文学博士
1959	美国夏威夷大学	人文博士

这可能是中国博士学位最多的一位，但36个博士学位只有一个是胡适获得的正式博士，这个学位就是美国哥伦比亚大学哲学博士学位。历史证明，胡适“暴得大名”是他的思想而非学位。余英时评价说，对于这样一个启蒙式的人物，既不能用中国传统经师的标准去衡量他，也不能用西方近代专业哲学家的水平去测度他。他在西方哲学和哲学史两方面都具有基本训练则是不可否认的。这一点训练终于使他在中国哲学史领域中成为开一代风气的人。

第二节　文化运动新思想

胡适（1891—1962），原名胡洪骍、洪骍、嗣穈，字希疆，参加“庚款”留美考试后改名适，字适之，学名洪骍，笔名天风、藏晖等，安徽绩溪人（他的故乡是安徽绩溪上庄村），现代著名学者、诗人、历史家、文学家、哲学家。胡适因提倡文学革命而成为新文化运动的领袖之一。他兴趣广泛，作为学者他在文学、哲学、史学、考据学、教育学、伦理学、红学等诸多领域都进行过研究。胡适5岁开蒙，在绩溪老家私塾受过9年旧式教育，打下一定的旧学基础；早年在上海的梅溪学堂、澄衷学堂求学，初步接触了西方的思想文化，受到梁启超、严复思想的较大影响；1904年到上海进新式学校，接受《天演论》等新思潮，并开始在《竞业旬报》上发表白话文章；1906年考入中国公学，1910年考中“庚子赔款”留学生，赴美后先入康奈尔大学农学院，后转文学院学哲学；1915年入哥伦比亚大学研究院，师从唯心主义哲学家杜威，接受了杜威的实用主义哲学，并一生服膺。

胡适于1917年回国，任北京大学教授，加入《新青年》编辑部，撰文反对封建主义，宣传个性自由、民主和科学，积极提倡“文学改良”和白话文学，成为当时新文化运动的重要人物。同年，胡适在《新青年》上发表《文学改良刍议》，主张以白话文代替文言文，提出写文章“不作无病之呻吟”“须言之有物”等主张，为新文学形式作出初步设想。“五四”时期，他与李大钊等展开“问题与主义”辩难；陪同来华讲学的杜威，任杜威的翻译两年多；与张君劢等展开“科玄论战”，是当时“科学派”丁文江的后台。从1920年至1933年，他主要从事中国古典小说的研究考证，同时也参与一些政治活动，并一度担任上海公学校长。抗日战争初期，他出任国民党“国防参议会”参议员，1938年被任命为中国驻美国大使；抗战胜利后，1946年任北京大学校长。

他于1949年寄居美国，致力于《水经注》的考证等工作，后去台湾，1954年，任台湾“光复大陆设计委员会”副主任委员。1957年，他出任台湾“中央研究院”院长；1962年，在台湾的一个酒会上突发心脏病去世。胡适是个学识渊博的学者，在文学、哲学、史学、考据学、教育学、伦理学等诸多领域均有不小的建树。就对孔子和儒学的研究而言，在1919年出版的《中国哲学史大纲》（上卷）中，胡适首先采用了西方近代哲学的体系和方法研究中国先秦哲学，把孔子和儒学放在一定的历史条件下，用“平等的眼光”与诸子进行比较研究，破除了儒学“独尊”的地位和神秘色彩，具有开创性的影响。以后他又发表长篇论文《说儒》，提出“儒是殷民族教士”，“最初的儒都是殷人，都是殷的遗民”，“靠他们的礼教知识为衣食之端，他们都是殷民族的祖先教的教士，行的是殷礼，穿的是殷衣冠”；周灭殷后，“他们负背着保存入国文化的遗风”，“儒是柔懦之人，不但指那褒衣博带的文绉绉的样子，还指亡国遗民忍辱负重的柔道和生观”；孔子是殷民族“悬记”而生的“救世主”，“他从一个亡国民族的教士阶级，变到调和三代文化的师儒”，孔子的最大贡献在于殷民族部落性的“儒”，扩大到“仁以为己任”的儒，把柔懦的“儒”改变成刚毅进取的“儒”；孔子不是“儒”的创造者，而是儒学的中兴者；孔子的学说强调个人在社会中的地位，强调教育和仁政，并以此来影响整个社会。胡适“大胆假说”的观点在当时是惊世骇俗的，他的论证不够充分，不过他假设“儒”在殷时代就有了被后来的甲骨文研究判为事实。

胡适并不盲目崇拜孔子和儒学，他认为：“孔教不能适应时势需要”，“现在大多数明白事理的人已打破了孔教的迷梦”（《新思潮的意义》）；辛亥革命后的中国社会进步，“不是孔夫子之赐，是大家努力革命的结果，是大家接受一个新世界的新文明的结果。只有向前走是有希望的，开倒车是不会成功的”（《写在孔子诞辰之后》）。他对儒家强调的“三纲五常”持批判态度，说“三纲五伦”的话，古人认为是真理，因为这种话在古时宗法社会很有点用处。但现在时势变了，国体变了……古时的天经地义现在变成废话了（《实验主义》）。

五四时期，胡适连续撰写《历史的文学观念论》《建设的文学革命论》等文，提倡“国语的文学，文学的国语”并相继完成《国语文法概论》《白话文学史》等著作，对白话文取代文言文而成为现代中国人重要的思想和交流工具起了决定性作用。

在理论倡导的同时，胡适还进行了一些文学创作的“尝试”。其小说、剧本均未见成功，独有出版于1902年的《尝试集》，是文学史上第一部白话新诗集，颇有开拓之功。

文学创作非其所长，在新文化运动中，胡适另一主要贡献是输入新思想。其《易卜生主义》《贞操问题》，当年都是振聋发聩之作。而从问题与主义之争，到《人权论集》，再到主办《独立评论》，胡适始终坚持独立姿态和批判精神。抗战军兴，胡适出任驻美大使；胜利后又先后担任北京大学校长和中央研究院院长。但其始终保持书生本色，不曾背叛五四精神，是中国真正的知识分子。

胡适称新文化运动为“中国的文艺复兴”，并断言其有四重目的：研究问题，输入学理，整理国故，再造文明。照他的理解，所谓整理国故，就是用科学方法对三千年来破碎的古学进行一番有系统的研究。故胡适治学特重方法，屡次撰文介绍清儒与西哲的“科学方法”，以至于再三声称他的学术研究都是为了证明并推广其“科学方法”。

胡适治学有两个主要领域，一是中国哲学史，一是中国文学史。尽管《中国哲学史大纲》只出版了上卷，《白话文学史》也没有下编，可这两部书都是建立规范并奠定学科基础的经典性著作。后人可以赞赏，也可以批评，却无法漠视其存在。前者的平视诸子以及历史的眼光，后者的双线文学观念，都是对20世纪学术发展影响甚深的“大胆假设”。另外，他首创新红学，重修禅宗史以及用历史演进法来研究中国章回小说，都是开一代新风，功不可没。

第三节　文化大使新境界

卢沟桥事变爆发后，中华民族已经到了最危险的时候。战火中的中国，亟待国际社会的理解和援助。1937年9月至1942年9月，胡适先是受命往欧美游说，接着便接任驻美大使，凭借其在国际上享有的声望，游说于英美等国，滔滔雄辩，震撼人心。正如《纽约时报》载文所说的那样："凡是知道胡适的美国人，都会因为胡适的新使命而欢呼……胡适的同胞很少能比胡适更宜于代表新旧两派中国文化的精华。很少中国人能如此适于沟通中美两国的情形，促进中美两国人民的友好关系。"

一、国民外交

抗战之初，胡适还是个"主和派"，主张通过谈判和国际调解，以尽力避免对日战争。他说："在最近期间，日本独霸东亚，为所欲为，中国无能抵抗，世界无能制裁。这是毫无可疑的眼前局势。"中国局势的逆转只能寄希望于，"在一个很远的将来"，日本因称霸世界而激怒英美，到那时，"太平洋上必有一度最可惨的大战，可以作我们翻身的机会"。在蒋介石召开的庐山谈话会上，他仍向蒋介石建言，中央政府再做一次"和平的努力"，同日本谈判，以期达到这样的目的：收复新失之土地，保存未失之土地；彻底调整中日关系，谋五十年之和平。由于他沉湎于"和平交涉"的迷梦之中，无意间也曾同汪精卫、周佛海等人搅和在一起，成为所谓"低调俱乐部"的成员。

"八一三"上海战事发生后，中国守军以血肉之躯，奋起抵抗，战事持续一个多月。胡适的心境为之改观，觉得中国守军可战，日本也不是不可战胜的。此时，蒋介石受全民抗日激情的影响，下定决心与日一战。同时，蒋介石又希望在外交上，能得到英美等国的同情和支持。于是，国民政府遂委派胡适以非正式使节的身份出访欧美，进行国民外交。可是，胡适却情绪化地谢绝使命，说："战争已经很急，我不愿离开南京，我愿与南京共存亡。"后来，他的学生傅斯年前来苦劝，甚至着急地哭着说："要说我有先生的名望和地位，我就要去了，为了抗日……"胡适这才为之所动，欣然奉命成行。淞沪抗战给胡适壮胆打气，他的底气比以前厚实多了。临行时，他对前来送别的汪精卫、高宗武、陶希圣等人说：我已不再祈望和平，"这一个月的作战至少对外表示我们能打，对内表示我们肯打，这就是大收获"。

胡适是国际上的知名学者，其在西方国家知识界的声望，恐怕很少有人能与之比肩。蒋介石让他去做国民外交，那是再合适不过的了。1937 年 9 月 8 日，胡适乘船西上汉口，途中，他给北大秘书长郑天挺写了一封信。当时北京已为日军占领，所以，胡适以商人的口吻，隐喻托说自己将赴之使命说：

……弟与端、缨两弟拟自汉南下，到港搭船，往国外经营商业。明知时势不利，故尽人事而已……弟自愧不能有诸兄的清福，故半途出家，暂作买卖人，谋蝇头小利，定为诸兄所笑，然寒门人口众多，皆沦于困苦，亦实不忍坐视其冻馁，故不能不为一家糊口之计也。

北大同人在传阅这封信时，从中得到安慰和鼓励，相信他定能不辱使命，求得国际社会对中国抗战的同情和援助。9月26日上午10时，胡适飞抵旧金山。午餐后，他便去大中华戏院发表讲演，题目是“算盘要打最如意的算盘，努力要作最大的努力”，表明他对抗日战争的清醒认识。9月29日，他在联邦俱乐部发表题为“中国能赢吗?”的演说。30日，他又在加利福尼亚大学作午餐演说。接着，他又连夜草拟英语广播演说稿。可是，当稿子交予哥伦比亚电台时，电台却以稿中所批评美国中立政策措辞太鲜明而提出异议，并要求重新修改。胡适生气了，毫不妥协地回答：“宁可取消广播，不愿修改。”没想到，这一发火，电台反倒客气起来，答应仍照原稿演说。当晚，他在电台对全美作英语广播，题目是：“What China Expects of American in the Present Crisis”（中国在目前危机中对美国的期望），这篇演说所婉转批评的绥靖主义，确能使事不关己的一些美国人为之汗颜。他说：

虽然对于贵国人民冀求置身战争之外的愿望我是完全的同情，可是我不免有这个想法：那就是仅靠消极的绥靖主义而没有建设性的和平政策为后盾，绝对不足以保障列位所深深希望的和平。中国对美国所期望的——是一个国际和平与正义、实际与积极的领导者，一个阻止战争，遏制侵略，与世界上民主国家合作和策划，促成集体安全，使得这个世界至少可使人类能安全居住的领导者。

到达华盛顿后，胡适和王正廷大使同去拜访罗斯福总统。罗斯福关切地询问中国战局：中国军队能否支持过冬？胡适予以肯定的答复，并动情地说：“中国需要美国的支持，我想总统很快会以明快的眼光判断是非!”罗斯福理解胡适的心情，但是，当时美国所奉行中立主义的政策，确实使罗斯福难以作出选择。临别时，罗斯福只得紧紧握住胡适的手，嘱咐他不要着急，态度极为诚恳。

胡适的演讲、游说的努力，一直没有中断，直到第二年7月，他已走遍美国、加拿大各大城市，会见各方知名人士，揭露日本的侵华暴行，表明中国抗战的决心。胡适的演说活动，引起日本人的惊恐，当时在日本的杨鸿烈给胡适写信说：

在日本人眼中，先生是他们的“侵略主义”的大对头，他们甚至说蒋总司令现在政权也是建设于您的“《独立评论》的哲学”之上。先生在美国一言一行，日本的报纸都详为揭载。日本人或以为先生故意诬蔑他们的皇军在我国施行暴力的假“王道政治”；或以为先生善于为有组织的宣传，而同时政府又肯拨给巨万的宣传费，不似日本代表宣传技术既已拙劣，政府又过于小气，故使美国排日的空气甚为浓厚，云云。

胡适等为国家办差，自然有经费开支，但是，他从不乱花一分钱。据同行的张忠绂回忆，他们到美国后，凡事节俭，住最便宜的旅馆房间，胡适还主动提出自己不拿月薪。他谢绝英、美几家大学的高薪聘请，放弃许多娱乐活动，日夜奔波，“为国效劳”。他告诉夫人：“到纽约六个月，只看一回戏，看一回电影，连老朋友过纽约，都顾不上照应。”他为水深火热中的祖国呕心沥血，忧心忡忡，“心里时时想着国家的危急，人民的遭殃，不知何日得了”。

二、过河卒子

1938 年 7 月，胡适等结束在美国的活动，前往英、法游说。7 月 20 日下午，他在巴黎收到纽约转来的电报，蒋介石敦请胡适出任驻美大使，以取代将要卸任的王正廷。胡适做“国民外交”义不容辞，责无旁贷，而做食俸禄的官——驻美大使，那可是件承颜候色、俯仰由人的差事。他可是个著名的自由主义知识分子，无党无派，无羁无绊，况且，曾许诺士林，不入政界，不愿为官。可是，如今国家和民族已经到了生死存亡的关头，作为一个热血知识分子，总不能将清名虚誉置于国家利益之上吧！这时，他的好友、驻法大使顾维钧和驻英大使郭泰祺都相继来电，劝说他就任驻美大使。行政院长孔祥熙也打来电报说：“介公及弟甚愿借重长才，大使一职，拟由吾兄见屈。”

可是，胡适还是回电坚辞大使职，理由是：“二十余年疏懒已惯，决不能任此外交要职。”他将回电交于朋友们看，遭到他们的一致反对，都认为国难当前，不应“推卸此事”。一个星期以来，他都是犹豫不决，心绪烦乱，整夜整夜地失眠，处在痛苦的抉择之中。直至 7 月 26 日，他终于咬咬牙、跺跺脚，作出决定。他在日记中写道：“半夜后始决定，此时恐无法辞卸；既不能辞，不如‘伸头一刀’为爽快。故最后修改电文为接受此事。”电文曰：

国家际此危难，有所驱策，我何敢辞。唯自审二十余年闲懒已惯，又素无外交经验，深恐不能担负如此重任，贻误国家，故迟疑至今，始敢决心受命。

同时，胡适又给夫人江冬秀去信，因为夫人一直不愿他涉身官场，如今违拗夫人意愿，怎能不以言相劝呢？他对夫人说："我在这十几天，遇见了一件'逼上梁山'的事。""我二十一年做自由的人，不做政府的官，何等自由？但现在国家到这地步，调兵调到我，拉夫拉到我，我没有法子逃，所以不能不去做一年半年的大使。我声明做到战事完结为止，战事一了，我就仍旧教我的书去。"他在给傅斯年的信中说："我自己受逼上梁山"，现在，国家生死攸关，再也不能推卸国家的委任，只能"牺牲一两年的学术生涯，勉力为之。至战事一了，仍回到学校去"。9月17日，国民政府正式发布任命令：

驻美利坚国特命全权大使王正廷呈请辞职，王正廷准免本职。此令胡适为中华民国驻美利坚特命全权大使。

是夜，看着如此沉甸甸的任命令，胡适感慨良多，在日记中写道："二十一年的独立自由的生活，今日起，为国家牺牲了。"直至晚年，他回忆起当年的选择时，还不无欣慰地说："当时国家是战时。战时政府对我的征调，我不敢推辞。"当时，国人对胡适任驻美大使寄予厚望，孔祥熙所致的电报，便传达了国民政府的殷切期待："此次使美，国家前途利赖实深。列强唯美马首是瞻，举足轻重，动关全局，与我关系尤切。吾兄长才，自能应付裕如。"国内舆论界也是反应强烈，《大公报》的社论说，美国人应当相信，胡适是位最冷静、最公平的学者兼外交家。"他最了解美国，也最了解祖国，我们政府与人民十分期待他此次能达到更增进中美友谊的使命之成功。"

此时，日军铁蹄已蹂躏大半个中国，广州沦陷，武汉失守，胡适可谓是"受命于败军之际，奉命于危难之间"。他对使馆人员说："我是明知国家危急才来的。国家越倒霉，越用得着我们。我们到国家太平时，才可以歇手。"他还在赠送友人的照片上自题小诗，以表明自己的心志：

偶有几茎白发，心情微近中年。
做了过河卒子，只能拼命向前。

胡适以学者应大使之任，是中国有外交史以来所罕有的事情。他临危受命，大有为国前驱的气概，在给孔祥熙的电文中表示："外交至重要，当以全副精神应付。"他说到做到，立即进入角色，开始其滔滔不绝的抗日演说。12 月 4 日，他应邀在纽约摩尼俱乐部演讲，主题是：北美独立与中国抗日战争。在这里，他把中国的抗日战争与美国的独立战争并列相比，无非是说，美国的胜利曾得益于法国的援助和支持，今日中国的抗日战争，应同当年美国一样，也需要得到美国等友邦的支持和援助。

演说后，他因过度劳顿，竟使心脏病复发，险丧生命。夫人知道后，既担忧又害怕，发书信、电话、电报，忙得连轴转，甚至旧话重提，代夫要求辞去大使职。胡适理解夫人的好意，去信开导说：“我是为国家的事来的，吃点苦不要紧。我屡次对你说过：‘留得青山在，不怕没柴烧’，国家是青山，青山倒了，我们的子子孙孙都得做奴隶。”

胡适以“拼命向前”的“过河卒子”自许，鞭策自己为国家鞠躬尽瘁，死而后已，这是他的精神可嘉之处。然而，在具体履行大使的职责时，他总感到责任重大，一发千钧。他说：

我从前谈文字改革、思想改革，明知其有利无害，故从来不感觉迟疑。近十年来，事势所迫，我不能不谈政治，才感觉“替社会国家想出路，这是何等重大的责任！这是‘一言可以兴邦，一言可以丧邦’的事，我们岂可不兢兢业业的思想?”近年我不能不讨论对日本和战的问题，责任更重大了，有时真感觉到担不起这大责任。然而替《独立评论》或《大公报》写文字，究竟还只是“言论”，还不是直接负责任。去年十月十一月两个月的经验，才是负实际政治的责任——有一次我拟了一个电报，我的两个秘书不敢译发，要求我改动，我叫他们照原文发出。这种责任心使我常感觉担负不了！

这个“过河卒子”很得美国舆情的支持。《纽约时报》发表社论，表示欢迎胡适担任驻美大使，说：“他是言行一致的哲学家。他的外交必定是诚实而又公开的。他将有很大的贡献，使中美两国人民既有的和好关系更能增进。”日本对此却表现出惊骇的态度，以致迅速做出反应，调整外交人员，派出鹤见祐辅、石井菊次郎、松冈洋右，以共同对付胡适。三人都是日本有名的外交家，其中的松冈洋右的英语可谓一流，其演说水平可与胡适匹敌。

三、书生大使

胡适搞外交，全无政客的深沉和韬晦，而是以“诚实与公开”的态度，赢得别人的理解和信任，所以，人们赞誉他为书生大使。据他的学生吴健雄博士说，她的美国朋友告诉她，“华盛顿政府上下人员”对胡适

“都是崇敬备至”。王世杰也说，他亲见罗斯福给蒋介石的信上写有“于适之信赖备至”的赞语。他出任外交使节是“半路出家”，全无外交经验，正是凭借其学者风范和仁者品德，才受到美国朝野的尊敬，顺利地完成了外交使命。

胡适之前，国民政府已派陈光甫在美专事借款活动。陈光甫是国内有名的金融专家，奔走颇得力，胡适十分敬重他。1939 年 6 月 22 日，胡适在日记中写道：

光甫来深谈，他很高兴。光甫办银行三十年，平日只有人求他，他不消看别人的脸孔，此次为国家的事，摆脱一切，出来到这里，天天仰面求人，事事总想不得罪美国财政部，这是他最大的忠诚，最苦的牺牲。我很佩服他这种忠心。

光甫做此事，真是没有一点私利心，全是为国家。他有时也很愤慨，说：“我头发白了，还来受这气恼，何苦来！”

胡适说的是陈光甫。其实，他自己又何尝不是如此呢？胡适游说于白宫，直至面晤罗斯福总统。陈光甫奔走于金融贸易机构。由于他们各司其职，协力合作，兼之各种因素的作用，总算功夫不负有心人，美国政府同意提供桐油贷款，总款额为二千五百万美元。美国受中立法案的约束，不能有任何政治性的贷款，胡适的前任王正廷也是位老外交家，曾经多次交涉都是无能为力，可是胡适却在不长的时间内取得贷款，可谓是旗开得胜，马到成功。这笔贷款，对于危殆中的抗战局势，无疑是雪中炭、及时雨。接着，他们继续配合，至 1940 年 3 月，又促成滇锡贷款的签约。后来，他还与宋子文合作，促成美国向中国贷款一亿美元。

由于美国给予中国贷款，日军便伺机向在华的美国人发泄，占其租界，轰炸其在华商埠企业。美国政府虽曾多次向日本提出交涉和抗议，可是，正在嚣张势头上的日本政府，却置若罔闻，恣行无忌。1939 年 7 月 26 日，美国政府一气之下，宣布废止“美日商约”。胡适得此消息后，尤为兴奋，他对一些美国朋友说：“美国前次宣言废止‘美日商约’，确已挥动其最锋利武器，美国且可为和平与正义而利用其锋利无比之武器以付诸日本。中国抗战愈久，其地位亦愈强。中国前途之关键，悉操于中国之手。中国继续抗战二十八个月，或至五年，则将来交涉时，中国之地位当愈见有利。”

从 1941 年春开始，美日间多次谈判，并达成临时协定草案。这个草案只要求日本从越南南部撤军，而却只字不提中国境内的日军。因为作为同等条件，美国要放松对日本的经济制裁。11 月 22 日，美国国务卿赫尔召见中、英、澳、荷四国大使，通报和说明美方草案。英、澳、荷大使并无异议，胡适当即表示反对，并且要求面见罗斯福总统，陈述阻止美日和谈草案的理由。恰在此时，英国首相丘吉尔给罗斯福发来电报，反对美国的对华政策，说："中国如果崩溃，将大大地增加英美的危机！"正是在这种内外努力之下，11 月 26 日，美国决定撤销妥协方案，从而使太平洋的局势为之一变。

罗斯福是胡适留学哥伦比亚大学时的同学。凭着这层关系，再加上胡适的声望和魅力，罗斯福对胡适便另眼相看了。那时，很多盟国的大使很难有与美国总统直接会晤的机会。可是，胡适却不一样，只要有事，罗斯福哪怕再忙，也会想办法挤时间与之晤谈。1941 年 10 月，日本东条内阁成立，派野村、来栖赴美国，以日美谈判遮人耳目，实则掩盖其对美作战的准备。这期间，胡适多次拜访罗斯福，坦诚地与之交流远东局势发展的信息。

美日谈判破裂后，日本终于露出其狰狞的面目，悍然偷袭美军重要的军事基地珍珠港。12 月 7 日，也就是珍珠港事件将要发生的当日，胡适正在纽约演说，罗斯福便来电话，约他在白宫相见。来到白宫，罗斯福便开门见山地说："胡适，那两个家伙（指野村、来栖）方才离开这里，我把不能妥协的话坚定地告诉他们了，你可即刻电告蒋委员长。可是从此太平洋上随时有发生战事的可能。"

离开白宫，胡适刚到使馆，便又接到罗斯福的电话，告诉他："胡适，方才接到报告，日本海空军已在猛烈袭击珍珠港。"次日，日本对英、美宣战，太平洋战争爆发。国民政府认为，中国外交的这一胜利，实出于胡适之功。甚至美国的一位著名的反战派人士查理·毕尔也说，美日之间的战争不是不可以避免的，但是，罗斯福为了维护资本家在亚洲的利益，不幸上了那位颇为干练的中国大使胡适的圈套。

履任之初，胡适便提出"和比战难"和"苦撑待变"的外交理念。他解释说："'苦撑'是尽其在我。'待变'是等待世界局势变到于我有利之时！"现在的世界局势真的起了变化，变成如他所预言："太平洋上必有一度最可惨的大战。"他总结贯彻"苦撑待变"的方针时认为，必须奉行"无为主义"，即"无为不是不做事，只是不乱做事，不求立功"。1942 年 5 月 17 日，他给翁文灏、王世杰去信，对四年内的大使感慨系之：

我在这四年多，总为诸兄说"苦撑待变"这个意思。去年十二月七日，世界果然变了。但现在还没有脱离吃苦的日子。还得咬牙苦撑，要撑过七八个月，总可以到转绿回黄的时节了。

胡适从接任大使以后，便招惹来种种议论、责难和流言，而其中最不能见容于缙绅的则是，胡适在大使任内，竟如旋风般地往美国、加拿大的一些名校演讲、受学位。四年间，他竟领得二十七个荣誉博士学位。如此炫目灿烂，盛誉空前，确也是显山露水，令人眼馋。于是，那些好事者便众口一词：胡适“只好个人名誉，到处领学位”。1940 年 6 月，宋子文以蒋介石私人代表的身份来美国，下车伊始，便批评胡适：“国内有人说你讲演太多，太不管事了。你还是管管正事吧！”

中央研究院院长蔡元培病逝后，院长一职空缺，当时，评议会曾推举胡适继任，可是，蒋介石的意中人却是顾孟余。所以，当孔祥熙汇报中研院院长人选时，蒋介石生气了，随口说道：“他们既然要适之，就打电话叫他回来吧！”此信息传出后，海内外的新闻便成为：胡适即将回国当院长，颜惠庆将赴美任大使。其实，早在一年前，胡适因病住院时，便传言颜惠庆将任驻美大使。蒋介石知道后，唯恐影响胡适的工作，立即让王世杰拍去电报：外闻所传“颜惠庆继任的消息，纯属虚造”。

旧风波刚息，新的风波又起，胡适也很是迷惑。当美国的《中国日报》发表“传颜惠庆将任驻美大使胡适博士或调任中央研究院院长”的航讯时，他在这则“航讯”中的“新近积劳成疾”“患失眠病颇剧”“有回国暂事休息之意”“颜为外交耆宿”等处连画问号。他怎么也想不到，这全是蒋介石的气话所惹起的风波。蒋介石不愿因此而影响驻外使节的情绪，又让王世杰致电胡适：谣言所出，乃中研院院长人选所起；政府以美使之任重于中研院，故不拟调其回国。

狡兔死，走狗烹，敌国破，谋臣亡。其实，海内外所传胡适将卸任的言论，并非是捕风捉影、空穴来风。宋子文到美国后，便竭力挤压胡适。1940 年 10 月，宋子文致电蒋介石，很有针对性地说：“欲得美国切实援助，非空文宣传及演说所得奏效，务面向各政要及各界不断活动。”“际此紧要关头，亟需具有外交长才者使美。”他甚至公开提出撤换胡适，推荐施肇基接任驻美大使。蒋介石统筹思虑，基本采纳宋子文的意见，但是，又觉得似有不妥之处，故迟迟未能成命。可是，宋子文却穷追不舍，连连去电，催促公布免去胡适大使职的消息。1941 年 7 月 12 日，宋子文在给蒋介石的电报中又参胡适一本，说胡适在工作上不予配合，“长此以往，不但文不能尽职，有负委任，适之亦属难堪。唯有恳请毅然处置，迅予发表”。宋子文有恃无恐，几乎包揽所有的外交事务，而将胡适排除在外。一向怀有宽恕之心的博士，也愤愤不平地称宋子文为“太上大使”了。1942 年 5 月 19 日，胡适在日记中如此饶有意味地记道：

自从宋子文做了部长以来（去年十二月以来），他从不曾给我看一个国内来的电报。他曾命令本馆，凡馆中和外部，和政府，往来电报，每日抄送一份给他。但他从不送一份电报给我看。有时蒋先生来电给我和他两人的，他也不送给我看，就单独答复了（他手下的施植之对人说的）。

昨日我复雪艇一长电，特别抄了送给子文看，并且亲笔写信告诉他，意在问他如何答复，他今天回我这封短信说，“I replied much in the same vein”（我已用同样的意思答复了）！他竟不把他的电文给我看！

记此一事，为后人留一点史料而已！

胡适终于想通了，决定辞去大使职，以打破尴尬难堪的局面。他立即给王世杰去信，表示既不做大使，也不做中央研究院长，因为“我舍不得北大，要回去教书”，“我要保存我自由独立说话之权，故不愿做官”，“大使是‘战时征调，我不敢辞避。’中研院长一类的官不是‘战时征调’可比”。1941 年 12 月 24 日，他郑重其事地对宋子文说：“郭泰祺来美时，我曾经告诉他，我不想干这种外交官的事。若有更动驻美使节的需要，我随时可走。现在你是我的老朋友、新上司。我也同样向你声明。如果政府要更动驻美使节，也请你千万不要迟疑。我随时可走。”

可是，蒋介石就是迟迟不发表新的任命，胡适仍然被干晾着，一晃就是半年多。他无所事事，只得离开大使馆到处演说，从美国的东海岸、西海岸到加拿大，行程二万六千多公里，演讲百余次，使中国抗战在美国人的心中深深地扎下了根。1942 年初，英国首相丘吉尔访美，他便“发现中国在相当多的美国人的心目中，有极其重要的地位，甚至在上层也是如此”。为此，他愤愤不平地埋怨道：美国人竟然“把中国看作几乎同大英帝国相等的参战大国”了。

后来，胡适已觉疲惫和倦怠。他给朋友写信时不无掩饰地诉说道：“我在此三年不曾有一个 weekend（周末），不曾有一个暑假，今夏恐非休息几天不可了。”他自忖，对于国家，已是尽心尽力了。1942 年 5 月 17 日，他给翁文灏、王世杰写信，诉说自己的满腹苦衷：

某公在此，似无诤臣气度，只能奉承意旨，不敢驳回一字。我则半年来绝不参与机要，从不看看一个电报，从不听见一句大计，故无可进言，所以我不能不希望两兄了。

去年十二月八日我从国会回家，即决定辞职了。但不久即有复初之事，我若求去，人必认为我“不合作”，对内对外均费解释，故我忍耐至今。我很想寻一个相当的机会，决心求去。我在此毫无用处，若不走，真成“恋栈”了。

归去来兮，田园将芜胡不归。1942 年 8 月 15 日，胡适收到免去他大使职务的电报，心中尤为欣喜。当晚 10 时，他便回电国民政府：“蒙中枢垂念衰病，解除职务，十分感激。”9 月 8 日，他交卸差事后，便离开双橡园使馆，由华盛顿来到纽约，真正践履其与夫人、朋友所许的诺言，重又回到本属自己的田园，孜孜不倦地进行学术研究。他卸任后不到两个月，便在《亚洲杂志》发表英文稿《中国思想史纲要》；接着，又全副精力投入《水经注》的考证，同时又在几所大学兼课，试图挽回因涉身官场所耗去的学术损失。所以，当有人再次推荐他担任中央研究院院长时，他几乎是斩钉截铁地回答：“我决不要干此事。我是一个有病的人，只希望能留此余生，做完几件未了的学术工作。我不能做应付人、应付事的事业了。”

第四节　从“男尊女卑”到“容忍比自由更重要”

“男尊女卑”是旧时社会风俗。男尊女卑，是历史的遗留和战争暴力意识的保留，严格上以女性体力、经济、生理及社会意识的弱势来体现男子相对体力、生理及社会意识上的优势，淡化和否定女性的人权、经济、生理、生育的价值。“男尊女卑”一方面反映了封建社会男子地位高和封建社会女子地位卑下的社会状况（与现代人权矛盾）；另一方面表现为古代蛮力时代对男女生产力的片面认识，强调男性的社会地位，以满足男性战争的需求与政权的巩固。胡博士既是男人，又是留洋博士，按封建社会的思想意识应该比没有什么知识文化的妻子江冬秀要尊贵很多。但是，他是新文化的举旗手，是封建旧文化的埋葬人。

记录了胡适“口述历史”的唐德刚对老师的婚姻观看得是最明白的。他说：“国人一提到胡适之的小脚太太似乎都认为胡博士委屈了，但是有几个人能体会到，他是中国传统的农业社会里，‘三从四德’的婚姻制度中，最后一位‘福人’。”胡博士的“福”从何而来呢？他的“福”来自于他对爱情和家庭的忠贞不渝。这种近代文化人的婚姻恋爱观可以从一个侧面体现出来，即对对方的敬爱和敬畏。

胡适的怕老婆是举世闻名的。胡适生逢卯年，是属兔的。他太太江冬秀是寅年生的，属虎的。小兔自然怕老虎，所以有流传胡适怕老婆的笑话。

胡适在接到朋友自巴黎寄来的十几个法国铜币后，因钱上有“PTT”三个字母，谐音恰为“怕太太”，乃戏赠友好成立“怕太太会”作为会员的证章。

琉璃厂古旧书商魏广洲讲了这样一则胡适买书因惧内而不能痛快地付书账的尴尬。

胡适常买书，对旧书商很客气，但家中的财权掌握在江氏夫人手中，先生爱买书，太太不爱给钱，书账能拖就拖，实在拖不下去了才出手还账，还账时嘴里还牢骚埋怨不断。大家佩服胡适，但做他的买卖要和把钱抠得紧的胡太太打交道，大多感到麻烦，不痛快。

胡适在《胡适留学日记》中有一节“余之书癖”。在旧书肆贱价购得两本世界名著——H. A. Taine's History of English Literrature，Gbbon's The Decline and Fall of the Roman Empire，胡适在日记中记下来，以志沧桑之慨：“吾有书癖，每见佳书，辄徘徊不忍去，囊中虽无一文，亦必借贷以市之，记之以自嘲。”

对于爱书、购书有癖好的人来说，最痛苦、最无奈的事莫过于面对梦寐以求的书，而囊中羞涩。琉璃厂的书商给胡适送他想要的书时，面对的不是无钱买书之虞，而是如何动员太太痛快地付钱此等问题。胡适真是好修养，任凭他的太太怎样发牢骚、如何抱怨他买书，胡适也不会冲她发脾气。他的所为真是“PTT”俱乐部成员的楷模。难怪胡适晚年说：“容忍比自由更重要。”

胡适不但买书惧内，饮酒也怕老婆。当然这可能是巧妙的托词。1931年春天，胡适由沪赴平，途经青岛，杨振声、梁实秋邀请他到青岛大学演讲，他下榻万国疗养院，讲题是“山东在中国文化里的地位”，就地取材，实在高明之至，对于齐鲁文化的变迁，儒道思想的递演，他讲得头头是道，孜孜不倦，听众无不欢喜。当晚，青大设宴，有酒如渑。当时，青岛大学的八位教授、老师经常聚会，名为酒中八仙，30斤花雕一直喝到酒坛见底。胡适看到他们划拳豪饮的场面，连忙从袋里摸出一只大金戒指给大家传观，上面刻着“戒酒”二字，是胡太太送他的。闻一多见状，笑呵呵地说：“不要忘记，山东本是义和团的发祥地之一。”胡适以遵夫人之命为借口，做劝酒的挡箭牌，好在朋友明白他的处境，也不勉为其难。除非身体情况不允许，事实上，“胡先生酒量不大，但很喜欢喝酒”（梁实秋语）。

有人分析，胡适惧内的原因：一是他深刻洞察了人类婚姻的本质和他所处的情状；二是他的确离不开他的太太，有爱也有责任。尽管他的身边不缺少红颜知己，也有婚外恋情，但胡适与江冬秀牵手一生，不离不弃，白头偕老。“山风吹乱了窗纸上的松痕，吹不散我心头的人影。”对曹诚英有这样刻骨的相思，胡适还是没有离开江冬秀。显然这不是惧内能解释的，这是胡适的理性。胡适先生惧内，从来不掩饰这一点，且常拿来自嘲，自嘲是一种人生境界，这种境界是常人难以企及的。

胡适晚年时曾以“过来人”的心情总结过他跟江冬秀结合四十余年而终于不弃的经验。他说：“我认为爱情是流动的液体，有充分的可塑性，要看人有没有建造和建设的才能。人家是把恋爱谈到非常彻底而后结婚，但过于彻底，就一览无余，没有文章可做了。很可能由于枯燥乏味，而有陷于破裂的危险。我则是结婚之后，才开始谈恋爱，我和太太都时时刻刻在爱的尝试里。所以能保持家庭的和乐。”显然，这就是胡适对他婚姻生活的最终总结。

他不但公开自己怕老婆的事实，而且还总结出怕老婆的经验，形成了他的怕老婆哲学。他还总结出经验，就是新的“三从四得（德）”：

“太太出门要跟从，太太命令要服从，太太说错了要盲从；太太化妆要等得，太太生日要记得，太太打骂要忍得，太太花钱要舍得。”这个调侃段子流传深远，但很多人都不知道其中感情的深意。

他的怕老婆哲学，阐明了怕老婆与民主政治建设的内在关系。当年胡适任北大校长时，曾对学生说过：“一个国家，怕老婆的故事多，则容易民主。德国文学极少有怕老婆的故事，故不易民主；中国怕老婆的故事特多，故将来必能民主。”

第五节　从“学而优则仕”到“社会良心追求”

文人，当不畏世俗的压力。胡适因接到末代皇帝溥仪的邀请，前往皇宫做客，受到媒体的批评。他非常大方地在报纸上坦承这件事，说明是从人文的角度上去看待溥仪这样一个年轻人，溥仪很寂寞，对外面的世界感觉很新奇。当时也许只有他，是把溥仪当作一个普通的年轻人来看待的。当军队逼近皇宫，违反当初与皇族签订的协议，强制溥仪等人搬出时，只有胡适站出来，强烈地批评这种撕毁协议的行为，既不诚信也不宽容。他的行为，直接把他从一个青年、民众的爱戴者，变成众人唾骂的文人。即使这样，他也并不后悔。今天，我们重新来反思这件事，正是胡适所反对的不诚信、不宽容直接将溥仪推给了日本人，给了满洲伪政府成立的机会。

生活中的胡适，恰恰相反，他似乎是柔弱的。他英俊多才，却屈从于自己的母亲，迎娶了并不美丽，也没有文化，比他年龄稍长，甚至还裹小脚的江东秀。当然，他也想过逃避，也想过不从，但是在他母亲看来，与此女子结婚就是他做儿子的最大孝道。他不想打击母亲，也不想伤害等待了近十年的未婚妻，于是他选择了屈从。他曾经提出过离婚，因为此时他遇到他所真正钟爱的女子。但是江冬秀激烈反对，甚至要挟自杀和杀掉两个孩子。他又不得不屈从了他的妻子，离开了他所爱的情人。当时的文人多以反对封建婚姻为荣，很多都与原配离婚，重新选择受过教育的年轻女子。比如鲁迅，称其原配夫人，说是母亲娶的媳妇。除了将要洗的衣服丢给她，不与她有任何夫妻之实。从这点来看，胡适的性格中其实是有着很重的为他人着想的成分，即使不得不委屈自己。

胡适还经常接济一些年轻的读书人。而他的这种接济是不计代价、不要求任何回报的。他通常是几百美元、几百美元地出手，可以说倾其所有。所以，很多在国外留学的人，遇到经济上的困难，都会写信向他求助。他不论熟识与否，均给予丰厚的资助金。林语堂出国留学时，北大答应给他的留学资助没有到账，他打电报告急。结果是胡适给他一次性寄去两千美元的生活费，相当于现在的人民币十六万元。林语堂回国后，去感谢北大校长，才知道根本没有北大汇款一事。胡适虽然当年薪水高，但也并不是什么大富之人，晚年因为积蓄不多，也数次陷入窘境，但他在资助学子上，却是极为慷慨的。胡适对青年学子的仁义之德，可见一斑。

胡适与陈独秀，可以说是截然不同的两个人。胡适温文尔雅，易与人相处，而陈独秀却性格火暴，不太受人欢迎。胡适主张思想教育先行，逐渐改变国人的认识，以渐进、不用暴力、不流血的方式改变中国的落后现状，所以他终其一生都不赞成马克思主义的阶级斗争学说和无产阶级专政。他说马克思的阶级斗争学说使人“无形之中养成一种阶级的仇恨心，不但使劳动者认定资本家为不能并立的仇敌，并且使许多资本家也觉劳动者真是一种敌人。这种仇视心的结果，使社会上本来应该互助而且可以互助的两种大势力，成为两座对垒的敌营，使许多建设的救济方法成为不可能，使历史上演出许多本不须有的惨剧”。而陈独秀主张暴力革命，先打倒旧的政权，才可以改变中国。两个人性格、观点几乎是截然相反，但是很有趣的是，这两个人却终其一生地保持了相当好的友谊关系。陈独秀数次入狱，都是胡适多番周旋，尽全力营救。胡适与陈独秀在争论观点之时，双方往往是各持己见，互不相让，胡适甚至有一次拍桌而起，拂袖而去。但是这样的争论也并未影响到他们的友谊。只有一次，陈独秀领导下的革命群众派人烧了一家发表反对共产主义言论的报馆，胡适知道后非常愤怒，打电话质问陈独秀，陈独秀竟然说“活该”。这句话大大地刺激了胡适，之后他在写给陈独秀的信中说：我们两个老朋友，政治主张上尽管不同，事业上尽管不同，之所以仍不失其为老朋友者，正因为你我脑子背后多少总还有一点容忍异己的态度，而你领导的下人烧掉报馆，剥夺他人的言论权，你竟然说“活该”。可见我们的友谊也很难进行下去了。这次，两人的友谊因此事受到考验。陈独秀后期开始反思暴力革命的前途，承认“民主主义乃是人类社会进步之一种动力”。他也因此而被冠以投降主义的帽子，被开除了共产党员的党籍，之后又被国民党逮捕，开始了他穷困潦倒之路。但是胡适却在陈独秀待审期间，发表演说《陈独秀与文学革命》，赞扬陈独秀在新文化运动中的巨大功劳和他一往无前的精神，更对他结合文学革命从事政治革命的实绩作出肯定评价，可谓是雪中送炭。胡适主编的《独立评论》刊出傅斯年的《陈独秀案》，公开为陈独秀辩护。真正的友谊，真正的品德，由此可见。

这里引用胡适给陈独秀信中的一段话，值得我们反复咀嚼：

你我曾共同发表过《争自由》宣言。争自由的唯一原理是：异乎我者未必即非，而同乎我者未必即是，今日众人之所是未必即是，而众人之所非未必真非。争自由的唯一理由，换句话说，就是期望大家能容忍异己的意见与信仰。我知道你们主张阶级专政的人已不信仰自由这个字了。但我要你知道，这一点在我要算一个根本的信仰。我们两个老朋友，政治主张上尽管不同，事业上尽管不同，所以仍不失为老朋友，正因为你我脑子背后多少总还同有一点容忍异己的态度。

真正的文人最根本的社会选择是看他与政治权力的关系。一个文人，当首先不屈从于政治权力。一个文人即使再有才，却因为利欲熏心而屈从于政治权力，失去了精神先驱的独立性，沦落为御用文人，这样的文人是可悲的。胡适，他自始至终都是独立的。尽管蒋介石很看重他，但是他也能保持己见，当面批评蒋介石的独裁、不民主。这种品德，是一个文人最重要的品德，不具备的人，文才再高，他在历史上的光辉也是有限的。

胡适，是一个真正伟大的文人，在中国历史上，他像一块美玉，绽放出隽永的光彩。

第六节　从"商家故居"到"文人圣地"

胡适的声名一直吸引人们带着一种文化朝圣般的心理去上庄。穿过两人宽的小巷，曲曲折折，来到胡适故居。这里宁静平和，游人不多。但来过的人都会为这里的文化氛围所感动。

不管岁月如何无情流逝，世间总会留下一些往事和故物让后人去追怀。当人们来到胡适故里上庄村时，这种感觉便相当明显。

位于上庄村后半部西北边的胡适故居，是一座典型的晚清徽派建筑，占地面积1100多平方米。故居的大门前是一个宽敞的用鹅卵石铺成的院落。关于这个庭院，《胡适自传》中有一段他少年时的淘气史。在一个初秋的傍晚，胡适正在这院子里玩耍，他的姨妈怕他着凉，好心叫他穿上衣服，谁料到他不但不领情，还说出了"什么凉（娘）不凉的，老子都不老子了"的轻薄话，因而受到母亲的一顿责罚，由此还害了一年眼翳病……虽然后来胡适学业有成，成为著名的教育家、哲学家和学者，但他幼时那份淘气本色却与普通的小孩没有区别。

胡适的父亲是一个文化人，他曾对建筑的装饰提出过要求："略事雕刻，以存其朴素。"这种审美情趣当然也在故居上体现出来。故居的大门用水磨青砖净缝砌筑，门的上方有四块砖雕装嵌，五飞砖之上是瓦顶，东西两端发戗翼腾，线条明快活泼。前檐墙的檐下两角，用墨、赭两色绘以山水花鸟，简洁雅致。故居内部装饰以鬲扇、窗栏、撑拱和雀替为主。与一般民居不同的是鬲扇、窗栏的兰蕙图采用平地阴刻技法，活脱脱地再现出兰蕙的高贵品质。如此新颖构思，精到技法，乃徽墨墨模雕刻能手胡国宾之作，充分展现了主人雅致脱俗的审美情趣。

故居内的两厅有10块平底浮雕木刻，很有特点。刻的是无土兰花，花根朝上裸露，苍劲有力，花叶倔强蓬勃。无土兰花，象征着对国土的爱恋和怀念，对故土的深情和永志不忘。胡适酷爱兰花之高洁幽香，他曾作过一首题为《希望》的诗："我从山中来，带着兰花草。种在小园中，希望花开早。但愿花开早，能将宿愿尝。满庭花簇簇，开得许多香。"这首诗作为最早传入大陆的流行歌曲，脍炙人口，影响极大。

故居分前后两进，中以户牖相隔。当年胡适和母亲冯顺弟便住在前堂西房，而与西房相通的厢房，便是胡适念书的书房，1917年，胡适与江冬秀结婚，新房就设在这里，他母亲便搬到后堂西房去住了。

故居最吸引人的地方还有那一间坐西朝东的书房。书房不大，约有7

雀替一对

个平方米，是个长方形的木屋结构。书房里已不见藏书，只有一只旧的写字台、一把靠背椅。写字台上放着一个老式火油灯、一块砚台、一支毛笔及空笔筒等，墙上挂着两件草体字的条幅。小巧玲珑的书房呈现出宁静、幽雅的文化气息，使读书人、文化人等都会情不自禁地想在写字台前的椅子上坐一坐，拍照留影。与书房相连的是前厅客堂，堂中央放着一个长方形的祭台及八仙桌和两把厚实靠背椅。正中木墙上挂着一幅人物画像，画像的左右两侧挂有字幅，上写："跃马挥戈驱贼寇，除弊兴利挽狂澜。"这两句话也道出了他年轻时欲"挥戈驱贼""除弊兴利"的志向。

在胡适故居中，有诸多家族照片，年轻时的胡适英气逼人，中年的胡适儒雅知性，老年的胡适谦谦淡泊。胡适曾在上海公学任校长，1932年初接任北大文学院院长，1938年9月出任中国驻美大使，1945年8月回国出任北大校长。他的诸多学生中包括徐志摩、陆小曼、林徽因这样的名人。胡适还是艺术大师梅兰芳的一生至交，他曾和张伯苓、杜威等中美学者发起组织"华美协进社"，出面邀请梅兰芳赴美国访问演出。其一生与各界广交朋友，"我的朋友胡适之"是当时文化人的口头禅。

1998 年 5 月，胡适故居被安徽省政府公布为省级文物保护单位。现在，胡适故居已经全面维修，形成了一个独立封闭的院落。如果说历史总是客观公允的，那么，我们现在能看到的胡适故居就是对历史的物化展现。在故居的各项单体建筑内辟有故居复原陈列、胡适的家乡教育；胡适父母生平简介、新文化运动的领袖；出使美国为国奔波、胡适的家人及其他；胡适的中外朋友、胡适先生像以及胡适研究成果等板块内容。故居的陈列内容让人耳目一新。胡适故居的陈列，以丰富翔实的内容、客观公允的态度，向世人展现了胡适的一生。

第七节　从“全盘西化”到“我是徽州人”

上庄近代文化的代表人物就是胡适。他了解了山外有山，山外有海，海外还有更大的世界。于是，他一心要走出大山，走上大海，走上世界；甫一接触新世界，为之一振，西方在科学民主方面的文化确实很好。于是，他倒向西化，恨不得“全盘西化”。但是，中国的国情、中国人的文化传统与西方的并不一样。故乡情结、文化传统、社会根基、现实要求又不断在提醒胡适：“我是徽州人。”

全盘西化是近代中国知识分子的一种思潮，最早于 1929 年（己巳年）提出。自晚清以后，中国被西方列强侵入，很多人认为是中国封建文化的问题，因此主张学习西方思想行为方式，将中国的封建文化全盘抛弃。胡适是主要代表人物，他后来略做修正，改全盘西化为“充分世界化”。1919 年，胡适在《新青年》第 7 卷第 1 号发表《“新思潮”的意义》，提出“研究问题、输入学理、整理国故、再造文明”的口号，他说：我们对于旧有的学术思想，积极的只有一个主张，就是“整理国故”。整理就是从乱七八糟里面寻出一个条理脉络来；从无头无脑里面寻出一个前因后果来；从胡说谬解里面寻出一个真意义来；从武断迷信里面寻出一个真价值来。以分辨“什么是国粹，什么是国渣”，并指出这种新思潮的目的是“再造文明”。

1923 年，胡适在《读梁漱溟先生的〈东西文化及其哲学〉》中认为：“东西文化的问题是一个很复杂的问题，决不是‘连根拔去’和‘翻身变成世界文化’两条路所能完全包括。”表明胡适并不认为应该全盘否定中国文化。他还说：“宋学是从中古宗教里滚出来的，程颐、朱熹一派认定格物致知的基本方法。大胆的疑古，小心的考证，十分明显的表示一种‘严刻的理智态度，走科学的路’。”他称赞程朱理学所推崇的“格物致知”是科学方法，批评梁漱溟的“科学方法在中国简直没有”的观点。而后胡适进一步指出西方曾长期黑暗地压制科学：“在历史上，我们看出那现在科学化（实在还是很浅薄的科学化）的欧洲民族也曾经有过一千年的黑暗时代，也曾十分迷信宗教，也曾有过寺院制度，也曾做过种种苦修的生活，也曾极力压抑科学，也曾有过严厉的清净教风，也曾为卫道的热心烧死多少独立思想的人。”

同年，胡适与梁启超分别向广大青年学生开列名曰“最低限度”的“国学书目”《一个最低限度的国学书目》和《国学入门书要目及其读法》，所列之书范围极广，经学小学方面，包括汉、魏、唐、宋、明、清各代名家著述，理学方面有宋、元、明、清学案及程、朱等人的专集，子学方面列22子及其注解，佛典方面有《华严》《法华》诸经，文学方面包含历代名人诗文专集及宋元以来词曲小说等。

1929年，胡适作《中国今日的文化冲突》，正式提出“全盘西化”一词（见英文版《中国基督教年鉴》)，重申“中国必须充分接受现代文明，特别是科学、技术与民主”。他指出：“一个国家的思想家和领导人没有理由也毫无必要担心传统价值的丧失。”

胡适又认为，我们必须承认我们自己百事不如人，不但物质上不如人，机械上不如人，并且政治、社会、道德上都不如人。“试想想，何以帝国主义的侵略压不住日本近60年的发奋自强？何以不平等条约捆不住日本的自由发展?”“我们到今日还迷信不学无术可以统治国家，不肯低头学人家治人富国的组织与方法”，所以应当死心塌地地去学习人家（1930年《介绍我自己的思想》）。

1934年，陈序经发表《中国文化的出路》一书，断言：“我们的唯一办法，是全盘接受西化。”胡适又以“充分世界化”的提法，表示“完全赞同陈序经先生的全盘西化论”（1935年《充分世界化与全盘西化》）。

1934年，胡适发表《说儒》，认为：“孔子只是这个历史趋势的最伟大的代表者，他的成绩也只是这个五六百年的历史运动的一个庄严灿烂的成功。”这进一步表明其对孔子的肯定（但不拔高）。

1935年，十教授联名发表《中国本位的文化建设宣言》，强调要加强“中国本位的文化建设”，对西洋文化要“吸收其所当吸收，而不应以全承受的态度，连渣滓都吸收过来”，旗帜鲜明地反对“全盘西化”的主张。对此，胡适认为旧文化惰性太大，为了破除旧有的罪孽，必须虚心接受现代文明，而中国本位的文化地位则将更发扬光大：“我的愚见是这样的：中国的旧文化的惰性实在大得可怕，我们正可以不必替‘中国本位’担忧。我们肯往前看的人们，应该虚心接受这个科学工艺的世界文化和它背后的精神文明，让那个世界文化充分和我们的老文化自由接触，自由切磋琢磨，借它的朝气锐气来打掉一点我们的老文化的惰性和暮气。将来文化大变动的结晶品，当然是一个中国本位的文化，那是毫无可疑的。如果我们的老文化里具有无价之宝，禁得起外来势力的洗涤冲击的，那一部分不可磨灭的文化将来自然会因这一番科学文化的淘洗而格外发辉光大的。”

同年，胡适发表《充分世界化与全盘西化》，称自己曾主张全盘西化，指出“全盘西化”一词招致诸多细琐的争论，不妨改作“充分世界化”；还用自己穿长袍、写汉字指出事实上做不到“全盘西化”；并表示不会全盘接受西方文化：“况且西洋文化确有不少的历史因袭的成分，我们不但理智上不愿采取，事实上也决不会全盘采取。”可见胡适用过的“全盘西化”一词并没有严格的学术意义，仅可理解为中国近代文化转型的方法论而已，其真实意图是“取法乎上，仅得其中”。

无论是主张我们百事不如人，一切要向西方学习，让那个世界文化充分和我们的老文化自由接触，自由切磋琢磨，借它的朝气锐气来打掉一点我们的老文化的惰性和暮气，还是后来调整为“充分世界化”，胡适都不曾失去自己民族文化的信心和本位，也没有改变他对家乡的依恋和热爱。可以说，放眼看世界和高瞻远瞩看未来的哲学方法与“我是徽州人”的伦理基点和思想立足点，成就了一个真实的有着博大胸怀的新文化旗手胡适。

不少学者认为胡适的博学多才、才情并茂、谦谦君子与千年古村上庄的钟灵毓秀之气有关。这是比较客观的。这里是西天目山脉和黄山山脉交会之地，长江水系和钱塘江水系由此分隔，因此境内多山，溪流纵列，山的坚韧挺拔和水的灵动多变给了上庄人以灵气与神异，自明朝以来，即名人辈出，各有勋功伟业，给幼年的胡适以文化的熏陶。

胡适出生于上海，三岁半时随寡孀母亲回到上庄故居，胡适在这里度过了他的童年和少年。胡适的母亲为了让胡适成为一个有用的人，三岁多就让他进了乡村学堂，开始了《四书》《五经》的教育，九年的乡间私塾制教育，使胡适过早地承受了“第一等好事只是读书”的训练。14 岁时，胡适独自一人到上海求学，19 岁，他考取了庚子赔款官费赴美留学，未来得及回乡与母亲告别便前往美国，开始在康奈尔大学读农科，一年半后改读政治、经济，兼攻文学、哲学，后又赴纽约哥伦比亚大学，攻读哲学，师从杜威。

1917 年，27 岁的胡适回到故居，在这里与母亲选中的媳妇江冬秀完婚。虽是裹小脚的女人，江冬秀也是旌德旺族大户家千金。在胡氏故居中，还保留有当年他们结婚时的婚房和婚床及照片。后人多指责胡氏奉母命与旧式妇女成婚，一生感情不尽如人意，是其性格懦弱的表现。但在胡氏故里，胡氏后人并不这样看，江冬秀不仅与胡适门当户对，而且在那时也是百里挑一的聪慧美人。江冬秀生得五官端庄，温婉，柔中带刚；烧得一手好菜，通晓事理。据说她也发现自己和大文学家胡适的文化层次差异，胡适在美期间奉母命给她写信，她不仅以此为识字学习的样本，还边学边用，给胡适写回信，介绍家中情状；胡适再在回信中逐字逐句更正修饰，说文解字。一来二去，在文学大家的滋养下，江冬秀进步飞快，在她50岁时，已能在美国撰文写书。

胡适最重视徽州乡党关系，他一生乡音不改，乡情不忘，乡俗依旧，保持着绩溪人的本色和徽骆驼的性格。无论在北大任教或在美任职期间，吃穿小节均遵徽俗。胡适常用家乡著名的“一品锅”“徽州饼”“豆腐渣”招待客人，并引以为自豪。徽菜的一些菜名如蝴蝶面等以及上海等处的徽菜馆馆名，均与胡博士有关。在他的眼里，最美的景致是故乡的山水，最好的美食是故乡的土菜，最浓的氛围莫过于乡里乡亲的聚会。

胡适在完婚的第二年，母亲冯顺弟便含笑归西。母亲是胡适一生最敬重的人，胡适在《四十自述》中说：“如果我学得一丝一毫的好脾气，如果我学得了一点点的和气，如果我能宽恕人体谅人——我都得感谢我的慈母。”

应该说，江冬秀和胡适的母亲一样，身上有徽州女人的全部美德和品质。我们试想有一个原汁原味的徽州大家闺秀跟随胡适一生，为他洗衣做饭，生儿育女，胡适那份对乡情乡俗的挚爱必定是随着时间的逝去而越发长久浓郁。梁实秋这样评说胡适：“胡先生，和其他的伟大人物一样，平易近人。‘温而厉’是最好的形容。我从未见过他大发雷霆或盛气凌人。他对待年轻、属下、仆人，永远是一副笑容可掬的样子。就是在遭到挫折侮辱的时候，他也不失其常。其心休休然，其如有容。”这样的性格和徽州、徽州文化以及他身边这些有着“好脾气”的人的影响不无关系。

胡适在故居生活了9年，14岁（1904年）离开故乡到上海求“新学”。胡适的启蒙教育是在上庄故乡的私塾中度过的。少年的胡适就爱看小说书。9岁时，他在四叔家东边小屋玩耍，在小屋后边的一间卧室发现了一本“两头都被老鼠咬坏了”的小字木版的《第五才子》，他一口气就把这本《水浒传》残本读完。从此，他迷上了看小说，到处借读小说，和朋友交换、比赛看小说。读小说给了胡适很大的好处，帮助他把文章写通顺了。读大量白话小说，又使他得到初步的白话散文的训练。因此，他离开家乡到上海求学时，就能写很像样的文章了。而这对于他后来的提倡白话文学和考证小说，也早早地种下了根苗。

【附录】　唐德刚译注《胡适口述自传·故乡和家庭》

我是安徽徽州人。

让我先把安徽省最南部，徽州一带的地理环境，做个综合的叙述：

徽州在旧制时代是个“府”，治下一共有六个“县”。我家世居的绩溪县，便是徽州府里最北的一县。从我县向南去便是歙县和休宁县；向西便是黟县和祁门县；祁门之南便是婺源县。婺源是朱子的家乡，朱熹原来是在福建出生的，但是婺源却是他的祖籍。

徽州全区都是山地，由于黄山的秀丽而远近闻名。这一带的河流都是自西北向东南流的，最后注入钱塘江。因为山地十分贫瘠，所以徽州的耕地甚少。全年的农产品只能供给当地居民大致三个月的食粮。不足的粮食，就只有向外地去购买补充了。所以我们徽州的山地居民，在此情况下，为着生存，就只有脱离农村，到城市里去经商。因而几千年来，我们徽州人就注定地成为生意人了。

徽州人四出经商，向东去便进入浙江；向东北则去江苏；北上则去沿长江各城镇；西向则去江西；南向则去福建。我们徽州六县大半都是靠近浙江的；只有祁门和婺源靠近江西。近些年来（抗战前后），最西的婺源县，被中央政府并入江西。但是婺源与安徽的徽州有长久的历史渊源，居民引以为荣，不愿脱离母省，所以群起反对，并发起了一个“婺源返皖”运动。在中国共产党统领大陆前几年，婺源终于被划回安徽；但是我听说在中国共产党治下，婺源又被划给江西了①。

所以一千多年来，我们徽州人都是以善于经商而闻名全国的。一般徽州商人多半是以小生意起家；刻苦耐劳，累积点基金，逐渐努力发展，有的就变成富商大贾了。中国有句话，叫：“无徽不成镇！”那就是说，一个地方如果没有徽州人，那这个地方就只是个村落。徽州人住进来了，他们就开始成立店铺，然后逐渐扩张，就把个小村落变成个小市镇了。有关“徽州帮”其他的故事还多着哩②。

我们徽州人通常在十二三岁时便到城市里去学生意。最初多半是在自家长辈或亲戚的店铺里当学徒。在历时三年的学徒期间，他们是没有薪金的；其后则稍有报酬。直至学徒（和实习）期满，至二十一二岁时，他们可以享有带薪婚假三个月，还乡结婚。婚假期满，他们又只身返回原来店铺，继续经商。自此以后，他们每三年便有三个月的带薪假期，返乡探亲。所以徽州人有句土语，叫“一世夫妻三年半”。那就是说，一对夫妇的婚后生活至多不过三十六年或四十二年，但是他们一辈子在一起同居的时间，实际上不过三十六个月或四十二个月——也就是三年或三年半了[③]。

当然徽州人也有经商致富的。做了大生意，又有钱，他们也就可以把家眷子女接到一起同住了。

徽州人的生意是全国性的，并不限于邻近各省。近几百年来的食盐贸易差不多都是徽州人垄断了。食盐是每一个人不可缺少的日食必需品，贸易量是很大的。徽州商人既然垄断了食盐的贸易，所以徽州盐商一直是不讨人欢喜的，甚至是一般人憎恶的对象。你一定听过许多讽刺“徽州盐商”的故事罢！所以我特地举出盐商来说明徽州人在商界所扮演的角色。

徽州人另一项大生意便是当铺。当铺也就是早年的一种银行。通常社会上所流行的“徽州朝奉”一词，原是专指当铺里的朝奉来说的，到后来就泛指一切徽州士绅和商人了。“朝奉”的原义本含有尊敬的意思，表示一个人勤俭刻苦；但有时也具有刻薄等批判的含义，表示一个商人，别的不管，只顾赚钱。总之，徽州人正如英伦三岛上的苏格兰人一样，四出经商，足迹遍于全国。他们最初都以小本经营起家，而逐渐发财致富，以至于在全国各地落户定居。因此你如在各地旅行，总可发现许多人的原籍都是徽州的。例如姓汪的和姓程的，几乎是清一色的徽州人。其他如叶、潘、胡、俞、余、姚诸姓，也大半是源出徽州。当你翻阅中国电话簿，一看人名，你就可知道他们的籍贯。正如在美国一样，人们一看电话簿，便知道谁是苏格兰人，谁是爱尔兰人，谁是瑞典人、挪威人等一样的清楚[④]。

我的家族——绩溪上庄胡氏。

正因为我乡山区粮食产量不足，我们徽州人一般都靠在城市里经商的家人，按时接济。接济的项目并不限于金钱，有时也兼及食物。例如咸猪油（腊油），有时也从老远的地方被送回家乡。其他如布匹、棉纱等，在城市里购买都远比乡间便宜，所以也常被送返家中。

所以离乡撇井，四出经商，对我们徽州人来说，实是经济上的必需。家人父子夫妇数年不见也是常事。同时家人的日用衣食以至于造房屋、置田产，也都靠远在外乡的父兄子弟汇款接济。

不过在经济的因素之外，我乡人这种离家外出、历尽艰苦、冒险经商的传统，也有其文化上的意义。由于长住大城市，我们徽州人在文化上和教育上，每能得一个时代的风气之先。徽州人的子弟由于能在大城市内受教育，而城市里的学校总比山地的学校要好得多，在教育文化上说，他们的眼界就广阔得多了。因此在中古以后，有些徽州学者——如12世纪的朱熹和他以后的，尤其是十八九世纪的学者像江永、戴震、俞正燮、凌廷堪等——他们之所以能在中国学术界占据较高的位置，都不是偶然的[5]。

现在再谈谈我们绩溪县。绩溪是徽州府六县之中最北的一县，也可能是人口最少的一县。在经商一行中，我们绩溪人也是比较落后的。绩溪人多半做本地生意，很少离乡远去大城市。他们先由杂货零售商做起，然后渐渐地由近及远。所以一般说来，我们徽州人实在都是很落后的。

我家在一百五十年前，原来是一家小茶商。祖先中的一支，曾在上海附近一个叫作川沙的小镇[6]经营一家小茶叶店。根据家中记录，这小店的本钱原来只有银洋一百元（约合制钱十万文）。这样的本钱实在是太小了。可是先祖和他的长兄通力合作，不但发展了本店，同时为防止别人在本埠竞争，他们居然在川沙镇上，又开了一家支店。

后来他们又从川沙本店拨款，在上海华界（城区）又开了另一个支店。在太平天国之乱时，上海城区为匪徒所掳掠和焚毁，川沙镇亦部分受劫[7]。先父对这场灾难，以及先祖和家人在受难期间，和以后如何挣扎，并以最有限的基金复振上海和川沙两地店铺的故事，都有详尽的记录[8]。这实在是一场很艰苦的奋斗。

据1880年（清光绪六年）的估计，两家茶叶店的总值大致合当时制钱二百九十八万文（约合银圆三千元）。这两个铺子的收入便是我们一家四房、老幼二十余口衣食的来源。

在这里我也顺便更正一项过去的错误记载。前北京大学校长蔡元培先生为拙著《中国哲学史大纲》第一卷所写的序言中，曾误把我家说成是世居绩溪城内胡氏的同宗[9]。蔡先生指出“绩溪胡氏”是有家学渊源的，尤其是十八九世纪之间清乾嘉之际，学者如胡培？（1782—1849）及其先人们，都是知名的学者[10]。这个在十八九世纪时便以汉学闻名的书香望族，其远祖可直溯至11世纪《苕溪渔隐丛话》的作者胡仔[11]。那位抵抗倭寇的名将胡宗宪，也是他们一家。但是这个世居绩溪城内的胡家，与我家并非同宗[12]。

我家世代乡居。故宅在绩溪城北约五十华里。历代都是靠小本经营为生的。我家第一个有志为学的是我的一位伯祖（胡星五）。他是个乡绅兼塾师，在乡里颇有名望，但是科场却不甚得意[13]。

我们的村落上庄正与华南其他地区的村落一样，是习于聚族而居的。洪杨起事之前，我们聚居的胡氏一族总人口在六千上下[14]——当然也包括散居各地经商的族人在内——大半务农为生。但是大多数家庭也都有父兄子弟在外埠经商的——尤其是在南京、上海一带。

注释：

① 据大陆出版各类分省地图，婺源均被划入江西省治。

②“无徽不成镇”这句话的含义，正和“无湘不成军”一样，表示徽州人做生意，和湖南人当兵一样普遍罢了。胡氏上述这段话是解释给外国读者听的。因为这句话如不加解释，外国读者便不能了解；如果兀兀唆唆地解释，洋人还是不大能理解的，所以胡氏就决定做上项简单明了但是并不十分正确的解释。

③ 国语单音节的方块字和旧诗歌的传统，深深地影响了我们成语、格言以及一般民谣的构造。所以一般乡土成语，大半是四言、五言或七言的一两句平仄十分和谐的小诗或韵文。有些在农村“说书”或“讲古”的民间艺人，他们虽然多半是文盲，但是由于声音是“发乎天籁”，他们的“七字唱”，也都能音韵和谐，出口成章。例如王公子进京“赶考”，三千里路，走了好几个月的艰难旅途，一个“说书”的艺人，两句话就交代了。他说：“一路行程来得快，说书（的）嘴快风送云。”这一来，王公子就从杭州府的一间破庙里，一跃而进入长安城的相府里招亲去了。

胡适之先生的乡亲“徽州朝奉”夫妇的婚后生活是三十六年或四十二年，人命各有短长，都是说得过去的。但是为顾全这句“一世夫妻三年半”的七言成语，他们的老伴就得多活六年了。可是把这句话翻成洋文，洋读者就多少有点茫然。他们要问：为什么中国人结婚之后的同居生活，不是三十六年便是四十二年呢？他们就不了解“七字唱”在我们语言表达的方式里所起的作用了。这也是“文化沟”在作祟吧！所以胡先生这篇口述自传，基本的设计是说给洋人听的。我们那时并没有想到后来要把它译成中文来出版的。

④ 先生毕竟是科举时代出生的——正如吉川幸次郎先生所说的“生当太后垂帘日”——所以他头脑里仍然装满了“科举时代”的许多旧观念。在那个“太后垂帘”的宗法社会里，由于“籍贯”对一个士子的“出身”有极重要的影响，所以“读书人”一碰头便要叙乡里、攀宗亲、谈祖籍，尽管有些“祖籍”他们连做梦也没有去过。这是我国几千年来安土重迁的农业社会，向工业社会发展途中的一种社会心理上的后遗症。这个传统在一个流动性极大的工业化和现代化的社会里，是很难保留下去的。但是在胡先生的“夫子自道”里，他却无意中为我们这个“颇足珍惜”的传统观念，保存了很多有价值的第一手社会史料。

⑤ 朱熹以后的许多徽州学者如婺源的江永（1681—1762）、休宁的戴震（1724—1777）、黟县的俞正燮（1775—1840）、歙县的凌廷堪（1757—1809）和绩溪的胡培?（1782—1849），都是清初和中叶的汉学大师。赵尔巽主修的《清史稿》和张其昀续编的《清史》，在《儒林传》里，他们都有记录。房兆楹、杜联潩夫妇为《清代名人传》（Arthur W. Hummel，Eminent Chinese of the Ch'ing Period，1644—1912. Washington：Government Printing Office，1943）所撰的戴、俞、凌诸人的传记，则尤为翔实，考订亦远较一般中文著作更为审慎，足资参考。

⑥ 川沙位于上海之东约五十里。城傍“盐运河”，距海仅十二里。其地原属南汇

县，明嘉靖三十六年（1557），为防倭寇始置川沙堡，驻兵戍守。清代改为川沙厅。“厅”是清代县级单位的地方行政机构。民国成立，乃改川沙厅为川沙县。关于川沙早期建制沿革见诸可宝监制《江苏全省舆图》（清光绪二十一年，江苏书局印行），33—34 页。

⑦ 平天国之乱时，小刀会占据上海县城至一年半之久（从 1853 年初秋至 1855 年初春），清军无法收复。其时上海海关原设于英租界之内，小刀会未加干扰，然英领事竟暗助小刀会拖长占领；并以此为借口，破坏中国海关，不让中国政府课税，直至英人完全控制中国海关管辖权而后已。笔者曾为英人趁火打劫、破坏我关税自主之史实，在英美国家档案里稍事搜查，以阐明此事真相。详见拙著《早期中美外交史》（Te kong Tong, United States Dip lomacy in China, 1844—1860. Seattle: Univ. of Washington Press, 1964. Chapter 9.）。胡家在上海和川沙两处的茶叶店被毁，就是这时期的事。“小刀会”原与“太平天国”无关。上海所受的糜烂，当时英国的殖民主义者实在应负很大的责任。

⑧ 据罗尔纲《师门辱教记》所载，适之先生的父亲铁花先生“全部遗集分为年谱、文集、诗集、申禀、书启、日记六种，约八十万字”。在纽约我看过一部分罗尔纲的抄本。已印行的除《台湾纪录两种》（1951 年，台湾文献委员会印行；另有 1960 年“台湾文献丛刊”重印本）和 1931 年胡适通过潘光旦于《新月杂志》所发表的《一本有趣的年谱》（第三卷，第五、六期，1931 年 7、8 月上海出版）之外，我记得还看过另一本胡铁花先生年谱的单行本。然近日在哥大中文图书馆中，却遍索不得。

⑨ 蔡元培于 1918 年 8 月 3 日，为胡适著《中国哲学史大纲》（上卷）所写的序，大意是说，“适之先生生于世传‘汉学’的绩溪胡氏，禀有‘汉学’的遗传性”，云云。这篇序后来在原书改名《中国古代哲学史》（1929 年“万有文库”本和 1965 年台北商务印书馆重印本）而重印之时仍被保存。笔者承乏哥大中文图书馆期间，曾为该馆搜得该书 1919 年第一版的原本，列为该馆”珍版书”之一。不幸此书已自哥大遗失。

⑩ 见注⑤。

⑪ 胡仔著《苕溪渔隐丛话》（前集三十卷，后集四十卷）是我国文学批评史上一部划时代的著作。据《四库提要》的记述，该书是“继阮阅《诗话总龟》而作，凡阅所载者皆不录……二书相辅相行，北宋以前之诗话，大抵略备矣”。见《四库全书总目提要》诗文评类，一。

⑫ 胡宗宪（1511—1565）为明代抗倭名将。《明史》卷二〇五，有专传。房兆楹所撰的英文《胡宗宪传》载《明代名人传》（C. Carrinton Goodrich, ed., Dictionary of Ming Biography, 1368—1644. Columbia University Press, 1976. II, pp. 631—638）颇可参考。

⑬ 参阅《胡铁花先生家传》（《台湾纪录两种》卷上《代序》。1951 年，台湾文献委员会印行）。李敖的《胡适评传》（1972 年，“文星丛刊”本）写得很扎实，也是有关胡适的家庭和幼年时期最好的一本传记，极有参考价值。只是在他所制的《胡适

一家子的谱系》里，把“胡星五”列为“胡传”的祖父，不知何所本？

1957年适之先生曾为笔者试拟一绩溪上庄胡氏的五代世系表。此表后来由笔者转交哥大中国口述历史学部保存，现已无法寻觅。然据《胡铁花先生家传》，则胡星五为胡适的“伯祖”；适之先生的《四十自述》中《我的母亲的订婚》那一章也提到“星五先生娘”是他父母订婚时的媒人。她说铁花先生是“我家大侄儿三哥”。所以，李敖书中的“谱系”可能有误。

⑭ 胡铁花先生在他的自述里提到洪杨乱前，他们绩溪上庄的胡氏，人口总数有六千之众。这数字可能是笔误——罗尔纲抄写时所发生的笔误，亦未可知。绩溪是皖南山区里的一个小县，人口甚少，有这样六千人聚居的大族，是件不可想象的事。

太平天国之乱时，李鸿章奉旨回籍组织“团练”。这些后来发展成为清末有名的“淮军”的“团练”，事实上便是皖北一带——尤其是合肥一县之中，各大宗族所自动组织的子弟兵。合肥是当时安徽省甚至是整个大清帝国里人口最多的一县；其时充当淮军骨干的周、刘、唐、张等大族，似乎没有一族的人口是超过六千人的。据此类推，绩溪八都上庄胡氏的丁口似乎不可能有这么大的数目。

第八节　从“男女授受不亲”到“男女平等友好交往”

胡适对于新文化的建设也体现在他广交朋友方面。“我的朋友胡适之”是20世纪上半叶的中国文坛的佳话。胡适无疑是一位儒雅风趣、和蔼可亲和登高一呼、应者云集的风云人物。一句“我的朋友胡适之”，曾经是许多人的口头禅，无论相识与否，文人雅士、社会贤达多引以为荣。他的名望之高、人缘之好、影响之大，由此可见一斑。胡适的朋友自然多是志同道合的文化学术界的精英，但也不乏社会下层的厨师、菜夫、引车卖浆者流。胡适晚年在台北时，有个沿街卖芝麻饼的小贩袁瓞，他自做自卖，卖饼之余，喜欢站在卖饼的铅桶旁看书，研究各国政治。有许多问题使他困惑，又想不出答案，于是写信向胡适请教。胡适则有信必复。后来，袁瓞成了胡适办公室的常客。胡适每次出门，总要先写信通知袁瓞，以免他枉来一趟。二人一次闲聊中，袁瓞误以为自己得了鼻咽癌，胡适便替他写信介绍到医院检查，并表示愿意代付一切费用。学术大师与草根小民的友谊，凸显了胡适的平易近人、与人为善。

据说，“我的朋友胡适之”这句话最早出自傅斯年之口。胡适的晚年弟子唐德刚先生，曾就此语出处问过胡本人，但素有“考据癖”的胡适却说：“实在不知道，实在不知道。”“考据不出来，考据不出来。”其实，“我的朋友胡适之”这句话由谁说起并不重要，重要的是此语彰显出的胡适的“磁性人格”与为人之道。胡适常挂在口头的“容忍比自由更重要”“爱而知其恶，恶而知其美”“做学问要在不疑处有疑，做人要在有疑处不疑”云云，均可视为他人生的座右铭与受人爱戴的精神因素。唐德刚评论胡适：“他治学交友虽深具门户之见，但是他为人处世则断无害人之心。”①“断无害人之心”无疑是胡适始终坚守的道德底线，也是他一生朋友遍天下的人格因素。

古代交际礼俗讲究“男女授受不亲”，指的是我国进入宗法社会后，女性逐渐沦为男性的附庸。然而直至西周时的中原地区，华夏民族仍多少保留原始氏族的遗风，仲春之月，男女自由相会，尽情欢娱。至战国时期，儒家经典规定的贵族家礼，强调男女隔离与疏远，严防非夫妇关系的两性有过多的接触，不允许女子与非自己丈夫的任何男子发生爱情与性关系。自宋代以后，士大夫之家，男女之分更为严格，将妇女囚禁于一个狭小的天地，不仅限制压抑和摧残了女性对理想异性的爱慕之情，而且扭曲她们的思想、感情与欲望，使其自觉变成封建道德力量的驯服工具。

胡适的朋友圈突破了这样的封建藩篱。故里上庄的人并不讳言胡适的感情八卦，即使在展出的胡适的老相片里，也有明确而温情的注释。胡适的一生中，有很多传闻女友，但有两个女人确为他终身不嫁。一个是胡适在美国康奈尔大学认识的美国小姐韦莲司，一个是他家族的小表妹曹诚英。“烟霞山月的神仙生活”是胡适记录他和曹诚英的感情画面。在徽州人眼里，娶妾是万不得已的情况，而胡适当时是新文化领袖，曹诚英也是学有所成的新派闺秀，所以他们尽管彼此称为是神仙侠侣，但终不能厮守终生。后来胡适动议曹诚英赴美留学，曹诚英学的是胡适最初学的专业——农业，并在美期间得到胡适初恋女友韦莲司的帮助照料。曹诚英学成回国，引进西红柿在中国栽培，同时成为中外著名的棉花种植专家。

胡适的第一首白话诗《蝴蝶》是首朴素的情诗：“两个黄蝴蝶，双双飞上天。不知为什么，一个忽飞还。剩下那一个，孤单怪可怜。也无心上天，天上太孤单。”略显郁郁之情，但亦理智清醒，这很符合胡适一生对情感波澜的态度。

“洋博士与小脚太太”，这本身就是个吸引人的话题，更何况胡适本人就曾经说过：“中国的女子，若不情愿做废物，第一样便不要缠脚，第二样便要读书。”而江冬秀第一样便缠小脚，第二样便不读书。胡适的人生

① 胡适杂忆［M］．广西师范大学出版社，2005：155.

实在也是幽默的。

胡适在婚姻之外，另一个著名的女友，是美国人韦莲司。2000 年，台北联经出版社出版《胡适与韦莲司——深情五十年》，详细披露了胡、韦二人从 1913 年开始交往到 1962 年胡适去世为止，几乎半个世纪的感情细节；第二年出版的《不思量自难忘：胡适给韦莲司的信》里收录了胡适给韦莲司的 175 封信件和明信片。有意思的倒不是具体的感情纠葛，而首先是两人对待这些信件的态度，两人为保留对方的来信，都做了超乎常人的努力。尤其是韦莲司，在垂暮之年，将胡适五十年的来信、电报、信封，以至于片纸只字都一一摄影，打字细校，寄给江冬秀，并请求胡适纪念馆妥善保管，这显然是不打算隐瞒这段感情的态度。

从这些地方看，胡适对自己的旧式婚姻也有自得其乐的地方，但跟所有脚踩两只船的男人一样，也会说一点儿身不由己的话。在给韦莲司的信里，胡适多次说到和江冬秀的婚姻完全是为了遵从母亲的意见，接近基督教原罪与救赎。胡适在给韦莲司的信中这样解释自己和江冬秀的婚姻："在家庭关系上，我站在东方人的一边，这主要是因为我有一个非常非常好的母亲，她对我的深恩是无从报答的。我长时间离开她，已经使我深感愧疚，我再不能硬着心肠来违背她。"而胡适对母亲的孝心，"近乎基督教的原罪，这个罪是无论如何都赎不清的，和江冬秀结婚，只是赎罪于万一罢了"。

1955 年，张爱玲在美国看到的胡适和江冬秀夫妇，并没有婚姻不美满的样子。"适之先生穿着长袍子。他太太带点安徽口音，我听着更觉得熟悉。她端丽的圆脸上看得出当年的模样，两手交握着站在当地，态度有点生涩，我想她也许有些地方永远是适之先生的学生。"（张爱玲《忆胡适之》）而在那之前，胡适 1938 年就任中国驻美大使的时候，江冬秀甚至能在信里写出"再不要走错了路，把你前半生的苦功放到冰泡里去了，把你的人格、思想，毁在这个年头上"的话来。1947 年，蒋介石力劝胡适出来参加政府，江冬秀临送胡适上飞机时还郑重叮嘱："千万不可做官。"这样的见识，几乎比胡适还要高明许多。早就不是当年胡适抱怨着不愿意跟她结婚的那个"没受过教育的旧女性"了。

第十一章　上庄人理想家园的探索之路

第一节　寻求自治的乡土社会

从明代以来，上庄曾经几度繁华，而今又已归于平静。徜徉在上庄的古街上，我们经常在想，传统农村社区的发展动力是什么？如何可以历经时代洗礼而又风采依然？我们希望，上庄可以作为一个范本，引导我们去寻求答案。

明清时代的上庄，曾经是山高皇帝远的地方。由于远离县城，又受山拦水阻，很少受到官吏的骚扰。晚清秋后开征的兵米，民亲赴城输纳，吏役从无至乡者。也就是说，在如期交纳赋税的情况下，官吏和差役是不会来到上庄的。当然，上庄历史上也曾经接待过各种官员和名流，但他们大多是以客人的身份出现的，并非是为了扰民滋事。

上庄地处深山，历代的战乱很难波及于此，这也是独特的区位优势。清咸丰年间，上庄遭到太平军余部的冲击，烧毁了一些建筑，损失了一些人员和财物，这是上庄历史上少有的大劫难。清咸丰十年（1806）二月初，太平军攻占绩溪县城。旺川、上庄、宅坦一带人心惶惶，作为八都的耆绅，胡适伯公胡星五和胡宝铎祖父胡谅领头组织民团抵抗。当太平军刚攻克南京时，胡谅就劝乡人办团练，主张用坚壁清野的办法抗御太平军，使“长毛”无粮可据。乡人均遵照他的主张去窖藏粮食。对此，胡铁花年谱也有详细记载：“咸丰十一年（1861）四月，贼由旌德太平至，据吾六七八都皆满，无所得食。”（详见《胡适文集》447 页）又说：“家无他物，只有米粟，不能搬运，或就所居掘地窖之，或运于近处掘地窖之。”（见《胡适文集》455 页）但这样做却未见效，1860 年 2 月胡谅被太平军掳杀。为此，曾国藩特向朝廷奏明请卹。清廷恩赐胡谅世袭云骑尉职。胡谅死后，胡星五独“率乡里结团守御，命习射及刀矛击刺”（见《胡适文集》448 页），统领八都乡民避于高山密林，伺机抗击太平军的侵扰。其时风华正茂的胡铁花就在他伯父的领导下，或据守，或出击，颇有胆有识。胡谅死后不久，宝铎兄弟的塾师，清代学者汪梅村就应胡林翼之邀去当胡府的幕僚。胡宝铎转去胡星五的蒙馆就读，因而与胡铁花成为同窗好友，即胡铁花在年谱所述的“兵部主事虎臣（宝铎）兄，先伯考之门生”（见《胡适文集》498 页）。

从上述历史回顾中，可以看出上庄曾经长期远离战乱，太平军的冲击的确只是异数。当然，这里也曾经发生过小规模的小股盗匪骚乱，但对于历来紧密团结的胡氏族人来说，对付这种横行乡里的小股盗匪，自然不在话下。

上庄生态环境中的最大局限，就是土地资源不足，难以满足人口增长的需要。因此，历代都有不少上庄人被迫离乡背井，四出谋生。如今依然留居上庄的胡氏族人，都是命运的宠儿，因为他们的祖先是历代生存竞争中的优胜者。追溯上庄胡氏的家族发展史，我们不难发现，只有那些不断开拓进取，追随时代发展潮流的胡氏族人，才可以在上庄安居乐业，传育后代。他们的生活智慧，就是既不依赖于土地，也不离弃乡土。他们以家族为依托，诸业并举，多种经营，最大限度地汲取外部资源，再回到家乡求田问舍，建设理想的家园。明清时代的胡氏士绅和胡氏商人，就是这些成功的上庄人。上庄是他们的根基，也是他们的归宿、他们的理想家园。绩溪人章廷炯就曾写诗赞上庄道：

树梢斜挂月，镜面新揩露。
桥影入云深，绿杨涵野渡。
寻思了无语，悠然此中趣。

在胡氏士绅和商人主导下的上庄村，可以说是典型的家族自治的乡土社会。这种家族自治的基本特征，就是在国家法律和官府授权的基础上，最大限度地对公共事务实行自我管理，建立和谐稳定的社会秩序。在中国传统社会中，这种以家族组织为基础的乡村自治形式，曾经是许多政治家和思想家的社会理想。北宋吕氏三兄弟制定的《蓝田乡约》，南宋朱熹制定的《朱子家礼》，明清两代皇帝的《圣谕六条》和《圣谕广训》，其实都是为了推行乡族自治。明清时期的地方官，也把推进乡族自治作为施政目标。现在看来，上庄胡氏的乡村治理，已经达到了理想的境界。

在宣统版的《绩溪上川明经胡氏宗谱》中，收录了旧谱家训十二条和新定祠规二十四条，集中地体现了胡氏家族自治的理想模式。所谓“规训”，就是由家族组织强制推行的行为规范；是处理家族公共事务的具体规则。在胡氏家族的“规训”中，既有用于禁止族人的有害行为的家法，又有主要用于发展家族的公益事业的训导，二者互为补充，共同构成了家族事务和社区环境的管理规则，达到趋利避害的目的。

上庄胡氏的家训和祠规，大多是对国家法律的进一步细化，但也有些条文是自行创立的。与国家法律直接相关的“家法”，主要有以下六条：

孝悌宜敦也。如有逆亲犯长者，通知房长、族绅，严行惩罚；若仍怙恶不悛，佥呈究办，决不宽宥。

伦常宜肃也。如有犯奸淫众著者，通知房长、族绅，从严惩治，男逐女出；服内通奸确获者，佥呈照例科办，毋得纵庇。

廉耻宜励也。如有肆行盗窃确有证据者，通知房长、族绅，照盗物轻重处罚；倘敢抗违，轻则驱逐出境，重则捆送呈官。

品行宜端也。如有赌博、鸦片，务宜父戒其子，兄戒其弟，毋蹈此弊；而开庄聚赌，尤宜禁止、处罚，倘敢抗违，呈官究办。

礼义宜明也。如有结党为匪者，务必通众捆送，呈官究办；纵容包庇者，一体严究。

刑罚宜公也。如有逞凶毙命重案，务宜通众，将正凶送官究办，不得任其逋逃，以累他人。

上述六种不法行为，都有可能触犯国家法律，原来必须交由官府裁决，但在一般情况下，胡氏家族宁可自行惩治这些不法族人，尽可能不去惊动官府。在这里，家族组织已经承担了地方政府的某些职能，因而也具有基层政权的性质。胡氏家族中的执法者，主要是“房长”“族绅”“伯叔兄长”。他们虽不属于官方行政系统，却可以得到官府的授权，具有合法的权威。

上庄胡氏的家训和祠规，主要涉及公共财产管理、社区环境保护和族内礼仪交往。关于公共财产管理的“族规”，有以下三则：

祖堂，所以妥先灵而庇后裔也。住持者务宜灯火长明，茶、香奉祀；厅、廊、坪、宇，洒扫洁净；各房间，不准堆积柴秆、粪草等物。违者重罚、搬出，另招人居住。

图谱，所以考世系而知终始也。递年四房流存，锁匙则别房收执。旧例：典大蚯田者，存图箱。务宜香灯齐全，以昭诚敬。倘有散失亵渎，唯领存人是问。

图银，所以权子母而资修刻也。此项公款，视他项尤关紧要。理事者，务择殷实、公正，以便生放；借银者，务要真实田契为押。三年一换，递年结数一次；至交盘之年，将出入数目榜示通衢。必无侵蚀之弊，新董始可接盘，否则加倍处罚。

这三项规定，都与每年正月初二的“拜祖图”有关。所谓“祖图”，是用巨幅白绫书写的历代祖先世系图，平时珍藏于“图箱”之中，只在“拜祖图”时取用；所谓“祖堂”，就是全族共有的叙伦堂，是供奉历代祖先和“拜祖图”的场所；所谓“图银”，是专门用于编修和刻印祖图、族谱的借贷资本，由专人负责管理。胡氏对此立了三项“族规”，可见“拜祖图”是至关重要的仪式活动。关于社区环境保护的“族规”，有以下五则：

后龙、水口，所以蓄树木而卫风水也。住祖堂者，务宜逐日鸣锣申禁。如有盗斫生柴、枯树，挖枫仁、划松光者，宜即通知董理，协同绅者，严行重罚。割篮箕者，一体议罚。

前朝屏山，所以供祖堂而壮观瞻也。不准擅划土粪，违者重罚。后龙山同此例。

路内圳水，所以护祖堂而便汲饮也。务宜长流清洁，毋得投以秽物等件，违者处罚。

田禾蔬菜，所以备饥馑而资利用也。乡内六畜，务宜雇人看守，不准滥放，违者处罚。至于窃盗者，加倍处罚。

松杉竹木，所以生财源而资利用也。无论何人山场坟林古树，退有盗者，通众从重处罚，买者同罚。

上述“族规”的重点是保护风水和生态资源，与族人的生产和生活环境密切相关。关于族内礼仪交往的“族规”，有以下两则：

冠、婚，所以荣宗族而继宗祧也。众上贴项，原以资公用，非以供宴客。进泮、登科甲谒祖、请宴，随东家意，不得刻以相蝇。其所请者，务宜酌中馈送礼仪。婚、娶、祝寿，亦同此例。

丧制，所以尽子道而报亲恩也。初丧服制，本为服内亲房而设，服外者用烛、帛，以益丧家之累。即或情不能已，务宜挽送赙礼；或丧家先行发白者，送礼各宜酌中。若贫不能葬者，尤宜体恤。

上述规定的主要意图，是企求族人在礼仪交往中互相资助，尽可能减轻当事人的负担，以确保各种重要礼仪活动的正常进行。

上庄胡氏在制定“家法”与“族规”之前，已经创立了《家训十二条》，主要内容包括：积阴德、敦孝友、重婚姻、慎丧葬、正嫡庶、严祭祀、端蒙养、尊师道、睦亲党、励名节、崇朴俭、黜异术。在“家训”的上述条目中，实际上已经设定了族人的行为准则，但由于“家训”偏重于道德教化，缺乏强制性，“诚恐训之不遵，故继之以法”。此后，“家训”与“家法”“族规”并行不悖，但又有不同的适用范围，“愿后嗣其恪遵前训，而无劳用法焉”。这就是说，普通族人只需要遵循“家训”，对不法之徒才需要动用“家法”。

上庄胡氏为了发展公益事业，还建立了各种慈善机构和社团组织，如“义仓”“拯婴社”“皈善庵”“正风进修社”之类。这些慈善机构和社团组织，主要是由胡氏商人和士绅捐资创建的，在家族内部既相对独立，又与家族组织密切合作，构成了家族自治的有机组成部分。据宣统《上川明经胡氏宗谱》记载，清光绪中期，胡铁花创立义仓，赈荒救饥。嘉言公、蕴山公积极响应，捐金以助。1905 年，胡节甫、胡贞守又各捐银百两并襄理其事。“义仓”“皈善庵”每遇灾年歉收，就开仓赈济。对孤苦病痛家庭重点救济。灾年饥荒，祠堂还施粥救饥，收容难民。

清代后期，上庄胡氏先后创立了名目繁多的义仓。这些义仓“或籍公项而设，或由集腋而成”，其目的都是赈灾救荒，缓和社会矛盾。在中国传统社会中，积谷防饥原来属于官府的“惠政”，历代都有“义仓”“常平仓”等仓储制度，专门用于救济灾民和平抑物价。然而，由于官方的仓储大多经营不善，难以正常发挥救灾作用，因而必须建立民间的“义仓”。胡铁花在《约立义仓疏》中指出，在官府不能有效救灾的情况下，如果民间“又不早为之计”，一旦发生灾荒，就必然“富闭粜，贫苦籴，奸宄窃发，弊窦丛生”。因此，他建议族人自建义仓，“其始各户酌捐，春则照丁分领，秋则薄息交收。其后置产增业，救荒有余，可及他务”。这种以放贷的形式积累资金的做法，后来成为胡氏义仓的主要经营方式。

上庄的正风进修社是 1943 年上庄的一些知识分子发起建立的地方自治组织。该组织聘胡适为名誉社长，胡文郁、胡乐丰为副社长，胡适侄媳李庆萱为常务副社长。社址设在胡适捐作八都图书馆之祖宅。正风进修社以改良社会风气、普及民众教育为宗旨，提供通俗有益的书刊给民众阅读，举办演讲会，宣传和募集资金扶助小学教育。进修社下设总务和文体两股。胡祥模先生任总务股长，胡恩满先生任文体股长。正风进修社提出：“欲谋社会改良，环境改善，当从正风着手。”“须知学问精湛，科学宏博，均赖进修成功。”针对村中烟赌风气，开展正面宣传，提倡科学的民众的新生活。

《上庄正风进修社章程》的大多数条目，脱胎于胡氏家族的《家法》和《族规》，如“警察盗匪”“严禁赌博”“劝戒鸦片”“修蓄杉竹”“崇尚勤俭”“敦崇伦纪”“修明礼法”等条目，从表面上看并无多少新意。然而，由于“上庄正风进修社”是地方自治组织，其治理生活平静的村民伦理范围也就从家族内部推广至地方社会。

在宣统《上川明经胡氏宗谱·善行》中，记载了五十七名基本成员，基本上是胡氏士绅。该谱《列传》部分收入28部传记，基本上是上川明经胡氏历代祖先。这些历代祖先包括：昌翼公、延政公、百彦公、千三公、文安公、忠武公、端五公、任卿公、谵斋公、叙东公、逸庄先生、敬堂心泉二公、庞夫公、半轩公、平阶公、荫林胡公、星五公、眉泉公、蕴山嘉言二公、铁花公、介如公、贞孝程儒人、冯烈妇等。很明显，这些早已过世的历代祖先，实际上都是代表胡氏家族中的不同支系。因此，在上庄从家族自治演变为地方自治之后，家族组织仍是地方自治的主体，而士绅阶层只是家族组织的代言人，这个社会治理结构很值得深入研究与深入发展。

第二节　建设自信的理想家园

晚清至民国初年，中国社会经历了“千年未有之大变局”，胡氏族人也难免被卷入时代大潮。但不管时局如何变幻，上庄人崇文重教的传统没有丢失。早在清光绪庚子（1900年）文会聚星阁拆除重建，就更名为“毓英文会”。之后，又在胡适的倡导下，以文会为校址，创办了“私立毓英小学”。

1920年胡适的族亲胡效之回故乡度晚年，看到本村教育滞后于邻村的现状，就倡议并着手在上庄创办毓英高等小学，此举全村人很赞成，胡适得知这一消息后更是感到特别高兴，决心为家乡办好这所学校尽自己的一份力。

那时岭北各村所办的小学都是私立，办学经费靠宗族祠堂、文会的田租和旅外人士的资助。上庄在上海等地经商的人很多，有不少人经商致富开设了店铺。为了筹集办校资金，胡适邀集旅外同乡成立了建校董事会，并将学校取名为毓英小学。胡适放下大学者的架子，与校董事会的同仁到各处同乡人劝募办学基金，终日奔走，而且不怕丢面子。有一天，胡适遇到了一位出生在外很有钱的同乡人，由于这位同乡一直没有回过老家，对家乡缺乏感情，胡适跟这位同乡说明了家乡创办小学的实情后，他却只肯出五十元，还说是看了胡适这位大学者同乡的面子。后来经同去的人一再商求，才同意捐了一百元。胡适奔走了一天，回到家里感叹地说：“我一天写篇文章，稿费也有一百元，真是不合算。”尽管如此，胡适为毓英小学劝募办学基金热情丝毫未减。

通过胡适等人的不懈努力，1923 年秋季毓英小学开学，胡适亲自兼任该校校长（名誉职），学校事务委托族叔胡近仁主持。精通办学之道的胡适深知，办好一所学校，选聘好教师是关键，一个学校有了资深的教师，认真地教学，就有好的教学质量，学校的声誉就好，知名度就高。为了让毓英小学有一批好教师作为顶梁柱，胡适亲自为学校物色教师，并自出年俸二百四十元的高薪，聘请毕业于南京政法学院，长于教学还能担任国文、音乐、体育、美术等课程的歙县人鲍剑奴来校任教，并写信给胡近仁，建议他聘请休学在家的北大学生石原皋和胡适的挚友学识渊博的柯莘麓到毓英小学任教。胡适不仅在资金上长期资助毓英小学，而且对学校的管理等方面通过信件等方式给予了热心的指导。胡适在给胡近仁的信中说："老叔不可不任教课，薪俸请照聘请教员常分，不必客气。"对学校所设的课程及其他事务，他都提出一些建议供近仁参照办理。胡适在信中说："……（3）祥普、吉卿、衡卿、在齐、绍之五人均在学校内立一种永久纪念。（一）校内具挂他们的照相。（二）请近仁就近征集各人事略，为作小传，用青石刻小碑，嵌入学校墙上。（4）本校历年捐款，除造清册报告外，应在校内立碑。"他还在信中具体拟出了碑文格式（《胡适致胡近仁的信》）。

胡适还结合自己的成长过程，要求毓英小学在对学生教育过程中要注重学校教育与家庭教育相结合。家长是孩子的第一任老师，家庭教育既是启蒙教育，又是终身教育。对此，胡适感受最深。胡适自幼失去了父亲，母亲用那瘦弱的身躯撑起了整个家。在家里，母亲一人担当起了慈母和严父两个角色——既要把母爱倾注给孩子，让他们感受家的温馨，又要严格管束孩子，让他们学会怎样去做人。胡适在《我的母亲》中是这样说到他的既是慈母又是严父的母亲的：她每天催我早起、早学，要我学父亲做一个完全的人；她从来不在别人面前骂我一句，打我一下，在我犯错时，无论怎样重罚，母亲总不许我哭出声来，她教训儿子不是借此出气叫别人听的；我母亲待人最仁慈，最温和，从来没有一句伤人感情的话，母亲很刚气，不受一点人格上的侮辱。胡母对孩子的早期教育的理念和做人原则堪称先进，母亲的言传身教影响了胡适的一生，母亲的人格魅力使胡适成了一个大度、大气、大智的一代名人，胡母用真爱换得了胡适的真情。事实证明，胡母的慈爱和严厉，实践了她作为家长的职责，也赢得了孩子对她的尊敬，让人们从中也悟到了成功的家庭教育的真谛：真爱等于爱而有度，严而有格。

因此，胡适要求毓英小学在学校教育与家庭教育的结合上，要注重培

养学生的三个意识：一是培养学生的“重学”意识；二是培养学生的“独立”意识；三是培养学生的“合群”意识。毓英小学也正因为按照胡适的教学思想开展对学生的教育，使毓英小学培养出了一批又一批品学兼优的优秀人才，毓英小学在外的名声也越来越大。

胡适关心家乡教育，为办好毓英小学殚精竭虑，考虑周详，上庄人也很感激胡适。后来，虽然胡适身居北京或远在国外任驻美大使，毓英小学也改名为上庄小学，但乡人却一直推崇胡适为毓英小学名誉校长，将胡适的肖像挂在学校小礼堂，让师生和村民观瞻。

民国时期，胡氏族人中有 3 名留学生。其中胡洪钊留学美国，胡恩森留学日本，胡恩良留学苏联。也有 4 人在国民政府工作，他们是参加过国民党“军事委员会战时工作干部训练团”的胡恩涛、民国元年绩溪县首任县长胡洪昭、曾任国民党中央委员会委员兼中央青年部主任的胡文郁和曾任国民政府部门国防工程驻场工程师总负责人的胡洪钊。

第三节　探索自立的发展模式

自治的乡土社会和自信的精神家园都有赖于自立的发展模式的形成。胡开文家族开创出一条艰苦创业的发展道路，胡适的祖辈也寻求到一条成功的经商之道。然而，这一切似乎都是过眼烟云，并未在上庄近代产业转型和社会经济发展中有更大的示范和带动效应。

“宁要十个胡卓林不要一个胡适之”和“十个胡适之不如一个胡卓林”，这是 20 个世纪三四十年代普遍存在的上庄人的心态。面对急促的近代化进程和近乎浮躁的市民倾向，我们不禁要思索：近代上庄和近代上庄人迷失了吗？这个千年古村落将要走向何方？

1917 年，胡适从美国学成归国后，很快成了社会上的知名人士。在中国，人们有一个传统观念，那就是，沾亲带故的某个人有了权势后，首先是家族中的三亲六故，然后是家乡的父老乡亲，大都希望这个人利用权势为他们谋到好处。然而，胡适令他们失望了。

乡亲中凡是找到他请求帮助在文化界介绍工作的，他都要求来人拿出东西（如学术文章之类）来看，没有一技之长的本事，他是不给介绍的。这样一来，上庄人不乐意了，他们时常冷言冷语甚至带有怨言怨气地说：胡适之名气那么大，可却没有带出去过一个人，亲戚乡邻们没有得到他胡适之一丁点儿好处。比较起来，另一个在上海开办茧行的上庄人胡卓林却可以帮助上庄的父老乡亲们在商界谋点生计出路。于是，“宁要十个胡卓林，不要一个胡适之”就成了那时上庄人的共识。

1941 年，绩溪县县长朱亚云精制“持节宣威”大匾额一块，对胡适进行褒奖，并庆贺胡适五十寿辰。县长在武装人员的伴护下亲自到上庄胡家祠堂举行“授匾”仪式时，一些村民当面提出抗议，反对将匾额挂在祠堂大门的上方，理由是族人、乡邻们并没有从胡适之那儿得到什么好处。后来经过多方调解，这块匾才勉强挂了上去。

在上庄，我们曾经百思不得其解的是，为什么这里出了那么多人物，而没有带动上庄走进现代化呢？当查阅了上庄的近代名人传记之后，我们才终于豁然开朗：近代的上庄精英是不回家的。如胡洪钊回国后任教于上海复旦大学、之江大学、大厦大学、大公职业学校，曾任国民政府部门国防工程驻场工程师总负责人和上海市开业技师，终生热衷于民用建筑设计活动；胡恩森学成后一度回乡，后又离开家乡定居芜湖，直至终死；胡恩良回国后，一直在机械部通用机械研究所工作，晚年更是离开祖国，移居美国。这些始终在外地漂泊的上庄精英，无论他们的业绩如何辉煌，都是离开大山的辉煌，在上庄没有留下什么痕迹。走出大山的上庄精英和坚守大山的上庄百姓思想观念是不同的。如何打通这样的隔阂与不被理解呢？怎样搭建上庄古村落与近代文化经济转型之桥呢？我们无法阻止向上庄这样的古村落被时代发展超越，徽州人才输出是自古以来的传统，明清时期徽商和徽官发达后，只在家中做屋，做牌楼，给家里的老妻一点安慰，自己仿佛有点像脱钩的鲤鱼，从情势上看，不回来的人还是多数。而且，从人才经济学角度来说，人才留在徽州古村落里是没有发展前途的。徽州人只有处理好走出大山和留恋大山的辩证关系（当然，也包括走出思想观念的大山），才能发扬光大徽州优良传统，寻求到徽州人赖以自立的经济社会文化发展模式。

近代化乃至现代化的进程，如同功力无比的抽水机，把上庄精英从家乡抽走，上庄的发展也就失去了动力。现代化进程中的上庄，又如同左右为难的老人，既为充满活力的后生感到高兴，又为自己羸弱的身躯感到无力。于是，上庄古村落辉煌的历史文化就被定格在20世纪。从文化传统方面，我们只能看到过去的上庄。然而，在现代化进程中如果没有胡氏族人的精心呵护，上庄也不可能像今天这样光彩照人。我们赞美古村落的山清水秀，更感谢上庄前辈特别是能够走出大山而后又走进上庄的精英们。照着这样的路径，我们希望并祝愿社会主义新农村的上庄在古村落的基础上历久弥新，踏上城镇化的步伐，永远保有“李改胡”人的理想家园。

然而，面对现状，我们不禁有一丝忧虑：读书的人少了，新时期的文盲又出现了；有事业心的老板少了，卖苦力打工的多了；几百年积淀的徽州文脉断了，村外水口林风水破坏了；人们总是匆匆忙忙，感觉自己在外接触的老乡做什么事长远谋划考虑的少，只注重眼前利益，一天有个一二百块钱就可以了，能有全村全族大格局的人真的不多。渐行渐远的徽州留给后人一个不好的思想观念，就是感觉自己的祖先甚是荣光，见不得别人比自己好，心胸比山谷还狭小。

俗话说，水往低处流，人往高处走。在近代化的进程中，物质的追求和科技的导向促使人们将城镇看作人才发展的高地，因为这里拥有相对比较明显的信息、资金、人才、物质等方面的优势，物质文明和精神文明的发展都较皖南山村要早一些，快一步。

随着城市发展矛盾的显现，一些有识之士开始思考城乡协调与可持续发展问题。他们注意到，城镇化是人类文明进步和经济社会发展的重要历史过程，是近现代以来推动人类社会前进的引擎和文明进步的综合性尺度，也是21世纪我国经济社会发展的重大主题之一。目前政府的政策层面和中外学者的研究层面，已经把城市化看成了中国现代化的必由之路和21世纪中国最大的变化特征。中国城市化及与此主题有关的重大理论与实践问题，将在未来很长的一段时间内成为影响中华民族伟大复兴、影响全面建成小康社会目标顺利实现的重大战略性问题。农业是国民经济发展的基础，就我国的大国特征、资源禀赋、发展水平及其未来趋势而言，我国农业的发展始终要面对确保国家的粮食安全与提升农民生活水平的永恒主题。如果我国的农业不能保障国家的粮食安全，全世界都没有办法养活我国的十几亿人口，中国发展的稳定性要受到威胁；如果我国的农民不能通过增收来改善生活质量，农村的现代化进程必然受到影响，城乡协调、工农互促的发展局面便难以形成，中国发展的可持续性和全面建成小康社会就要受到挑战。从国际上看，由国际金融危机引发的世界经济格局大调整正向纵深展开，不少国家和经济体正试图通过调整发展战略，探索和培育新的经济增长点，优化经济结构，以赢得新增长周期，重塑竞争优势。我国城镇化率已经突破50%（若排除两亿多农民工，城镇化率只有35%左右），根据国际经验，城镇化率在30%～70%区间是城镇化率快速提高阶段，在传统工业化拉动经济增长能量释放殆尽的情况下，城镇化将是我国内需最大的潜力所在。另据世界银行统计，2011年我国人均国民收入为4930美元，已进入中上等收入国家行列，这一阶段重大的难题是“中等收入陷阱”困扰，迫切的任务是实现增长机制和发展模式的深度转型，必须高度重视城镇化与农业现代化协调发展，防止像一些拉美国家，由于过度集聚化造成大城市急剧扩张，导致城乡发展的严重失调和社会危机的集中爆发，避免出现近年来像西亚、北非等地区国家因粮食问题而频发国内政治动荡和社会骚乱的局面。毕竟中国农村、农民和农业问题依然是我们的根本问题，乡村文化转型的主要任务就是建设新的社会主义的农村、农民和农业文化。我们可以以城镇化与农业现代化协调发展为目的，进行现阶段城镇化与农业现代化协调发展必要性的理性思考，从发现问题、分析问题和解决问题的思维特性出发，不断培育城镇化、农业现代化和协调发展机制，尝试建立由产业结构优化、空间结构演进、生产要素合理流动和公共产品公平配置等协调发展机制，从产业结构演变规律出发，研究产业结构优化与城镇化、农业现代化的互动机理，从空间结构聚集扩散作用出发，研究空间结构优化与城镇化、农业现代化的互动机理，从市场经济下生产要素流动机制出发，研究了劳动力、资本、土地等要素合理流动效应，从公共产品的不同特性和不同供给方式出发，研究公共产品公平配置与城镇化、农业现代化的作用机理。我们还可以借鉴总结不同的资源禀赋、发展模式的国家城镇化与农业现代化协调发展的经验，探索推动城镇化与农业现代化协调发展的对策。具体而言，就是要坚持以科学发展为主题，以加快转变经济发展方式为主线，以统筹协调为手段，以融合发展为重点，推动产业结构优化升级，为城镇化与农业现代化协调发展奠定坚实的基础，推动空间结构优化，构建科学合理的城镇化空间布局和形态，推动生产要素合理流动，提高经济发展效率，推动公共产品公平配置，努力实现城乡基本公共服务均等化，确保与全面建成小康社会的宏伟目标同步发展。

结　　语

马克思在《共产党宣言》中曾表达了一个核心思想："这个思想就是：每一历史时代主要的经济生产方式和交换方式以及必然由此产生的社会结构，是该时代政治的和精神的历史所赖以确立的基础，并且只有从这一基础出发，这一历史才能得到说明。"（恩格斯，1888 年英文版《共产党宣言》序言）上庄这个皖南古村落如何能够从传统时代主要的经济生产方式和交换方式以及必然由此产生的社会结构走向现代，这本身就是一个很有意思的社会哲学研究课题。上庄因为特殊的地理位置、特别的民间信仰和特别浓厚的徽州特色，在近 200 年间顺应着生产力和生产关系的新要求，在经济领域出现了胡开文家族的繁荣昌盛，在文化领域出现了胡适祖孙三代的接续辉煌。他们又高度集中在中国近代文化转型的特殊时期，这就比较典型地有价值地展示出徽州文化与中国传统文化的对应关系和极具特色的子文化系统的属性。我们通过分析上庄文化的渊源、特色、内涵、走向以及胡开文、胡适的成就与风范，就是希望从文化人类学的角度对徽州古村落做出整理与分析，并且希望可以在一定的时空长度方面反映该时代政治的和精神的历史所赖以确立的基础。因为我们认为只有这样，并且只有选择从这一基础出发，寻求我们说明徽州历史和历史规律的路径，寻求我们认识徽州文化和文化转型的轨迹才会有价值。其实说白了，徽州前人的历史就是他们前仆后继、全方位地开创出的社会之路，他们尝试着走各种道路寻求发展，走的路多了，我们后人走的弯路就会少一点。但是，这绝不意味着我们可以搬来就用，因为实时实事的时间空间都不能同日而语。所以，最重要还是要走出自己的路，与其照搬前人历史，不如引以为鉴。今天，我们照例面临文化走向的把握和文化建设的重任。旧徽州新黄山的生灵依然还是在探寻，我们能够享受怎样的幸福生活，乡村社会的自由图景将向什么方向展开？我们带着这些问题徜徉在徽州古村落，试图提炼出几点体会来和人们交流与分享。下面就是我的思考，希望从一个侧面来说明徽州古村落的发展历史，也希望引发人们对徽州文化转型、徽州文化建设，甚至徽州社会精神文明建设的探讨。第一，文化的成就需要几代甚至几十代接续发力，才可能见得到成果；第二，胡适家族、胡开文家族都在近代出现大发展，表明除了他们的内功足以建树大业的内在条件外，必然要有他们发展所适合的外部发展机遇；第三，新文化一定是伴随着社会新阶层、新的社会组织以及新的社会体制机制的出现而出现的；第四，徽州文化的转型必须挣脱大山的物理羁绊。山里的市场空间狭小，要想有新的更大的发展，必须走出大山的物理羁绊，融入更大的社会。